古代歷史文化 研究輯刊

二二編

王明蓀 主編

第 13 冊

清代新疆文人的閒適生活與人生境界

徐溪 著

國家圖書館出版品預行編目資料

清代新疆文人的閒適生活與人生境界／徐溪 著 — 初版 — 新
北市：花木蘭文化事業有限公司，2019〔民 108〕
目 4+218 面；19×26 公分
（古代歷史文化研究輯刊 二二編；第 13 冊）
ISBN 978-986-485-907-8（精裝）
1. 生活史 2. 清代 3. 新疆維吾爾自治區
618   108011810

ISBN-978-986-485-907-8

9 789864 859078

古代歷史文化研究輯刊
二二編　第十三冊　　　　　　ISBN：978-986-485-907-8

清代新疆文人的閒適生活與人生境界

作　　者　徐溪
主　　編　王明蓀
總 編 輯　杜潔祥
副總編輯　楊嘉樂
編　　輯　許郁翎、王筑、張雅淋　美術編輯　陳逸婷
出　　版　花木蘭文化事業有限公司
發 行 人　高小娟
聯絡地址　235 新北市中和區中安街七二號十三樓
　　　　　電話：02-2923-1455／傳真：02-2923-1452
網　　址　http://www.huamulan.tw 信箱 hml 810518@gmail.com
印　　刷　普羅文化出版廣告事業
初　　版　2019 年 9 月
全書字數　180510 字
定　　價　二二編 25 冊（精裝）台幣 63,000 元　　　版權所有・請勿翻印

清代新疆文人的閒適生活與人生境界

徐溪 著

作者簡介

徐溪，1977 年生。副教授，山東大學文學博士，浙江大學亞太休閒教育研究中心博士後。研究領域爲清代休閒文化、茶藝與茶文化。作者致力於中國傳統休閒方式、休閒智慧與休閒境界對當代邊疆休閒美學引領的研究。在高校教學崗位積澱十二年，從事嶺南文化、茶藝與茶文化等人文素養課程的教學。國家一級茶藝技師，國家一級評茶技師，國家茶藝師考評員。在《西域研究》等期刊發表學術論文二十餘篇。

提　　要

　　中國素有崇尚閒適人生的傳統，中國文人有著嚮往悠閒的浪漫情懷。古代文人無論入世與歸隱，始終將「品味閒適」視作至高境界的精神追求。文人對休閒的追求其實是一種「境界」的追尋。清代新疆文人在品閒的雅趣中感悟出人生境界，這種休閒思想與內地文人同質，但又具有地域的獨特性與創造性。

　　本書的研究從分析休閒文化產生的基礎、梳理有閒的遣官群體、考證文人的休閒方式、歸納文人的休閒境界等方面逐一展開。清代新疆文人對「閒」的消解最終都將回歸到內心的淡泊寧靜與生命的匯聚交融。中國古典哲學強調個體生命與心靈的和諧相處之道、人與自然和諧相處之道、人與人之間和諧相處之道。清代新疆文人休閒文化的核心思想是「和諧」，「和合生一」濃縮了文人對休閒的體認、心態和踐行。

　　雖然清代新疆文人的休閒遠不及京城、江浙地帶文人休閒的精緻與藝術，但這在新疆已開先河，更帶動了清代新疆休閒文化的繁榮。探究清代新疆精英階層的休閒方式、休閒智慧與休閒境界，對於矯正當代休閒生活的異化，促進新疆各民族多元文化的和諧發展有著極其深遠的意義。

目次

緒　論……………………………………………………… 1
一、選題緣由與範疇釐定…………………………………… 1
　　（一）研究意趣…………………………………………… 1
　　（二）時空界定…………………………………………… 3
二、基本史料與研究現狀…………………………………… 4
　　（一）資料來源…………………………………………… 4
　　（二）研究現狀…………………………………………… 9
三、研究思路與研究方法…………………………………… 13
第一章　清代新疆的自然環境與民族構成………………… 15
第一節　清代新疆的自然環境概況………………………… 15
　　一、地理特徵……………………………………………… 15
　　二、氣候物產……………………………………………… 17
第二節　清代新疆民族的構成……………………………… 18
　　一、伊斯蘭諸族…………………………………………… 19
　　二、非伊斯蘭諸族………………………………………… 22
第三節　清代新疆漢民族的來源…………………………… 24
　　一、屯戍移民……………………………………………… 24

二、故土記憶考 …………………………………32

第二章　清代新疆休閒文化的社會背景…………37
　第一節　政治背景………………………………37
　　一、軍府制與州縣制並存……………………37
　　二、軍政管轄下的民政系統…………………38
　　三、建省後普遍實施郡縣制…………………39
　第二節　經濟背景………………………………40
　　一、天山北路的城鎮…………………………41
　　二、天山南路的城鎮…………………………45
　第三節　思想背景………………………………48
　　一、尚閒：「我本澹蕩人，此心實愛閒」……49
　　二、求閒：「閒處風光盡醉吟，一麾出守豈
　　　　予心」……………………………………50
　　三、惜閒：「但使心境閒，殊覺天趣永」……51

第三章　清代新疆的漢族文人群體………………53
　第一節　派遣官員：「偷得浮生半日閒」………53
　第二節　流放遣員：「不堪閒坐細思量」………55
　第三節　隨軍幕僚：「戲馬閒看過蔴村」………63
　第四節　本土文人：「題詩本是閒中趣」………64

第四章　清代新疆文人休閒生活考（上）………67
　第一節　燕居服飾………………………………67
　　一、袍褂衫褲：「袍褂街穿梭，衫裙曾幾何」
　　　　……………………………………………68
　　二、帛貴裘廉：「可愛黃綿多日暖，寒侵黍
　　　　穀覺春歸」………………………………78
　　三、芨芨草帽：「編作帽絲裁作箸，龍鬚也
　　　　共上簾櫳」………………………………80
　第二節　宴飲美饌………………………………81
　　一、宴請歡聚：「秋風莫漫思張翰，且喜烹
　　　　鮮佐客觴」………………………………82
　　二、佳餚珍饈：「山珍人饌只尋常，處處深
　　　　林是獵場」………………………………87
　　三、美酒香茗：「羊肝下酒沙壺暖，牛乳烹
　　　　茶木鉢溫」………………………………94

第三節　閒適居所 …………………………………98

一、築室雕窗：「雲母窗櫺片片明，往來人
　　在鏡中行」 …………………………99

二、構園造景：「萬斛黃沙都不染，雪山孤
　　潔是吾鄰」 …………………………100

第四節　得閒遊賞 …………………………………102

一、登山臨水：「紅山之下何所有？煙樹村
　　莊圍繡畝」 …………………………103

二、憑欄遠眺：「趁得南山風日好，望河樓
　　下踏春歸」 …………………………106

三、連轡遊園：「秀野亭西綠樹窩，杖藜攜
　　酒晚春多」 …………………………108

第五章　清代新疆文人休閒生活考（下）………111

第一節　文學休閒 …………………………………111

一、迪化文人：「一閒成就萬篇詩」 ………112

二、伊犁文人：「閒裏生忙爲著書」 ………119

第二節　藝術休閒 …………………………………130

一、琴棋書畫，玩物適情……………………130

二、品曲藝：「地近山南估客多，偷來番曲
　　演鴛哥」 …………………………135

三、聽說書：「地爐松火消長夜，且喚詼諧
　　柳敬亭」 …………………………137

四、觀雜技：「尋橦度索巧無雙，傳自花門
　　遠部降」 …………………………137

第三節　節慶休閒 …………………………………138

一、年節：「酒果新年對客陳，鵝黃寒具薦
　　燒春」 …………………………138

二、元宵節：「朔風一夜結作冰，裁雪妙手
　　搏爲燈」 …………………………140

三、其他節日：「萬里獨攜東海月，崑崙山
　　下做中秋」 …………………………143

第四節　觀賞休閒 …………………………………144

一、豢養動物 …………………………………145

（一）飛禽：「野人知我閒，遺我一鶴子」
　　…………………………………………145

（二）走獸：「只怪深更齊吠影，不容好
夢到南柯」 …………………… 146
（三）蟲魚：「秦人不解金籠戲，一任籬
根徹曉吟」 …………………… 147
二、蒔花賞卉 …………………………… 148
（一）蒔花：「攜得百花洲畔法，種來罌
粟大如盤」 …………………… 148
（二）賞卉：「纏頭百歲眼未見，但驚水
面浮紅霞」 …………………… 152

第六章　清代新疆文人休閒之境域趣捨………… 155
第一節　修養身心：逸出塵俗之境 ………… 155
一、官場之縛與方外之想 ……………… 155
二、隱逸之性與棲隱之舉 ……………… 157
第二節　步入自然：遊賞審美之境 ………… 160
一、漫遊山水之勝 ……………………… 160
二、營造園林之秀 ……………………… 162
第三節　文化交融：融入和諧之境 ………… 164
一、交遊之樂，仁禮相成，雅集之趣 ……… 164
二、兼容之美，民族相生，融合之境 ……… 167

結　語 ……………………………………… 171

附錄：插圖目錄 …………………………… 175

參考文獻 …………………………………… 177

附錄
附錄一　移民社會的信仰：清代鎮西的民間信仰
之考察 ……………………………… 185
附錄二　清代新疆流放文人的精神特質探析 …… 199
附錄三　關於鎮西文化內涵外化的思考——
以松峰書院為例 …………………… 209

後　記 ……………………………………… 217

緒　論

一、選題緣由與範疇釐定

（一）研究意趣

1. 為何聚焦於「休閒文化」

「休閒」的論題似有玩物喪志之嫌，實際上，關於「休閒」的探究並非可有可無的閒談。「休閒」是衡量人類文明與社會進步的標誌，在人類文明進化史中佔有重要的地位。「休閒」不僅是一種生活方式，更是一種人生境界。休閒是人類古老的夢想，是對生命價值及實現之道的體悟，更是人類對生存狀態至高境界的精神追求。

中國素有崇尚閒適人生的傳統，中國文人有著嚮往悠閒的浪漫情懷。古代文人無論入世與歸隱，始終將「品味閒適」視作精神的家園，靈魂的棲息之所。文士階層通過休閒的生活調適心靈世界，平添生活的雅趣，完善自由的人格。古代文人在品味休閒中感悟出人生的哲學，而休閒的哲學對後世影響是極其深遠的。時至今日，國民經濟的飛速發展帶來物質生活的富裕，「休閒」愈發受到重視，各地正在如火如荼地打造「休閒都市」，但是表層的喧囂景象並不意味著休閒時代的全面到來。相反，「物質性追求與功利性情感、炫耀性消費與符號化風潮、技術性依賴與政治性行為、感官性沉溺與媒體性刺激，導致了休閒自由的異化、休閒情緒的異化和休閒節奏的異化」〔註1〕。與日俱增的「休閒綜合症」令人堪憂：揮霍浪費、暴飲暴食，沉湎放縱、通宵達旦，醉生夢死、精神頹廢，甚至黃賭毒滋生蔓延，嚴重地污染了社會環

〔註1〕 章輝：《民生與休閒異化》，《中國（杭州）休閒發展國際論壇學術手冊》，2012年，第 289～293 頁。

境，毒害人類的心靈。正是由於缺乏休閒思想的正確指引，大眾休閒意識膚淺、休閒目標模糊、休閒方式低俗，不但虛度了生命的閑暇時光，而且褻瀆了人類的精神家園。「在今天，將中國傳統休閒哲學中關於個體生命價值及其實現之道的道理重新挖掘與闡發，以替當前中國以及整個人類在逐漸擺脫物質匱乏情況以後，精神生活卻可能空虛與發生焦慮的症狀號脈，已顯得刻不容緩。」〔註 2〕古代文人的休閒方式以及休閒思想是值得深入探究的，對當下休閒文化的建設有借鑒作用。

「休閒」的研究源起於西方，國內學者對休閒的研究大多引用西方休閒理論。學習西方人文社科的理論是有所裨益的，但是完全用西方的理論闡釋中國傳統文化積存的文化現象是有失偏頗的。中國的休閒文化源遠流長，中國休閒文化的根基在於對傳統文化的理解與挖掘。國內對休閒的研究缺乏古典文獻學的系統考究，中國古典文獻學科重在對精英文化的「集」與「散」，即要擔負傳統文化典籍的收集、整理、研究，也承載著中國傳統文化面向大眾的傳承與指引。中國古代文人的休閒方式可以折射出中國精英階層內心世界。中國古代文人的休閒文化也是中國傳統文化中很重要的組成部分，將「休閒文化」作為古典文獻學專業博士選題非隨心所欲之舉，反而正是順應中國傳統學術「有補於世」、「經世致用」的價值訴求，有感於當前休閒生活的異化而發，具有迫切而積極的現實意義。

2. 為何垂青新疆

漢民族文化的視域廣博，獨獨青睞新疆地區，基於兩點原因：一、新疆漢文化的獨特性。季羨林先生曾說，「世界上歷史悠久、地域廣闊、自成體系、影響深遠的文化體系只有四個：中國、印度、希臘、伊斯蘭，而這四個文化體系匯流的地方只有一個，就是中國的敦煌和新疆地區」〔註 3〕。季先生精闢地概括了西域文化的特殊的地位和重要意義。西域因「山川城保之雄闊，風土物產之瑰奇，雲煙寒暑之變幻，一切可駭可愕之狀」，令人「有所觸於外，輒有所感於中」〔註 4〕。至於山川風氣之殊，中原邊塞之別，漢唐

〔註 2〕 胡偉希：《論中國休閒哲學的當代價值及其未來發展》，《學習論壇》，2004 年第 9 期，第 39 頁。

〔註 3〕 季羨林：《敦煌學、吐魯番學在中國文化史上的地位和作用》，《紅旗》，1986 年第 3 期。

〔註 4〕 （清）祁韻士：《濛池行稿·自序》，《清代詩文集彙編》第 429 冊，上海：上海古籍出版社影印，第 721 頁。

以來記述約略而不明晰，故取一隅考證且論之。二、新疆漢文化的地域影響力。在西域文化的歷史長河中，漢民族的文化如同季節性河流，時斷時續，時大時小地隨著內地漢人流入此地，在多元文化彙集、融通、滲透之下，漢民族的文化積澱爲帶有鮮明新疆特色的漢文化。在文化融合中，先進文化必然成爲多元文化中的主流，它影響帶動支流文化共同發展。漢民族文化至晚自西漢已傳入西域，最終成爲新疆文化的主流，潛移默化地影響和改變著新疆的文化構成。從休閒文化的角度切入，梳理新疆漢文化的背景、樣式、思想、價值，總結新疆即源於內地又有地域創新的漢民族休閒文化，是對全面梳理漢文化的必要補充。梳理這一時期的休閒文化是至關重要的，它不僅僅是對地域漢文化的補充性研究，更是對精英文化的深入挖掘，甚至是對中華「多元一體」文化理論的豐富和延伸。

3. 爲何選定清代

西域璀璨的文明大多淹沒在漫漫黃沙之中，唯有清代的典籍文獻保存最爲完整。清代，清政府對新疆的治理加速了漢文化「遷徙」的進程，漢文化以前所未有的規模影響著新疆的發展。清末民國時期是新疆歷史上休閒文化發展的高峰時期。清代新疆，屯墾軍民最多時達 48 萬多人，占到當時新疆總人口的四分之一。大量內地漢人移民新疆，漢民族的休閒文化被當地各族人民接納，發揮了先進文化的引領功能，在潛移默化中影響著新疆各族人民的休閒生活。同時，在新疆獨具魅力的自然與人文環境中，漢民族也逐漸融合了多民族的休閒方式，形成具有地域特點的漢民族休閒文化。清代新疆漢民族的休閒文化是新疆歷史文化長廊中重要的人文景觀。現在，我們仍能從清代新疆文獻以及新疆漢民族的民間生活中尋覓到這一獨特文化的印記。

清代新疆無論是漢文化的遷徙還是民族關係的處理都是非常值得研究和借鑑的課題。本文的研究對於還原清代新疆漢民族休閒文化圖景，借鑑清代新疆漢民族休閒方式，建設當代新疆的和諧社會，以及創建現代休閒方式，延續漢文化對新疆文化的引領都具有實踐意義。

（二）時空界定

1. 研究時段的界定

本論題研究的朝代爲清代，具體時段是以乾隆二十四年（1759）新疆納入清王朝版圖爲起點，以 1911 年辛亥革命推翻清朝統治爲終點，前後歷時百

伍拾餘年。由於休閒文化生活是動態的、延續性的，有時因爲文化現象的連貫性與邏輯性，出於對休閒文化的追溯或休閒活動的延伸會在論述上超出此時間段。

2. 研究空間的界定

本論題所涉及的空間地域爲清代中國行政版圖中的新疆。基於休閒文化形成條件的限制，休閒文化主要產生於經濟較發達、交通便利、漢人聚集的城市。論文針對的區域是新疆的北部、東部，以烏魯木齊、伊犁、哈密、巴里坤等城市爲主，對漢族文人較少的南疆地區也有涉及，如喀什噶爾、葉爾羌等地。

另外，對地域名詞「新疆」須做說明。乾隆二十四年（1759）清廷統一天山南北的初期，始稱這一地區爲「新疆」或「西域新疆」。嘉慶時期，摒棄了「西域新疆」的稱呼，《嘉慶大清一統志》中只稱「新疆」。清廷驅逐阿古柏並從沙俄手中收復伊犁後，於 1884 年，正式建立新疆省，「新疆」取「故土新歸」之意。

3. 研究對象的界定

本文的研究對象不以籍貫來劃分，包括本土的漢族文人以及從內地遷至此地的漢族文人。從內地遷入的漢族文人主要指任職的官員、流放的文人、隨軍的幕僚。新疆的本土文人對新疆文化的發展有一定的推動作用，但影響力遠不及自內地遷居而來的文人。在新疆長期居住過的內地文人是清代新疆的精英階層，他們曾隸屬於新疆文人群體。雖然這些文人最終任職期滿或被赦免回籍，並未定居於新疆，但他們對新疆文化的繁榮做出的貢獻更爲突出，反而是本文重點研究的對象。需要說明的是，爲了敘述的簡潔，行文中漢族文人常簡稱「文人」。

二、基本史料與研究現狀

（一）資料來源

1. 史書類

《清實錄》中詳細記述了清代新疆官員向帝王條陳事宜的奏疏，是研究清代歷史文化的基本文獻。本文採用的是新疆大學與新疆社科院輯錄本《〈清

實錄〉新疆資料輯錄》12 冊〔註5〕與中華書局點校本《清實錄》〔註6〕相對照。《清實錄》的乾隆朝卷至宣統朝卷，爲選題研究提供了政治、經濟、文化等方面豐富的史料，是研究清代新疆必不可少的歷史文獻。

《清史稿》〔註7〕彙集了比較豐富的清史資料，全書 536 卷，其中列傳 316 卷，爲論文所涉及的文人生平經歷提供了資料。本文採用的是中華書局 1977 年出版的《清史稿》點校本。

2. 方志文獻類

清中葉以後，西域史地研究呈現繁榮的局面。關於志書的個人著述相繼問世，西域史地學研究成爲新顯學。據《中國地方志聯合目錄》〔註8〕，新疆現存地方志有 111 種，除去內容雷同本，實有 83 種。新疆各地的政治、經濟、風土、民俗、地理等方面的史況在這些方志中均有記載，總數不多故彌足珍貴，可視爲新疆歷史文化百科全書。根據地域範圍，這些地方志可劃分爲三類：

（1）全疆性通志

乾隆年間的《欽定皇輿西域圖志》〔註9〕與宣統年間的《新疆圖志》〔註10〕是新疆最重要的兩部志書，這兩部官修通志正好貫穿了清王朝統治新疆的開始與結束。《欽定皇輿西域圖志》簡稱《西域圖志》由傅恒等修，英廉等增纂，全書 52 卷，分 19 門，其中屯政、風俗、服物、雜錄爲論文提供了乾隆時期新疆的史料；《新疆圖志》116 卷，王樹枏總纂，分 29 門，民政、民俗、藝文、奏議、名宦、人物、兵事等史料爲本文提供了清晚期新疆的狀況；七十一撰《西域聞見錄》8 卷〔註11〕，於乾隆四十二年（1777）成書；《西陲總統事略》12 卷，原名《伊犁總統事略》〔註12〕，由伊犁將軍松

〔註 5〕周軒：《〈清實錄〉新疆資料輯錄》，烏魯木齊：新疆大學出版社，2003 年。

〔註 6〕《清實錄》，北京：中華書局影印，2008 年。

〔註 7〕趙爾巽等：《清史稿》，北京：中華書局點校本，1977 年。

〔註 8〕中國科學院北京天文臺主編，《中國地方志聯合目錄》，北京：中華書局，1985 年。

〔註 9〕（清）傅恒等：《欽定皇輿西域圖志》（《西域圖志》），乾隆四十七年（1782）武英殿刻本。

〔註 10〕（清）王樹枏等：《新疆圖志》，民國十二年東方學會校訂鉛印本。

〔註 11〕該書傳抄甚廣，版本眾多，署名各異，有《西域記》、《西域瑣談》、《邊域瑣談》、《西域舊聞》、《西域總志》、《新疆外藩紀略》等抄本、節本。

〔註 12〕（清）汪廷楷：《西陲總統事略》，北京：中國書店出版社影印，2010 年。

筠主持，汪廷楷初纂，後祁韻士重編而成，嘉慶十三年（1808）印冊；徐松在前人的基礎上躬行踐履，考察天山南北，修成《新疆識略》12 卷，御賜名《欽定新疆識略》〔註 13〕；另有，闕仲韓纂《新疆大記》〔註 14〕，於光緒十二年（1886）成書。這些書為論文撰寫提供了正史未涉及的資料，是重要的史料補充。

　　（2）區域性方志

　　清朝的烏魯木齊都統、塔爾巴哈臺參贊大臣、喀什噶爾噶爾參贊大臣所管轄地區，分別包括現今多個縣。《烏魯木齊政略》〔註 15〕是烏魯木齊首部方志。此書係抄錄地方官府檔冊案牘而成，史料價值頗高；《烏魯木齊事宜》〔註 16〕，永保纂，於嘉慶元年（1796）成書；《三州輯略》9 卷〔註 17〕，和瑛撰，成於嘉慶十三年（1808），書中記錄了流放到烏魯木齊官員的履歷，為本文撰寫提供了珍貴的資料，缺憾在於對吐魯番、哈密的記載過簡。新疆西北區域，永保的《塔爾巴哈臺事宜》〔註 18〕，為這一地區的最早方志，嘉慶六年（1801）成書。南疆（舊稱回疆）八城：《回疆志》〔註 19〕和《回疆通志》〔註 20〕是南疆最重要的方志。《回疆志》又名《新疆回部志》4 卷，永貴、固世衡撰，蘇爾德增撰分類，於乾隆三十七年（1772）成書。嘉慶九年（1804）和瑛撰《回疆通志》又名《回疆事宜》（12 卷），值得注意的是除疆八城外，此書有兩卷專門記述吐魯番、哈密。

　　（3）府、廳、州、縣方志

　　馬大正編《清代新疆稀見史料匯輯》〔註 21〕收錄了五本稀有的伊犁史料文獻。道光、咸豐年間，鍾方的《哈密志》51 卷〔註 22〕，對當地漢民族生活

〔註 13〕　（清）松筠：《欽定新疆識略》，清（1644～1911）刻本。
〔註 14〕　（清）闕仲韓：《新疆大記》，光緒 33 年鉛印，民國年間吳廷燮受闕鳳樓孫闕鋒之託，增補成《新疆大記補編》。
〔註 15〕　《烏魯木齊政略》，王希隆等校注，《新疆文獻四種輯注考述》，蘭州：甘肅文化出版社，1995 年。
〔註 16〕　《烏魯木齊事宜》，同上。
〔註 17〕　（清）和瑛：《三州輯略》，清嘉慶年間刻本。
〔註 18〕　（清）永保：《塔爾巴哈臺事宜》，1989 年油印本。
〔註 19〕　（清）蘇爾德：《回疆志》（《新疆回部志》），乾隆三十七年清抄本。
〔註 20〕　（清）和瑛：《回疆通志》，民國十四年鉛印本。
〔註 21〕　馬大正：《清代新疆稀見史料匯輯》，北京：全國圖書館文獻數據縮微中心，1990 年。
〔註 22〕　（清）鍾方：《哈密志》卷 17《風俗》，臺北，成文出版社影印，1968 年。

風俗記載詳於其他志書。1955 年，湖北省圖書館油印刊行館藏光緒末年的一批鄉土志，名爲《新疆鄉土志稿二十九種》〔註23〕。「鄉土志可補正史、通志記述失之過簡的不足，具有較強的地區特色。」〔註24〕其餘州縣方志，因論文並未涉及，故不贅述。

3. 詩文類

清代西域詩〔註25〕是清詩苑中蔚然大觀，影響深遠的一個流派。整理與歸納清代西域詩中邊地生活建築、衣食起居、風物氣候、年節習俗諸方面，是本文進行研究的重要參考資料。對清代西域詩的全面整理，發軔於吳藹宸先生的《歷代西域詩鈔》。全書共收錄西域詩 1072 首，其中有 22 人的 873 首詩作，占全書的五分之四。星漢的《清代西域詩輯注》也是清代西域詩整理研究的扛鼎之作。全書共收錄了 58 位詩人的 1111 首作品〔註26〕。另外，國家清史編纂委員會所編《清代詩文集彙編》爲論文在文化生活方面的考證提供了詳備的詩文資料。

竹枝詞興於唐，盛於清。新疆是清代竹枝詞的重要創作地域之一。清代，在新疆的文人創作了大量的竹枝詞，雜詠新疆風物，亦有詳注，文筆輕快，通俗紀實。以時代爲序，清代新疆竹枝詞的主要作品有：乾隆年間紀昀的《烏魯木齊雜詩》（160 首）、王芑孫《西陬牧唱詞》（60 首）、曹麟開《塞上竹枝詞》（30 首）、王曾翼《回疆雜詠》（30 首）、莊肇奎《伊犂紀事》（20 首）；嘉慶年間祁韻士《西陲竹枝詞》（100 首）、洪亮吉的《伊犂紀事詩》（42 首）、福慶《異域竹枝詞·新疆》（64 首）；道光年間林則徐《回疆竹枝詞》（30 首）；同治年間蕭雄《西疆雜述詩》（150 首）。以上竹枝詞散見於清代文人有關西域的詩文集。《中華竹枝詞》（含 594 首）〔註27〕、《歷代竹枝詞》（含 244 首）〔註28〕、《中華竹枝詞全編》〔註29〕中對新疆竹枝詞有所輯錄，也有助於查

〔註23〕　馬大正：《新疆鄉土志稿二十九種》，《中國西北文獻叢書·西北稀見方志文獻》第 61 冊，蘭州：蘭州古籍書店，1990 年。

〔註24〕　馬大正：《新疆地方志與新疆鄉土志稿》，《中國邊疆史地研究導報》，1989 年第 6 期，第 7 頁。

〔註25〕　介於西域文學的劃分，本文所涉及西域詩是指西域的人或是親臨西域的人寫的有關西域內容的詩。

〔註26〕　李金鑫：《近三十年清西域詩研究綜述》，《江西教育學院學報》（社會科學版），2013 年第 10 期，第 138 頁。

〔註27〕　雷夢水等：《中華竹枝詞》，北京：北京古籍出版社，1997 年。

〔註28〕　王利器等：《歷代竹枝詞》，西安：陝西人民出版社，1999 年。

閱與互參。竹枝詞「詞之工拙，有所不計，惟紀實云」〔註30〕，爲本文撰寫提供了珍貴的文化史料。

4. 日記類

新疆文人的日記記錄了在新疆的生活，是本文可參考的資料。清代新疆文人的日記有：洪亮吉的《伊犁日記》1 卷（《小方壺齋輿地叢書》第 2 帙）〔註31〕；趙鈞彤撰《西行日記》（《邊疆叢書續編》第 2 冊）；方士淦撰《東歸日記》1 卷（《小方壺齋輿地叢鈔》第 2 帙）；林則徐的日記（《林則徐全集》第 9 冊）；溫世霖的《崑崙旅行日記》〔註32〕。另外，1906 至 1908 年，芬蘭元帥馬達漢對新疆的考察日記和照片爲論文研究提供了珍貴的照片和文字記錄〔註33〕。

5. 遊記類

清代文人的遊記有：祁韻士的《萬里行程記》和《荷戈紀程》；裴景福的《河海崑崙錄》〔註34〕；洪亮吉的《萬里荷戈集》、《百日賜還集》〔註35〕；民國謝彬《新疆遊記》；西方的遊記有日本學者日野強、瑞典探險家斯文赫定、英國探險家奧里爾·斯坦因等人的著作。另外，凱瑟琳·馬嘎特尼、貢納爾·雅林、黛安娜·西普頓的著作，也是解讀清代新疆休閒文化的門徑〔註36〕。

6. 檔案類

全疆範圍的文史資料彙編有《新疆文史資料選輯》〔註37〕。另外，烏魯

〔註29〕 丘良壬等：《歷代竹枝詞全編》，北京：北京古籍出版社，2007 年。

〔註30〕 （清）祁韻士：《西陲竹枝詞》，上海古籍出版社編：《清代詩文集彙編》第 429 冊，上海：上海古籍出版社影印，2010 年。

〔註31〕 參見清王錫祺所輯錄的《小方壺齋輿地叢鈔、補編、再補編》，光緒二十三年，上海著易堂排印本。

〔註32〕 （清）溫世霖：《崑崙旅行日記》，天津：天津古籍出版社，2005 年。

〔註33〕 〔芬蘭〕馬達漢：《1906～1908 年馬達漢西域考察圖片集》，濟南：山東畫報出版社，2001 年。
  〔芬蘭〕馬達漢：《馬達漢西域考察日記（1906～1908）》，王家驥譯，北京：中國民族攝影藝術出版社，2004 年。

〔註34〕 （清）裴景福《河海崑崙錄》，《中國西北文獻叢書·西北史地文獻》第 109 冊，蘭州：蘭州古籍書店影印本，1990 年。

〔註35〕 （清）洪亮吉：《天山客話》，《洪北江全集》，授經堂家藏本。

〔註36〕 具體著作及版本見參考文獻。

〔註37〕 中國人民政治協商會議新疆維吾爾自治區委員會文史資料研究委員會編：《新疆文史資料選輯（1～22 輯）》，新疆人民出版社，1979～1987 年。

木齊、伊犁、喀什、哈密編寫的地方文史資料彙編〔註 38〕，也是對新疆史料彙編的有益補充。文史資料彙編以專題的形式收錄資料，爲本文的研究提供了許多的便利。此外，還有馬大正等編《清代新疆稀見奏牘彙編（道光至宣統）》〔註 39〕也是可供參閱的資料。

7. 報告類

《長城外的中國西部地區》〔註 40〕記述了沙俄領事尼・維・鮑戈亞夫連斯基於 19 世紀末 20 世紀初在新疆的塔城、伊犁等地任職十年期間收集的各類情報。雖然此書旨在爲沙俄進一步侵略中國出謀劃策，但此書直觀記錄了新疆的文化事宜，可作爲進行研究的一手資料。

（二）研究現狀

關於中國休閒文化的歷史研究需要走向細緻和深入，中國傳統的休閒文化是尚待深耕細作的學術土壤。目前學界關於「休閒研究」的論文如雨後春筍、層出不窮。若以「休閒」作爲篇名輸入中國知網中文數據庫進行搜索，截至 2015 年 3 月，可得論文 16123 篇。在這龐雜的研究成果中，圍繞當代休閒的探究較多，針對傳統休閒文化的研究占少數。現觀照中國傳統休閒文化，依次從時空維度（「清代」和「新疆」兩個維度），進行同類研究的綜合分析：

1. 整體及斷代的研究現狀

期刊論文。爲求範圍精確，僅以「傳統休閒」爲篇名在中國知網檢索，結果如下：以「傳統休閒」爲主題詞檢索，有論文 519 篇，以「古代休閒」搜索，有論文 129 篇。分別輸入「魏晉休閒」、「唐代休閒」、「宋代休閒」、「明

〔註38〕 中國人民政治協商會議烏魯木齊市委會文史資料研究委員會編：《烏魯木齊文史資料選輯（1～18），新疆青年出版社，1982～2000 年；中國人民政治協商會議伊犁哈薩克自治州委員會文史資料委員會編：《伊犁文史資料（1～29）（內部發行），伊犁日報印刷廠印刷，1984～2010 年；中國人民政治協商會議喀什市委員會文史資料委員會：《喀什市文史資料（1～15 輯）》（內部發行），喀什報印刷廠印刷，1986～2000 年；中國人民政治協商會議哈密市委員會文史資料委員會編：《哈密市文史資料（1～10）》（內部發行），哈密地區印刷廠印刷，1987～2002 年。

〔註39〕 馬大正等：《清代新疆稀見奏牘彙編（道光至宣統）》，烏魯木齊：新疆人民出版社，1997 年。

〔註40〕 〔俄〕尼・維・鮑戈亞夫連斯基著，新疆大學外語系俄語教研室譯：《長城外的中國西部地區》，北京：商務印書館，1982 年。

代休閒」檢索，依次可得論文 31 篇、59 篇、63 篇、30 篇。另以人名加休閒，如「蘇軾休閒」等方式輸入，亦可得論文若干，此處從略，不再贅述。

　　碩博論文。傳統休閒文化整體研究的主要成果有：王曉琴的《對休閒文化的美學思考》（四川師範大學 2003 年碩論）、李亦非的《環境藝術中傳統休閒文化之研究》（湖南大學 2006 年碩論）、王靜的《從中國古代休閒思想看現代休閒》（四川大學 2007 年碩論）、馬勇的《中國傳統休閒文化對社區體育的影響》（湖南師範大學 2007 年碩論）、許稚菲的《休閒文化與城市休閒空間設計》（天津大學 2007 年碩論）、蘇狀的《「閒」與中國古代文人的審美人生》（復旦大學 2008 年博論）、孔煒靈《生活的藝術與藝術的生活——從休閒文化視域看林語堂的閒適文學觀（浙江大學 2008 年碩論）、徐文雅的《園林休閒文化構建研究》（上海交通大學 2008 年碩論）、趙永紅的《論道家休閒觀的當代啓示》（浙江大學 2008 年碩論）、王波的《和諧社會中的休閒與德性》（天津大學 2008 年碩論）、朱月雙的《中國休閒文化的哲學基礎及影響》（浙江大學 2010 年碩論）、曾海濤《中華傳統休閒對現代休閒走出困境的價值探析》（山東大學 2010 年碩論）、盧長懷的《中國古代休閒思想研究》（東北財經大學 2011 年博士論文）、郝雪婷《儒家休閒思想對我國休閒體育文化的啓示》（山東大學 2013 年碩論）、程雲鵬的《生命哲學視域下的中國休閒文化研究》（江西師範大學 2013 碩論）等等。

　　斷代研究的代表性成果有：錢薇伽的《宋代士大夫休閒生活考述》（四川師範大學 2007 年碩論）、謝珊珊的《休閒文化與唐宋詞》（暨南大學 2007 年碩論）、王曉光的《晚明休閒文學研究》（山東大學 2009 年博論）、文峰的《明代成都休閒文化研究》（西南大學 2009 年碩論）、張翠愛的《兩宋休閒詞研究》（蘇州大學 2009 年博論）、黃園園的《唐代休閒文化之審美研究》（西北師範大學 2009 年碩論）陸慶祥的《蘇軾休閒審美思想研究》（浙江大學 2010 年博論）、馬琳的《北宋宮廷人士休閒活動研究》（河南大學 2010 年碩論）、張野《先秦休閒文化研究》（遼寧師範大學 2010 年碩論）、楊瑞璟《中古士人的休閒生活與審美情趣研究》（湖南科技大學 2010 碩論）、郝娜《唐代家庭休閒文化研究》（曲阜師範大學 2011 年碩論）、杜莉莉的《唐代假日休閒研究》（東北師範大學 2011 年碩論）、許燦《唐代娛樂活動探析》（河北師範大學 2011 年碩論）、韓穎的《宋代休閒生活初探》（山東師範大學 2011 年碩論）、趙豔平的《晚明士人休閒文化研究》（山東師範大學 2011 年碩論）、余

翠萍的《休閒與盛唐山水田園詩的意義生成》（暨南大學 2012 年碩論）、韓芳的《北宋東京休閒娛樂活動研究》（河南大學 2012 年碩論）、孫佳的《唐代文士休閒文化研究》（華中師範大學 2012 年碩論）、蒙壽宏的《唐代女子休閒體育》（蘭州理工大學 2012 年碩論）、李恒山《魏晉南北朝休閒旅遊考略》（鄭州大學 2013 年碩論）、章輝《南宋休閒文化及其美學意義》（浙江大學 2013 年博論）等等。

　　研究專著。充分涉及或專論傳統休閒文化的有胡偉希、陳盈盈所著的《追求生命的超越與融通——儒道禪與休閒》（雲南人民出版社 2004 年版），趙樹功所著的《閒意悠長：中國文人閒情審美觀念演生史稿》（河北人民出版社 2005 年版）等。

2. 清代休閒的研究現狀

　　相比之下，專門研究清代休閒文化的成果非常少。以「清代休閒」作為主題輸入中國知網，僅有論文 15 篇。期刊論文有：王雪梅的《論清代成都地區的旅遊休閒活動及其影響》（《四川師範大學學報》2002 年 4 月）、蔣枝偶的《清代昆明市民的休閒消費特徵》（《雲南民族大學學報》2005 年 12 月）、姚穎的《清代北京市井文化中的休閒尚趣之風》（《北京社會科學》2007 年 6 月）、彭博的《清代成都城市休閒文化的形成》（《重慶科技學院學報》2009 年 11 月）、李紅雨的《清代北京旗人的休閒生活》（《滿族研究》2011 年 8 月）、梁穎珠的《從禁忌迷信到休閒娛樂——論清代竹枝詞的民俗學價值》（《傳播與版權》2013 年 6 月）、盧長懷的《清代少數民族休閒活動的主要方式及其影響》（《大連民族學院學報》2013 年 6 月）等。碩博論文有：肖巧朋的《論〈閒情偶寄〉的休閒思想》（湖南師範大學 2003 年碩論）、曾琳的《明清蘇州休閒空間研究》（同濟大學 2007 年碩論）、許文娟《明清時期池州地區旅遊研究》（安徽大學 2011 年碩士）、潘偉偉的《性靈與休閒——袁枚自在生命的審美超越》（浙江大學 2012 碩論）、尹明的《康乾時期致仕官員生活研究》（遼寧大學 2013 年碩論）。

　　以上研究取得的突出成績是應該充分肯定的，但毋庸諱言，這些成果存在兩方面的不足：一、關於休閒文化的研究視角有失偏頗。首先，關於傳統休閒文化的斷代研究，以唐代、宋代的研究居多，清代的研究過少。清代是中國傳統休閒文化的興盛期，相關研究成果甚少，實為缺憾。清代張潮的《幽夢影》、李漁的《閒情偶寄》、石成金的《傳家寶》以及紀昀等漢族文人的詩

文記錄了清人的休閒文化，蘊含著豐富的休閒思想，值得進行深入研究。其次，關於地域休閒文化的研究缺失。新疆是一個多元文化融合的地域，新疆漢民族的休閒文化極富特色，可惜的是關於清代及清以前新疆休閒文化的研究尚未有之。二、關於傳統休閒文化的「考」與「論」未能很好的結合。有的研究只注重對古人休閒生活的羅列，忽視對休閒智慧和休閒境界的詮釋，有「考」缺「論」。有的研究只注重休閒理論的闡釋，缺乏古典文獻學的研究方法，有「論」缺「考」。由於缺乏中國古典文獻學的論據支撐，休閒理論難免論述空泛、行文散漫的弊端。目前，關於清代新疆休閒文化進行「考」與「論」的研究尚處於空白狀態。

3. 古代新疆漢文化的研究現狀

關於「清代新疆休閒文化」，尚未有相關成果。清代新疆漢族文人的休閒文化屬於漢文化的分支，故本文從大範疇——古代新疆漢文化的研究現狀去分析：

（1）對西域漢文化生活的研究

劉海燕的論文《從衣食住行看清末民初哈密人的生活》描述了明末清初哈密人物質層面生活面貌的別樣性；齊清順的論文《新疆漢民族的文化生活》從節日等方面論述了清代新疆漢民族文化生活的形式；薛宗正的專著《新疆古代社會生活史》對古代新疆漢民族社會生活風俗發展史進行了論述。其論文《唐代西域漢人的社會生活》以史料分析、透視了西域三州、四鎮的漢人經濟生活及文化心態；許學成的專著《爬梳鎮西》、《神話鎮西》記述了清代巴里坤的漢文化生產、生活方式以及民俗情況，提出鎮西為清代新疆漢文化的龍脈的觀點。李芳的碩士論文《清代新疆漢民族社會風俗初探》從物質風俗、生活風俗、精神風俗等方面對清代新疆的風俗進行了研究。

（2）漢文化在新疆傳播的歷史研究

劉文鎖的論文《漢文化與古代新疆》，從考古學的角度分析了漢文化在古代新疆的歷史地位和漢文化在古代新疆的變遷規律；王嶸的論文《中原文化在西域的傳播》論述了中原文化在西域鄯善、于闐、龜茲、高昌等地的傳播及多元一體的關係；易國才的論文《清代新疆的屯墾戍邊與漢文化傳播》提出新疆屯墾的發展及人口的增加，孕育了新疆漢文化的繁榮，更為新疆城鎮的形成奠定了基礎；李文浩的論文《清代以來東疆地區漢民居聚落文化的形成及其影響》提出清代以來，在外地遷來的居民農業生產方式、生活習俗的

影響下，新疆逐漸形成了以漢族爲主的民居聚落文化中心，形成了獨具特色的新疆漢文化。

對於此命題，學界研究現狀中存在如下不足：一、對古代新疆漢文化生活的研究，往往僅涉及某一方面如民俗、民間信仰、藝術，由於篇幅有限，且研究部分考據不夠嚴謹，休閒文化的研究缺乏嚴謹梳理，有待規範。二、漢文化在新疆傳播的歷史研究，或偏重於羅列史料或空泛評論，史料呈現和理論分析的結合不夠理想，略顯論證欠詳實的弊端。總體來看，國內學者在文獻難考、資料匱乏的情況之下對西域漢文化進行了研究，爲後人提供了可貴的史料和研究思路。本論題在借鑒前人研究成果的基礎上，試圖揚長避短，注重「考」、「論」結合。

三、研究思路與研究方法

（一）研究思路

從文化的視角來考論清代新疆有閒的文人階層。全文以「休閒文化」爲主線，以清代新疆的自然環境、社會環境爲兩個基本視點，從物質層面和精神層面考證清代新疆漢族文人的休閒生活。爲了實現這一目的，也爲了避免浮泛膚廓，論文以專題的形式考證、梳理清代漢族文人的休閒生活。

物質層面的休閒生活從衣食住行方面考證，具體包括燕居服飾、飲食休閒、閒適居所、遊賞性休閒等專題。精神層面從雅閒和俗閒兩個方面考證，具體包括文學休閒、藝術休閒、節慶休閒、觀賞休閒等專題。當然這只是一個角度的劃分，物質休閒和精神休閒沒有絕對的區分，兩者往往互相結合。

專題的研究不求面面俱到，亦不苛求時間、空間的貫通與全面，而是力求研究脈絡清晰，意在突出主題。與清代新疆休閒生活無關者不做探討，論文重在揭示清代新疆與內地同質、但又有獨特需求與精神創造的休閒文化，通過對休閒方式與休閒思想的探究實現對生命價值的體悟。

論文結構採用用核心詞後綴新疆竹枝詞的方式構建論文框架，不僅是爲了工整、美觀，更是爲了提綱挈領描述新疆獨有的文化風貌，凝練凸顯新疆休閒文化的特點。

（二）研究方法

採用文獻研究法、歸納與演繹法、文獻計量法。

文獻研究法：通過查閱國家圖書館、山東大學圖書館、新疆大學圖書館

的館藏圖書以及互聯網電子檢索等途徑全面搜集資料。從爬梳原始資料入手，分類歸納文獻資料，初步形成文章的總體構想。

　　歸納與演繹法：由於休閒文化的涉及的領域廣闊，因此，就必須從自身的研究角度出發，有方向的選擇、歸類、整理有關「傳統休閒文化」和「清代新疆漢文化」的各類資料，吸納有助於開展研究的學術成果。依據個人的研究設計和主體思路，結合歸納後的知識理念，進一步將兩者相融、延伸、拓展，進而構築清代新疆漢民族休閒文化的研究框架。

　　文獻計量法：關於休閒選題的研究成果眾多，涉及休閒哲學、休閒社會學、休閒經濟學以及休閒體育、休閒旅遊、休閒文化等研究領域。研究有必要進行統計工作，獲得可用的數據。統計對象包括相關專著、期刊、碩博論文等。

第一章 清代新疆的自然環境與
　　　　民族構成

第一節　清代新疆的自然環境概況

　　新疆及周邊地區古稱西域〔註1〕，此地以「山川城保之雄闊，風土物產之瑰奇，雲煙寒暑之變幻」〔註2〕，令無數過往者爲之驚歎、稱奇。自古迄今，塞外西域雖多戈壁荒漠，仍不乏風景優美、資源富足的萋萋綠洲。這些綠洲水甘土沃，氣候宜人，人煙稠密，牧場遼闊，爲發展畜牧和農業生產創造了優越的條件，也爲當地人們的休閒生活提供了良好的生態環境。

一、地理特徵

　　新疆是中國版圖中最遼遠而廣袤的省區。清代，新疆所轄地域廣闊，據乾隆朝續修本《大清一統志》載：「東至喀爾喀瀚海及甘肅省界，西至薩瑪爾罕及葱嶺界，南至拉藏界，北至俄羅斯及左右哈薩克界，東南至甘肅省界，西南至葱嶺拔達喀山、痕都斯坦諸屬界，東北至俄羅斯界，西北至右哈薩克界，廣輪二萬餘里。北爲舊準噶爾部，南爲回部，統轄天山南北事務，將軍駐紮伊犛（犁），至京師一萬八百二十里。」〔註3〕嘉慶十七年（1812），嘉

〔註1〕關於「西域」的概念界定在緒論中已作説明，此處不做贅述。
〔註2〕（清）祁韻士：《濛池行稿・自序》，第721頁。
〔註3〕（清）和珅等：《大清一統志》卷414，清光緒二十八年上海寶善齋石印本，
　　　　第1頁。

慶帝令穆彰阿等重修《大清一統志》(《嘉慶重修一統志》),地理範圍除「西至右哈薩克及蔥嶺」〔註4〕的提法小有變化外,疆界範圍仍大致相同。現今,新疆總面積約166萬平方千米,是中國面積最大的省區,約占國土面積的六分之一。新疆自古就是歐亞大陸的交通樞紐,絲綢之路的交匯地。因為新疆獨特的地理位置,多民族在此地交匯、共存、融合,所以新疆的休閒文化異於中原,流光溢彩,獨具魅力。

新疆的地形複雜多樣,境內冰川聳立,沙漠浩瀚,盆地遼闊,綠洲星羅棋佈。西北邊塞留給多數人的印象是戈壁千里、飛沙走石,實際上,新疆的盆地區域有很多水草豐美、資源富饒的綠洲,非常適合農耕與畜牧。新疆最為顯著的地理特徵是「三山夾兩盆」,即山脈與盆地相間,盆地由高山環抱。新疆北端有阿爾泰山,南端有崑崙山,天山橫亙於新疆中部,將新疆分為南北兩部分。阿爾泰山和天山山脈之間為準噶爾盆地,天山和崑崙山系之間為塔里木盆地。

阿爾泰山系橫亙中國境內外,跨越中國、哈薩克斯坦、俄羅斯、蒙古國境,綿延2000餘千米。中國境內的阿爾泰山雄踞新疆北部,綿延500餘千米,海拔1000至3000米以上。這裡分佈著許多高山牧場,高山植物茂盛,自古就是游牧民族繁衍生息之地;崑崙山聳立於新疆南部,山脈全長約2500千米,平均海拔5500至6000米,山南是青藏高原,山北為塔里木盆地,山南、山北氣候迥異;天山終年覆蓋冰雪,是新疆主要河流的源頭及補給源。天山山脈綿延中國境內1700米,山體寬厚,平均寬約250千米,其間分佈水草豐茂的盆地,宜耕宜牧。

北疆的準噶爾盆地自古就是游牧民族馳騁之地。這裡水草豐茂,地勢平坦,適宜耕牧。盆地中央是古爾班通古特沙漠,屬於固定沙丘,有稀疏的植被。天山南麓自西而東依次為喀什噶爾綠洲、阿克蘇綠洲、庫車綠洲、焉耆－博斯騰湖綠洲、吐魯番綠洲、哈密綠洲。

南疆的塔里木盆地是四面高山環繞的內陸盆地。盆地的中央塔克拉瑪干沙漠雖然是荒蕪之地,但是沙漠周邊卻被土地肥沃、草木叢翳的綠洲沃壤所環繞。崑崙山北自西向東依次為和田綠洲、且末綠洲、樓蘭綠洲。

上述諸綠洲古今大致相同,相較之下,古代的綠洲面積廣闊,水土豐饒,

〔註4〕 (清)李佐賢等:《嘉慶重修一統志》卷517,《四部叢刊續編‧史部》第29冊,首都師範大學圖書館藏。

森林茂盛，生態環境更爲優越。綠洲之間被戈壁或流沙相隔，人煙絕少，極目荒涼。綠洲沃野得高山雪水灌溉，農牧業稱盛。新疆的河流眾多，但多爲季節性河流，主要由冰山融水補給，故而夏季流量大，冬季流量小，甚至斷流，大多數河流最終消失在沙地。

北疆的額爾齊斯河發源於阿爾泰山，河岸風光壯美。南疆的奇普恰普河發源於喀喇崑崙山，向南流匯入印度河，在新疆境內流域面積 4410 平方千米。除了這兩條河爲外流河外，其餘均爲內陸河。在天山南路，與居民生活及自然生態最爲密切的內陸河要屬塔里木河，它是我國最長的內陸河，它彙集了南疆的葉爾羌河、和田河、阿克蘇河、喀什噶爾河，最後注入羅布淖爾沙地。在天山北路，水量豐富的伊犁河，爲特克斯河、鞏乃斯河、喀什河三河匯合，最終流入巴爾喀什湖。其他如烏魯木齊河、昌吉河、呼圖壁河、烏蘭烏蘇河、額敏河皆是當地較著名的河流。豐富的水資源保障了農業灌溉用水，也提供了魚類等物產，沿河岸一帶是人們清涼避暑的休閒去處。

二、氣候物產

新疆各地普遍夏季酷熱，冬季寒冷，空氣乾燥，降水量稀少，晝夜溫差大。以天山爲界，新疆南北形成特徵截然不同的自然區域。天山阻擋了西伯利亞冷空氣的南下，「南部多溫，故物候同中土。天山以南溫度適宜，播種在清明後，收穫在秋分前，與江南節氣相近」〔註5〕。北疆「天時則北部多寒，故晚種早收，天山以北解凍較遲，寒信獨早，自播種至收穫爲候不越百日」〔註6〕。北疆的冬季寒冷長達近半年，隨軍幕僚蕭雄曾作詩形象地描述巴里坤的嚴寒，「山北孤城寒更多，海城蒲類雪成窠。笑他五月披裘客，不識人間有葛羅」〔註7〕。蕭雄的描述並非虛誇，巴里坤是新疆極寒之地，五月穿裘皮不足爲奇。北疆其餘各地雖寒不至此，但到了冬季，仍然冰天雪地。因爲冬季夜長晝短，人多閑暇，適宜聽戲、弈棋、宴飲等室內休閒活動。新疆作爲農耕社會，在冬季人們相對富足悠閒，所以冬季節慶休閒活動也較爲隆重。新疆夏季酷熱，烏魯木齊夏天城中炎熱，山中則氣候長寒。每城中雨

〔註5〕　（清）鍾廣生等：《新疆志稿》卷2《新疆實業志‧商務》，民國十九年鉛印本。
〔註6〕　同上。
〔註7〕　（清）蕭雄：《西疆雜述詩》，吳藹宸《歷代西域詩鈔》，烏魯木齊：新疆人民出版社，1982年，第301頁。

過，則遙見層巒疊嶂，積雪皓然。紀昀有詩「流雲潭沱雨廉纖，長夏高齋坐捲簾。放眼青山三十里，已經雪壓萬峰尖」〔註8〕，正是描寫了夏日城中炎熱，山中長寒的氣候。新疆夏季的氣候適合園林遊憩和林中打獵等休閒活動。

新疆土地遼闊，水草豐茂，物產富裕。伊犁河流域山區植被覆蓋率為新疆最高的地區，平均覆蓋度達到了百分之九十。低山地帶為優質春秋草場，中山帶為茂密雲杉林，高山帶為優質夏季草場。因為地理資源優越，新疆「出口貨物幾盡為畜產，而羊皮、羊毛、羊腸尤為大宗」〔註9〕。富有的牧民以牲畜數百來計算家產，哈薩克游牧民以羊肉為主食。本省每年就地消費的羊皮、牛皮、羊毛、駝毛、馬鬃等類，以及肉類、油類、奶酪、腸、骨各種副產品不計其數。除了畜牧養殖，山區野生動物也是種類繁多，常見的有：北山羊、雪豹、野駱駝、棕熊、馬鹿、野豬、沙狐、野兔、禿鷲、雪鴿、高山嶺雀、蒼鷹、斑鳩等動物。河流湖泊中，也分佈著多種魚類種群。

新疆的物產富饒，畜牧、農墾雖然各有其利，但不及礦產儲備的富足。新疆礦產資源無一不備，大規模的有「迪化、伊犁、疏附之煤，孚遠、疏勒之鐵，阿爾泰、塔城、于闐之金，拜城、庫車之銅，綏來、烏蘇、沙灣之石油。其他未經發見者，尤多不勝紀，前人所調查者，掛一漏百，未足以盡全省之礦產也」〔註10〕。新疆的礦產除金礦外，則應首屬石油。全省南北發現石油不下十餘處。因為新疆綠洲豐饒、地廣人稀，為人們居住提供了良好的環境，大量自內地遷入的移民也能在此謀生，由此形成了近代新疆民族構成的基本格局。

第二節　清代新疆民族的構成

西域這片神秘的土地歷史悠久，曾有眾多民族在此地聚居融合、繁衍生息，多民族共同締造了璀璨奪目的西域文化，綻放著獨具異彩的西域風情。新疆世居的民族有 13 個，據《清稗類鈔》載：「新疆廣袤二萬餘里，人類紛龐，各為禮俗，今別其族，曰漢，曰蒙古，曰纏回，曰布魯特，曰哈薩克，

〔註8〕 李忠智：《紀曉嵐烏魯木齊雜詩詳注》，北京：現代教育出版社，2010 年，第131 頁。
〔註9〕 吳藹宸《新疆紀遊》，《中國西北文獻叢書・西北史地文獻》第 110 冊，蘭州：蘭州古籍書店影印本，1990 年，第 512 頁。
〔註10〕 （清）吳藹宸：《新疆紀遊》，第 514 頁。

曰甘回。」〔註 11〕這些民族的來源各不相同，有原本發祥於我國而後由中亞東徙的哈薩克，以及柯爾克孜族、烏孜別克族、塔吉克族、塔塔爾族、土爾扈特蒙古人，還有從漠南徙入的察合臺蒙古，從東北徙入的滿、索倫、錫伯等族，以及從內地遷入的漢人。

從生活區域劃分世居民族，「維吾爾族主要居住於南疆，柯爾克孜族主要居住於南疆西部，塔吉克族主要居住於帕米爾高原，蒙古族和哈薩克族主要居住在北疆，錫伯族主要聚居於伊犁，其他各族則散居於天山南北」〔註 12〕。從文化信仰劃分，「世居民族大體可以分為伊斯蘭諸族和非伊斯蘭諸族兩類。前者包括維吾爾、哈薩克、回、烏孜別克、柯爾克孜、塔吉克等，後者包括滿、蒙、漢、錫伯、索倫等」〔註 13〕。研究清代新疆漢族文人的休閒文化必定要涉及人文環境，因此，有必要對清代新疆的民族構成做一概括性的介紹。

一、伊斯蘭諸族

維吾爾族

清代文獻一般稱維吾爾族為「回」，為了與同期信仰伊斯蘭教的回族相區別，一些文獻又稱之為「土回」或「纏回」。清代新疆的維吾爾人主要生活在天山以南，「自哈密而西經吐魯番、焉耆、庫車、阿克蘇、喀什、葉爾羌、和闐諸地皆回人，統稱曰回部」。天山南路「大小回城數十，回莊小堡千計」〔註 14〕。除天山南路，伊犁也是維吾爾族聚集區。乾隆三十三年（1768），伊犁「奏定種地回子六千戶，分屯耕作，於固勒紮建寧遠城，設阿奇木伯克管轄，此回屯也」〔註 15〕。清乾隆中期，清政府先後從阿克蘇、烏什、葉爾羌、和闐、哈密、吐魯番等處，陸續增調南疆維吾爾族去伊犁屯田，即「回屯」。在清代新疆人口中，維吾爾人口數量居於首位。

維吾爾人主要居住在天山南路一帶的綠洲，南疆得天獨厚的地理環境利於從事農業生產。《西域圖志》載：「山南諸回部，有城郭宮室，故居處有恆；

〔註11〕　（清）徐珂：《清稗類鈔》第 4 冊《種族類》，北京：中華書局，2010 年，第
　　　　　1898 頁。
〔註12〕　薛宗正：《新疆民族匯》，北京：五洲傳播出版社，2001 年，第 12 頁。
〔註13〕　同上，第 12 頁。
〔註14〕　曾問吾：《中國經營西域史》，北京：商務出版社，1935 年，第 571～572 頁。
〔註15〕　（清）松筠：《欽定新疆識略》卷 6，清（1644～1911）刻本。

有溝塍隴畝，故田作有時，男識耕耘，女知紡織。」〔註16〕傳統的男耕女織是維吾爾人生產活動的基本內容。清代新疆維吾爾人除進行農業外，還從事牧業、手工業及其他方面的物質生產活動。

哈薩克族

哈薩克族是新疆第二大伊斯蘭化族群，其遠祖可以追溯到漢代烏孫、康居。蒙元時，哈薩克族再次嶄露頭角，逐漸發展為草原上強大的游牧族群。乾隆二十二年（1757）哈薩克大玉茲與中玉茲（左、右二部）臣服於清朝，正式建立貢屬關係，並游牧於新疆北部山區。《新疆圖志》載：「哈薩克者漢康居種人也，散處阿爾泰、塔爾哈巴臺、伊犁北境。無城郭廬室，逐水草事游牧。」〔註17〕同治三年（1864），中俄簽訂《中俄勘分西北界約記》後，哈薩克族分化為二，一支附清，一支附俄，成為跨國民族。

清代新疆的哈薩克族以游牧為生。哈薩克族注重資源的合理利用，四季放牧有固定的牧場。春秋牧場一般位於淺山、荒漠和半荒漠地帶，這裡水源充足，春天有冰雪融水，秋天有山泉水，對春季羊羔繁殖育幼，秋季牧畜配種、剪毛等都有利。冬牧場一般位於可避風雪的山澗溝谷等地帶，冬季這一帶氣溫相對暖和，有利於牲畜避過風雪，度過寒冬。夏牧場選擇在濕潤涼爽的山地，這裡雨水充足，草木茂盛，有利於牲畜育肥，夏季天氣涼爽，也是牧民製作奶製品、舉行婚禮、集會慶典的好時節。

回　族

回族是回回民族之簡稱。追溯回族的來源，自公元 7 世紀中葉，已有阿拉伯、波斯商人留居中國多地。13 世紀初期，成吉思汗西征時，更有大批中亞波斯及阿拉伯人經商或遷居，構成元朝「色恩人」的主要成分，是我國回族形成的主要來源。

清代，大量內地回族遷徙新疆，清代新疆流人中有一定數量的回民。乾隆四十二年（1777），烏魯木齊、昌吉、米泉等地安插大批河州回民。僅因河州回民「聚眾念經，拒捕傷差」一案，被遣的犯人及婦孺達 2 萬餘人；乾隆四十七年（1782）前後，蘇四十三起義失敗，河州、關川一帶的回民遷至新疆阜康一帶；同治年間，跟隨白彥虎赴新疆的陝西回民中，以烏魯木齊、吉

〔註16〕（清）傅恒等：《西域圖志》卷 39《風俗》，乾隆四十七年（1782）武英殿刻本。

〔註17〕（清）王樹枏：《新疆圖志》卷 48《禮俗志》。

木薩爾、米泉、瑪納斯、焉耆最多〔註18〕。官府用「甘回」、「陝回」的稱呼區分回民遣犯。除「遣犯」，另有屯田、經商等自發遷徙者，主要分佈於現今之昌吉、烏魯木齊、吐魯番、伊犁等北疆地區。

清代新疆的回族主要以農業和商業為生。「清代回族屯田多在北疆，因此移居北疆的回民人數多於南疆。據估計，19 世紀中葉僅伊犁河谷的回族居民就有 6 萬人左右。」〔註19〕這些主要來自甘肅、陝西、寧夏的回民與當地維吾爾族、漢族互相交流生產經驗，改進了本民族的耕作技術。

柯爾克孜族

柯爾克孜，自漢唐以後，不同時期分別被稱作「堅昆」、「點戛斯」、「吉利吉思」等等。「柯爾克孜」一詞，係本民族之自稱。柯爾克孜人是游牧於今之西伯利亞葉尼塞河上游一帶的古老民族。關於柯爾克孜族的漢文記載，最早被稱為「鬲昆」，見載於《史記》。後來因匈奴進攻，一部分遷至天山地區。清代，清廷統一新疆後，沿用準噶爾蒙古人之稱法，將柯爾克孜族叫作「布魯特」，或謂「高山民族」之意。柯爾克孜族分東西二部，以天山為界，居住於天山以北為東布魯特，天山以南為西布魯特。

柯爾克孜人以游牧生活為主，其游牧區分佈在天山、崑崙山和帕米爾的山區。那裡草木茂盛，水土豐腴，適於放牧。「強盛不劣於哈薩克，歲需牲畜常數十萬計」魏源將清代柯爾克孜與厄魯特蒙古、維吾爾族進行了大略比較。《聖武記》記曰：「布魯特持教同回部，而居無城廓，游牧同厄魯特，而不崇黃教；其疆域風俗皆介準、回之間。」〔註20〕

烏孜別克族

明清歷史文獻中對烏孜別克人之稱謂亦大多冠以地名。如撒瑪爾罕人、浩罕人、布哈拉人、安集延人等，其中以「安集延人」之名使用最為廣泛。10 世紀前期來自中亞的蘇非派傳教者艾布·納賽爾·薩曼尼率 80 餘人戶到阿圖什，是烏孜別克先民進入新疆定居之始。哈喇汗王朝時期陸續又有中亞古代烏孜別克人遷入喀什噶爾、葉爾羌、和闐等城，他們的主要職業乃是經商和傳教。由此可見，新疆烏孜別克人數雖少，但信仰伊斯蘭教歷史卻甚為久

〔註18〕 （清）蘇爾德：《回疆志》卷 1《各城戶口地畝》，清抄本。

〔註19〕 （日）佐口透著，章瑩譯：《新疆民族史研究》，烏魯木齊：新疆人民出版社，1993 年，第 279 頁。

〔註20〕 （清）魏源：《聖武記》卷 4《外藩》，北京：中華書局，1984 年，第 172 頁。

遠。而且伊斯蘭教在新疆的傳佈也與烏孜別克人的活動有著直接關係。

清朝在新疆統治建立伊始，即有浩罕商人往返貿易，「中國政府允許聚集在喀什噶爾和清帝國的其他伊斯蘭教藩屬的浩罕臣民，為了商業的目的自由往來，宗教上托缽僧也允許自由往來。」〔註21〕這樣烏孜別克人在商業活動中積聚財富，自置產業，承種地畝或自行墾荒，一部分人變成土地佔有者，在當地娶妻生子，編入回部戶籍而逐漸土著化。在清代南北疆一些城市烏孜別克族聚居區也單獨形成「安集延街」、「安集延市場」，宗教活動場所亦有安集延人的清真寺、水池和麻箚。不過烏孜別克族穆斯林由於長期與維吾爾等民族共同生活在一起，其文化與風俗習慣便帶上了新疆地區的特點並逐漸定型。

塔吉克族

塔吉克族世代居住在中亞地區，漢唐時期，葱嶺一帶的高山塔吉克族就隸屬中原王朝統一管轄。塔吉克族依據生活地域分高山塔吉克和平原塔吉克。新疆的塔吉克族屬於高山塔吉克人的，分佈於帕米爾高原一帶，其活動中心在新疆塔什庫爾干一帶。山區的塔吉克人主要經營畜牧業，有些地方也兼營農業。在海拔 3000 米左右的大小山谷裏，分佈著塔吉克族村莊。塔吉克人過著春耕夏牧、半游牧半定居的生活。春天播種青稞、小麥等耐寒作物，夏季游牧於高山草原，秋季收穫莊稼，周而復始，安然自得。

二、非伊斯蘭諸族

滿　族

清朝統一新疆南北後，在駐兵各地興建滿城。大批滿族官兵進駐新疆是清廷維護軍府政治的有力後盾。「滿族以八旗編制其眾，滿營駐軍遍佈伊犁、塔爾巴哈臺、烏魯木齊、哈密、巴里坤、吐魯番、古城、葉爾羌、喀什噶爾、阿克蘇、英吉沙爾等地。」〔註22〕新疆的八旗官兵基本來自陝甘兩省的駐防軍，也有少數來自熱河。

清代，滿族在政治地位上享有特殊的優待。清廷規定「大抵八旗皆以國力豢養之」〔註23〕，可按例領皇糧，以出仕從軍為業。清代新疆貴族階層的

〔註21〕　〔日〕佐口透著，凌詳純譯：《18～19世紀新疆社會史研究》（下），烏魯木齊：新疆人民出版社，1983年，第433頁。
〔註22〕　《中國新疆古代社會生活史》，第618頁。
〔註23〕　趙爾巽等：《清史稿》卷130《兵一》，北京：中華書局點校本，1977年，第3859頁。

滿族主要是從政做官。清代前期，新疆滿營官員待遇高於同級軍官。新疆平民階層的滿族以入伍從軍爲業，由朝廷發放糧餉。滿族士兵擔任征戰、戍邊、駐臺等軍務，日常以操練爲主。「滿軍進駐新疆不僅僅是兵丁的進駐，由於准許攜帶家眷，事實上是萬餘戶家庭的定居。」〔註24〕乾隆末至嘉慶初，由於滿營人口衍生，兵丁的定額難以支撐養家之需，官府創辦官鋪、設旗屯，以維持滿營兵丁、家眷的生計。

蒙古族

蒙古族是我國古老的民族之一。清朝時按不同的地區，通常把它分爲東蒙古和西蒙古。東蒙古指今內蒙古自治區和外蒙古一帶的蒙古族。西蒙古主要指新疆的蒙古族，即額魯特蒙古，包括甘肅、青海、內蒙古西部的蒙古族。其來源主要有三：一爲厄魯特人。乾隆時期，北疆準噶爾部在戰爭後劫餘尚存 4.4 萬人，清政府把這些人和內地遣回的厄魯特兵丁組建爲「厄魯特營」，駐守塔城、伊犁一帶，負責邊防巡察。二是察哈爾蒙古，清政府於 1762 至 1763 年分兩批調張家口外察哈爾蒙古兵營，少數留烏魯木齊，多數派至伊犁組成察哈爾營，駐防伊犁、博爾塔拉等地；三爲東歸的和碩特與土爾扈特蒙古。

清代新疆蒙古族居民以游牧爲生，生活的區域氣候宜人，水源充足，資源豐富。特別是蒙古族活動的中心，伊犁河谷地帶，土壤肥沃，牧場廣闊，爲農牧業生產提供了極爲優越的條件。清代滿族官員七十一記述：「著勒土斯山場迴環千里，草泜水甘，多野牲，足資游牧；開都河水暢流，足資灌溉……后土爾扈特來歸，遂將其汗烏巴錫部落、霍碩特貝勒恭格部安插於著勒土斯，恣其游牧，教之耕種。」〔註25〕清代新疆蒙古族的手工業雖然有一定的發展，但許多日用品還要依靠同內地的貿易往來提供。

錫伯族

錫伯族具有悠久的歷史和燦爛的文化。「錫伯」爲本民族自稱。乾隆二十九年（1764），出於伊犁地區屯戍所需，清廷「從盛京所屬的開原、遼陽、撫順等 15 處，抽調錫伯族官兵 1020 名，連同眷屬 4000 餘名遷移到伊犁一帶屯墾戍邊，定居於伊犁河南岸（今察布查爾錫伯自治縣境內）」〔註26〕。

〔註24〕趙爾巽等：《清史稿》卷 130《兵一》，北京：中華書局點校本，1977 年，第 617 頁。
〔註25〕《聖武記》卷 3《國朝綏服蒙古記》，第 164 頁。
〔註26〕《中國新疆古代社會生活史》，第 676 頁。

當他們行抵伊犁霍城縣境內時，原來的 10 個札蘭（隊）被編爲 6 個札蘭，相當於 6 個牛錄。到達伊犁河南岸（現察布查爾縣境內）後，乾隆三十二年（1767），根據實際人口，經伊犁將軍批准又增設了兩個牛錄，頒發了各牛錄的旗幟，至此完成了八旗制的編制〔註27〕。

錫伯營八旗是軍事、行政和生產三種職能合一的組織。錫伯族主要從事農耕生產，而且農業耕作技術較嫻熟。漁獵作爲輔助生產方式長期存在。伊犁河流域資源豐富，也爲捕魚和狩獵提供了資源。因爲漢族是本文的主要研究對象，所以單列章節以便於詳細分析。

第三節　清代新疆漢民族的來源

據考古學、人類學等研究證明，古代新疆在中石器時代已有人類的蹤跡。新疆史前的人種有歐羅巴人種，蒙古利亞人種，以及兩者的混合型。從活動區域及數量來看，歐羅巴人種更具優勢。漢人在新疆的記載，有史可考可追溯到西漢，但清代以前的漢人已經融入西域各族之中，僅有隻言片語的文字記錄和些許的文化印跡可尋蹤。如今生活在新疆世居的漢族人，大多是乾隆二十四年（1759），陸續從內地遷徙而來，彙集定居於此。清代，新疆漢人的主要來源於內地遷入的屯戍移民。

一、屯戍移民

從西漢起，歷朝歷代的中央政權都以屯墾戍邊爲固守疆土、開發邊疆的基本國策，清代亦如此。清代新疆屯墾創始於康熙年間，發展於乾隆年間。清廷對新疆的屯墾種類之全、地域之廣、歷時之長、移民之多達到了歷史的高峰。自哈密、巴里坤入疆起，北線經奇臺、吉木薩爾、烏魯木齊、瑪納斯到伊犁、塔城；南線經鄯善、吐魯番、焉耆、阿克蘇到喀什噶爾，都有漢人參與屯田。在屯田中，兵屯、民屯、犯屯是新疆漢族人口來源最主要的三種形式。

（一）兵　屯

「有清以武功定天下……聖祖平南服，世宗征青海，高宗定西疆，以旗兵爲主，而輔之以綠營。」〔註28〕清廷統一新疆後，一直將屯田戍邊作爲軍

〔註27〕《西陲總統事略》卷 6《營務》，第 16～17 頁。
〔註28〕《清史稿》卷 130《兵一》，第 3859 頁。

事要略。由於綠營兵的地位低於八旗，征戰結束後，屯田築城、交通運輸等辛苦的差事主要是綠營兵擔任。清廷在新疆的駐兵與屯田堪稱歷史規模之最，綠營兵中漢族士兵成為清代第一批大規模入疆屯墾的漢人。

康熙年間，清廷平定準噶爾貴族叛亂之際，已在新疆設綠營兵屯。時值清軍與準噶爾長期對峙，康熙深感糧草供應之艱難，曾曰：「朕經歷軍務年久，且曾親統大兵，出塞征討，凡行兵機務，靡不周知，今欲用兵，兵非不敷，但慮路遠，運餉殊難。」〔註29〕於是，從康熙五十四年（1715）起，清廷開始勘地興屯，相繼在哈密、巴里坤、吐魯番駐兵屯田。清代新疆的駐兵、屯田井然有序：首先派人丈量土地，按土地優劣分為三等，考慮承擔賦稅，分配次序，然後呈報知府（州級行政長官）。知府再呈報巡撫，由巡撫批准，然後下令派兵進駐、屯墾。派兵進駐後，先修築營盤，後開始墾荒。因為新疆降雨量少，耕地的準備工作首先是鑿渠引水。已經開發的耕地先由軍隊耕種，所收的糧食作為軍隊的糧餉，直到有足夠的移民願意來耕種這塊土地時，才移交給移民使用。清廷從佈防或其他方面考慮，認為軍隊不必在繼續駐紮時，有時便連同軍隊的建築都轉交給移民，那麼遷來的移民便在原有的營盤附近蓋起新房，定居下來。

清朝未統一新疆前，對準噶爾部的用兵歷經康熙、雍正、乾隆三朝，隨著戰事分合，新疆的駐兵與屯田也時興時止。乾隆年間是綠營兵屯田最興盛的階段。紀昀詩中描述了烏魯木齊所轄各處兵屯的盛況，「秋禾春麥隴相連，綠到晶河路幾千。三十四屯如繡錯，何勞轉粟上青天」。注：「中營七屯，左營六屯，右營八屯，吉木薩五屯，瑪納斯四屯，庫爾喀拉烏素二屯，晶河二屯，共屯兵五千七百人。」〔註30〕中營，在今米泉，富康一帶；左營，在今昌吉一帶；右營，在今呼圖壁一帶；庫爾喀拉烏素，即今烏蘇市；晶河，指今新疆精河縣。轉粟，指運糧。本詩全景式的概述了烏魯木齊地區軍隊屯田的情況，單是烏魯木齊所轄各處的兵屯（三十四屯）士兵就達五千七百人。

綠旗兵大多由陝西、甘肅兩省派出，初期只准「單身赴屯，定期更換，先為三年，後為五年」。乾隆二十四年，清廷派安西提督及旗下的五營馬步兵移駐巴里坤屯田，並令「攜家遷往，有戍守之利，無更番之擾」〔註31〕。

〔註29〕　《清康熙朝實錄》卷263，康熙五十四年乙丑條。
〔註30〕　（清）紀昀：《烏魯木齊雜詩》，《歷代西域詩鈔》，第98頁。
〔註31〕　《西域圖志》卷31《兵防》，第5頁。

乾隆二十七年（1762），烏魯木齊的部分屯兵首先改為「攜眷永駐」。乾隆四十三年（1778），伊犁屯兵也改為攜眷制。此後，北疆的綠營軍隊陸續改為攜眷駐防，而南疆綠營軍隊仍為換防。清代新疆建省前綠營兵主要是來自陝西、甘肅兩省。清廷在新疆大規模駐兵屯守情況大致如下（下限為乾隆四十二年）：

區域	駐兵屯田地點		駐防兵（名）	屯田兵（名）	備　註
北疆	哈密		800	380	綠旗兵
	鎮西府 巴里坤墾區	古城	200	550	綠旗馬步兵 1741
		木壘營	301	600	
		吉布庫	150		
	迪化州	羅克倫 五堡、昌吉		3195	綠旗兵 駐防兵 1842 屯田兵 5752
		阜康縣 吉木薩爾縣		755	
		綏來縣		1400	
		庫爾喀喇 烏蘇		270	
		精河		168	
	伊犁		3000	1000	綠旗兵
	塔爾巴哈臺		60	540	綠旗兵
南疆	闢展		300	800	綠旗兵
	喀喇沙爾		817	300	
	庫車		300		
	烏什		750		
	喀什噶爾		625		
	葉爾羌		680		
	和闐		232		綠旗兵
	托克			100	

　　根據《西域圖志》各屯區兵屯人數的記載，乾隆四十年前後，新疆總計綠營屯兵達 14000 人左右﹝註32﹞，主要分佈於新疆東部的哈密、鎮西、迪化，

﹝註32﹞據《西域圖志》卷 33《屯政二》統計。

以及伊犁地區，在南疆僅有極少量的分佈。乾隆四十年代前後，新疆綠營及其家口總數接近 10 萬人〔註 33〕。據和瑛《三州輯略》記載：嘉慶十一年（1806），僅烏魯木齊所屬各綠營駐防和屯兵達 11500 餘名，家口總數 4 萬餘人〔註 34〕，烏魯木齊地區成為漢族人口最聚集的地區。嘉慶以後，隨著農業生產的發展，從內地招徠自主移民更符合新疆的農業生產的需要。因此，道光中期至同治初年，清廷出於糧餉開支考慮，開始裁撤兵屯，繼而代之的是民屯的迅速發展。

（二）民　屯

募民屯墾也是清代漢族移民遷入新疆的主要方式。民屯也稱戶屯，指清政府從內地招募及自往塞外耕種，從事的屯墾的移民。民屯包括從內地自主遷入的農戶和認墾的商人。乾隆二十六年，清政府開始招募各省移民來新疆北路屯墾。「新疆的移民事務由陝甘總督負責，首先從鄰近的甘肅安西、肅州、甘州、涼州所屬州縣招募貧民攜帶家屬前往新疆。政府提供車輛、糧食、衣服、帳篷，甚至建房以候移民的到來。」〔註 35〕

清廷的扶持政策吸引了大量貧困的漢族人遷移到新疆。首先，從原籍至首府烏魯木齊的路費和生活用具由官府支付；其次，提供居住場所和安家費。移民到達指定地後，官府分給民戶住房，或者由官府發給銀兩，移民自建房屋。再次，官府視當地的土地情況分給移民土地。如果移民要求，還可以在頭三年內向國家借用耕畜、農具和種子。一般認為有三年時間已足夠安家立業。三年以後必須在十年之內償還所借的種子、耕畜之類的價款〔註 36〕。毫無疑問，條件如此優厚，自願移民者便源源不斷而來。當西部地區的自願移民已經足夠時，清政府便將辦法作若干修改，大大削減了對新移民的優待扶持。雖然清政府不再號召關內農民自願來新疆，也不再負擔路費，路上開支和可能遭受的損失，一概由本人負責，但是仍有許多人遷居新疆。特別是 1900年動亂之後，在中國內地捐稅重重，民不聊生，於是，向西遷移的移民有增無減。

〔註33〕 李芳：《清代中期新疆漢民族來源及人口問題》，新疆大學學報（哲社版），2007年 7 月，第 58 頁。

〔註34〕 （清）和瑛《三州輯略》卷 3《戶口門》，清嘉慶年間刻本。

〔註35〕 葛劍雄主編，曹樹基著：《中國移民史》卷 6，第 7 頁。

〔註36〕 （俄）尼・維・鮑戈亞夫連斯基：《長城外的中國西部地區》，新疆大學外語系俄語教研室譯，北京：商務印書館，1980 年，第 30～35 頁。

　　移民從內地遷移的一般路線是：蘭州、肅州、哈密，向北經巴里坤、古城，而至中國西部地區首府烏魯木齊。烏魯木齊是移民的中心站。不論去何處，都得在此集中，然後再按地區分配。烏魯木齊的移民分發工作由知縣直接掌管。知縣一般會先徵詢移民的意願，如果自願移民投奔親人或同鄉舊識，官府會照顧民戶就近安插。如果在該地區已無空閒土地，或本人不願遷往，則可發遣至其他屯墾區。許多人都安置在烏魯木齊附近，當城郊區的可耕地都已分完，新來的移民被分派到偏遠的地區，大部分都安頓在通向伊犁河塔城的北線附近。

　　乾隆二十六年（1761年）年底，首批招自安西、肅州的貧民，抵達烏魯木齊，落戶認墾。乾隆二十六年（1761），陝甘總督楊應琚奏言：「臣前奉諭旨招募內地無業游民屯田烏魯木齊，隨就近飭諭河西一帶。據肅州、安西二處招募貧民二百戶，約男婦大小三百名口，定於本年十月分爲二起，料理前往；又肅州高臺縣招民五十六戶，肅州招民四十四戶，共三百六十餘名口；又山西臨晉縣民盧文忠一戶五名口寄籍肅州貿易，情願自備資斧，不敢煩官資送。此外，河西附近一帶聞尚有數百戶情願挈眷前往。而屯兵之願攜家口者現在續行辦送。」〔註37〕進一步反映政府鼓勵並資助內地商民向新疆移民的意願，從而使新疆北路地區移入了大量的內地民戶。此後，由甘肅及內地遷徙落戶新疆的民戶不斷增加。從落戶地來看，移民主要集中在烏魯木齊和巴里坤。巴里坤地處新疆東部，距內地近，實施民屯較新疆其他地區早。據統計，清乾隆二十六年到二十九年，在巴里坤落戶的民戶人數和開墾的田畝情況，「巴里坤招募民人王美玉等六十七名，認墾地三千七百畝。二十七年，續招民人三十九戶，認墾地一千四百五十餘畝。二十八年續招吳臣等三十名，認墾地三千四百四十畝。二十九年續報商民三十名，認墾地三千六百九十畝。又續報敦煌等三縣招有情願赴巴里坤種地民一百八十餘戶」〔註38〕。

　　據不完全統計，一次性遷徙戶數在千戶以上的有多起：乾隆三十年（1765），肅州、高臺等地有1300餘戶前往迪化、昌吉、羅克倫處認墾；乾隆四十二年（1777），內地1136戶前往阜康、呼圖壁、瑪納斯認墾；乾隆四十三年（1778年）涼州等地有1255戶前往昌吉、綏來認墾；乾隆四十四年

〔註37〕　（清）傅恒等：《平定準噶爾方略》（續編）卷14，臺北：臺灣商務印書館，1983年，第13頁。
〔註38〕　《清朝文獻通考》卷11，臺北：臺灣商務印書館，1983年。

（1779），武威等地 1887 戶前往迪化、昌吉、奇臺認墾〔註39〕。「乾隆三十一年至四十年（1766～1775），每年平均移民 4500 人；乾隆四十一年至五十年（1776～1785），每年平均移民約 3400 人；乾隆五十一年至六十年（1786～1795），每年平均移民約 1800 人，乾隆六十一年至嘉慶二七年（1796～1812），每年平均移民約 1700 人。」〔註40〕「乾隆四十一年（1776），鎮西府的宜禾縣有墾民六百九十二戶，二千五百九十六人……乾隆五十四年（1789），巴里坤、烏魯木齊所屬各地認墾人口數為一十二萬五佰三十七口。」〔註41〕嘉慶八年（1803），烏魯木齊和巴里坤兩地的移民人口又增長到 15 萬餘人，其漢族人口至少應在 10 萬人以上。

從同治三年（1864）開始，阿古柏等大亂新疆。同治十年（1871），沙俄侵佔了伊犁，並徹底破壞了伊犁九城。除巴里坤一地外，全疆失陷達十四年之久，兵荒馬亂，人亡地廢。同治年間的戰亂使南北疆的民屯均遭到了極大的破壞。光緒初年，左宗棠出兵收復的過程中，每奪回一城，立即召集流民，恢復生產。據左宗棠奏議，迪化州招募的流民最多，占原額的 86%，其次鎮西廳通過招募恢復原額的 60%，天山北路其餘各屯招募的戶數不及原額的半數，如昌吉、奇臺只達 12%和 13%，阜康招募人數極少，僅達原額的 7%〔註42〕。由此可知，同治動亂年間，民屯遭到嚴重的破壞。光緒十年（1884）新疆建省以後，首任巡撫劉錦棠以興辦民屯為要務，民屯得到迅速恢復與發展。民屯較兵屯更穩定，世代定居新疆，增加了新疆漢民族移民的人口。

（三）犯　屯

犯屯又叫遣屯，指在內地犯罪被流放到邊疆從事屯墾的人。漢代、唐代經營西北均以犯屯作為兵屯和民屯的補充。清承前代遺制，乾隆帝認為，「此等發遣人犯，本屬去死一間，投畀遠方，既不至漸染（內地）民俗，而新疆屯墾方興，又可力耕自給，實為一舉兩得」〔註43〕。自乾隆二十四年（1759）

〔註39〕 華立：《清代新疆農業開發史》，哈爾濱：黑龍江教育出版社，1995 年，第 58～60 頁。
〔註40〕 統計參考《中國移民史》卷 6。
〔註41〕 《清高宗實錄》卷 1349，乾隆五十五年二月己酉條，北京：中華書局影印本，2008 年。
〔註42〕 統計參考王樹枏《新疆圖志》卷 96《奏議六》，民國十二年東方學會校訂鉛印本。
〔註43〕 《平定準噶爾方略》（續編）卷 10，第 14 頁。

至宣統三年（1911），清政府每年定例向新疆發遣犯人。據《清高宗實錄》記載，「定例以來，每年各省改發不下六七百名，積而愈多」〔註44〕。在這一百五十年，除同治年間新疆內憂外患，中斷發遣十餘年外，前後歷時近一百四十年，總數近 10 萬的遣犯被發配新疆。加上部分罪犯攜帶的家眷，則總數有 16 萬餘人〔註45〕。由此可以想見清代流人總數之眾，其中內地漢人占流人的很大比例。

清代的流人發遣集中在人口稀少的東北和西北地區。清代新疆流人的發遣地點：北疆的遣犯集中於烏魯木齊、昌吉、伊犁等地；東疆的犯人集中在哈密、巴里坤、闢展（今鄯善縣）等地；南疆的犯人集中在葉爾羌（今莎車縣）、阿克蘇等地。此外，還有整個阿爾泰軍臺各站。其中，「流人最為集中的是巴里坤、哈密、烏魯木齊、伊犁」〔註46〕。

所有派遣到新疆的犯屯都要記錄在檔，並受到監督管理。因為遣犯犯罪程度不同，官府的「管束」大體分三類情況：一是情節較重的，配發給兵丁為奴，受命「隨兵耕作」，「服耕作之役」。二是情節略輕者，「補耕屯缺額」，可按規定領種地畝，與屯兵「合力耕作」〔註47〕。這兩類流人及家眷受駐軍官員管束。三是安插流放地為民的「安插戶」，分地耕種，賦稅納糧。第三類人犯罪情節較輕，甚至有些是無辜受牽連者，所以隸屬地方同知管理，處境較前兩類人稍好。為安撫遣犯安心服役，也為大力開發新疆，乾隆三十一年開始，清政府實施攜眷遣犯以及年滿為民、落戶邊地為民的措施。情願攜眷的遣犯，官府出資遣送。根據遣犯罪情的輕重，分別以三年、五年為期限，如果期間無犯罪，准許遣犯入民籍。

內地遣犯及其家眷成為清代漢族人留居新疆的重要來源之一。以巴里坤為例：乾隆二十七年（1762），250 名遣犯被發至巴里坤，被編入兵屯中服役。乾隆三十一年（1766），清政府令 250 名遣犯與 500 名屯兵，「合力耕作，每名額地二十二畝，共種地一萬六千五百畝」〔註48〕。乾隆三十二年（1767），

〔註44〕《清高宗實錄》卷 782，乾隆三十二年四月乙巳條。
〔註45〕參閱齊清順：《清代新疆遣犯研究》，《中國史研究》1988 年第 2 期，第 61 頁。
〔註46〕張永江：《清代流人社會》，《中國社科院研究生學報》，2002 年第 6 期，第 50 頁。
〔註47〕第一歷史檔案館藏：《軍機處漢文清冊》第 270 號；《朱批屯墾》，乾隆三十一年十二月十六日吳達善奏；《清高宗實錄》，乾隆四十四年九月乙未條。
〔註48〕《清高宗實錄》卷 775，乾隆三十一年十二月壬戌條。

清政府又增加 100 名遣犯至鎮西。據《西域圖志‧屯政》記載，乾隆四十二年（1777），鎮西府樸城子兵屯區有遣犯 350 名。乾隆三十三年（1768），昌吉遣犯因妻女受官員調戲污辱，引發了遣犯集體暴動。此事平息後，被殺遣犯多達數百名，亦可知遣犯人數眾多。乾隆四十八年，發往伊犁的犯人即達3000 人。林則徐在遣戍伊犁途中，路過瑪納斯一帶，見到遣犯定居此地，「又二十里塔西河，此地居民甚盛，閩中漳、泉人在此耕種者有數百家，皆遣犯子嗣，近來閩、粵發遣之人亦多分配於此……此地舊名瑪納斯，今改爲縣，田土膏腴，向產大米販各處。人物之繁，不亞於蘭州」〔註49〕。「過山後，又行十五里至精河，城外軍臺宿……此地安插遣犯約二百餘名，皆令種地及營中服役，閩、粵人尤居其半。」〔註50〕清代烏魯木齊已形成了較大規模的流人生活區。紀昀的《烏魯木齊雜詩》記錄了烏魯木齊流人，「戍屯處處聚流人，百藝爭妍各自陳」，「鱗鱗小屋似蜂衙，都是新屯遣戶家」，「秋來多少流人婦，僑住城南小巷深」〔註51〕。

　　遣犯在乾嘉年間發遣新疆人數最多，「咸、同年之際，新疆道梗，又復改發內地充軍，其制屢經變易」〔註52〕。清軍收復新疆以後，光緒七年（1884）新疆建省，清廷恢復了向新疆發遣犯人的政策。歷經同治動亂之後，此時的新疆百廢待興，新疆第一任巡撫劉錦棠，採取將遣犯轉爲民屯的政策。光緒十二年（1886），新疆建省後第一批漢族遣犯共 1500 名，從陝西、山西、甘肅、直隸、山東、河南七省解赴新疆，安置在鎮迪道所屬縣區開荒種地，並令其家室「凡有家室者，務必僉同起解」，後奏准「犯人墾地升科後，一律免罪入籍爲民」〔註53〕。在官府的扶持下，遣犯「悉安耕作」，成爲自耕民戶。這些遣犯轉爲民戶後，基本仍從事農耕，他們及其後代在此定居成爲新疆居民。至今昌吉縣的軍戶農場的李家莊、毛家莊等村落的趙、李、金、魏、萬等姓氏的漢族老戶是來自甘肅、寧夏的「屯犯後裔」。根據新疆巡撫陶模的奏表，1892 年停止向西域流放犯人，而代之以鼓勵農民移居。

　　除犯屯外，還有商屯，商屯是由商人認墾土地，開始還有一些限制，以

〔註49〕　（清）林則徐：《林則徐全集》第 9 冊《壬寅日記》，來新夏等編，吳義雄等
　　　　　點校，福州：海峽文藝出版社整理本，2002 年，第 493 頁。
〔註50〕　同上，第 495 頁。
〔註51〕　《歷代西域詩鈔》，第 101 頁；103 頁；103 頁。
〔註52〕　《清史稿》卷 143《刑法二》，第 4195 頁。
〔註53〕　《清朝續文獻通考》卷 251《刑法十》。

後「聽其廣墾，均給執照永遠營業」。商人在認墾大批土地後，又招募雇工前往耕種，由此遷入的移民數量很大。紀昀的《烏魯木齊雜詩》記錄了當時烏魯木齊戶籍管理狀況。「戶籍題名五種分，雖然同住不同群。就中多賴鄉三老，雀鼠時時與解紛。」自注：「烏魯木齊之民凡五種：由內地募往耕種及自往塞外認墾者，謂之民戶；因行賈而認墾者，謂之商戶；由軍士子弟認墾者，謂之兵戶。原擬邊外爲民者，謂之安插戶；發往種地爲奴當差，年滿爲民者，謂之遣戶。各以戶頭鄉約統之。官衙有事，亦多問之戶頭鄉約。故充是役者，事權頗重。又有所謂園戶者，租官地以種瓜菜，每畝納糧一錢，時來時去，不在戶籍之數也。」〔註54〕「鄉三老」指鄉間小官吏，即自注中所說的「戶頭鄉約」。據紀昀的記載，清代新疆烏魯木齊的戶籍劃分十分細緻，分爲民戶、兵戶、遣戶、商戶、安插戶、園戶。其中，以民戶、兵戶、遣戶爲內地漢人移民新疆的最主要形式。內地漢人遷居新疆，世代定居於此，除了文字記載，追尋移民文化的痕跡亦可知悉這些移民的來源。

二、故土記憶考

地名是文化景觀之一，通過地名的含義可以得悉此地居民的心理特徵和文化背景。清代新疆漢族移民居住地的命名很有特點，多數地名與早期移民對故土的記憶息息相關。從清代新疆天山北麓的地名，間接反映出漢族移民的來源地、移民的種類、地理分佈以及生產方式等情況。

（一）以移民的原籍命名

「在中國這樣一個極爲強調宗親鄉土觀念的國度裏，農民是安土重遷的。」〔註55〕漢人無論遷徙何處，總會銘記自己的來源地與祖籍。紀昀有詩：「萬里攜家出塞行，男婚女嫁總邊城。多年無復懷鄉夢，官府猶題舊里名。」〔註56〕詩下自注：「戶名入籍已久，然自某州來者，官府仍謂之某州戶，相稱亦然。」正是由於根深蒂固的宗親鄉土觀念，雖然已定居他鄉，移民仍然以原籍命名遷居地。究其原因，一是出於移民歸屬意識的習慣性；二是出於移民對故土的紀念。匯總清代新疆以原籍命名的地名，詳情見下表：

〔註54〕紀昀：《烏魯木齊雜詩》，《歷代西域詩鈔》，第100頁。

〔註55〕閆天靈：《漢族移民與近代內蒙古社會變遷研究》，北京：民族出版社，2004年，第5頁。

〔註56〕李忠智：《紀曉嵐烏魯木齊雜詩詳注》，北京：現代教育出版社，2010年，第160頁。

地　名	行政隸屬	時　間	原　籍	移民數量	備　註
蘭州灣子村	烏魯木齊縣	清	甘肅蘭州		
寧夏灣村	烏魯木齊縣	同治年間	寧夏		
合陽村	烏魯木齊縣	光緒年間	陝西合陽		
陝西大寺	烏魯木齊縣	光緒年間	陝西關中		
西寧大莊子	米泉市	光緒年間	青海西寧		
湖南村	米泉市	光緒年間	湖南		
羊毛工村	米泉市	光緒年間	青海湟中		羊毛溝地
陝西工村	米泉市	宣統年間	陝西		陝西籍屯墾兵
廣州戶	昌吉市	乾嘉年間	廣州		陝西關中轉遷
東涼州戶	昌吉市	咸豐年間	甘肅涼州		今甘肅武威
河州工村	昌吉市	光緒年間	甘肅河州	18 戶	今甘肅臨夏
慶陽湖村	吉木薩爾縣	乾隆年間	甘肅慶陽		
武功街村	吉木薩爾縣	乾隆年間	陝西武功		
山東地村	吉木薩爾縣	同治初年	山東		山東籍人遷入
渭戶地	吉木薩爾縣	光緒初年	陝西渭河		
廣東地	瑪納斯縣	清	廣東		清軍裁兵屯田
蘭州灣	瑪納斯縣	乾隆年間	甘肅蘭州	3 戶	
莊浪戶村	瑪納斯縣	同治年間	甘肅莊浪		
林州戶	呼圖壁縣	同治年間	甘肅林州		今甘肅慶陽
蘭州灣子	巴里坤縣	乾隆年間	甘肅蘭州		倪、邵兩姓

注：此表根據地名圖志編制〔註57〕。

　　從列表反映的情況看，移民的原籍主要來自甘肅省，其次是青海、陝西、寧夏等省，甚至遠自廣東。大多數遷居地移民遷入時戶口數量不詳，從「河州工村」和「蘭州灣」移民戶數可知最早遷入的移民數量不多。這些以移民原籍命名的地名，主要分佈在新疆東北部，即現今的烏魯木齊、昌吉、巴里坤等地。另外，從巴里坤漢族移民捐資修建廟宇的情況，也可以看出移民的

〔註57〕 巴里坤哈薩克自治縣地名委員會編，《巴里坤哈薩克自治縣地名圖志》，1986年；吉木薩爾縣地名委員會編，《吉木薩爾縣地名圖志》，1985年；昌吉回族自治州地名委員會編，《昌吉回族自治州地名圖志》，1988年；烏魯木齊市地名委員會編，《烏魯木齊市地名圖志》，1987年；烏魯木齊縣地名委員會編，《烏魯木齊縣地名圖志》，1988年。

來源地。根據《鎮西廳鄉土志》記載,「涼州廟乾隆間修,涼永鎮古平客民建」,「秦州廟係秦鞏之客民所建」,另有「武威戶廟、玉門縣廟、甘州廟、東西敦煌廟」〔註58〕,雖未注明捐資修建者,但從名稱可推斷也是移民以故鄉命名修建的廟宇。由此可推斷,巴里坤的移民多數來自甘肅,有涼州、秦州、武威、玉門、甘州、敦煌等地。

(二)以移民的姓氏命名

姓氏是一個家族的標誌。清代漢人對認祖歸宗極其重視,即使遠離故土,仍然銘記宗族歸屬,特意用姓氏命名遷居地,以此表達對故鄉與宗族的紀念。在清廷統一新疆的初期,北疆地區「千里空虛,渺無人煙」。內地漢族移民多是單戶或者家族遷居新疆開墾種植,以姓氏命名新家園,以表對宗族銘記。清代新疆的烏魯木齊、巴里坤以及昌吉等地多見此類地名。巴里坤縣石人子鄉因靠近縣城,地理位置優越,水草肥美,所以吸引了一批內地移民。全鄉 18 個村莊中有 11 個村莊是以姓氏後綴「家莊」的方式命名〔註59〕,諸如「胡家莊」、「馬家莊」、「郭家莊」等。乾隆二十八年,「吳家莊」因為 7 戶來自湖北武昌府馬跡嶺的吳姓大族集體遷至此地建莊屯田而得名。「曹家莊」是因為有位名叫曹永的移民於清咸豐初年在此地開墾定居而命名。「高家莊」也是因 1911 年時高姓漢人遷居此處而得名。以姓氏命名地名一直延續到清宣統年間。

吉木薩爾縣的一些地名是移民以姓氏結合當地的地形來命名。如清光緒年間,有沈姓屯戶隨軍來開荒種地,見此地多小湖,故命名「沈家湖」。「尚家梁」、「冉家湖」、「葉家湖」等地名也是用姓氏和湖泊等地形相結合而命名的。還有以移民直接以自己的姓名來命名的地名。光緒年間,有位名叫毛聚才的移民來昌吉屯墾,將此地命名「毛聚才村」。有的地方因為遷入戶不止一家,所以不以姓氏命名,而是以最初遷入移民的戶數來命名。諸如昌吉的多個民屯村落分別以「六戶地村」、「十三戶村」、「六十戶村」等命名。最常用的是「六戶村」和「八戶村」,可見移民遷徙建、落戶以六戶、八戶民戶具多數。乾隆末年,有十戶移民在吉木薩爾縣定居,故此地命名為十家莊。

〔註58〕 (清)閻緒昌:《鎮西廳鄉土志》,《中國西北文獻叢書‧西北稀見方志文獻》
　　　　 第 61 冊,蘭州:蘭州古籍書店,1990 年,第 394 頁。
〔註59〕 巴里坤哈薩克自治縣志編纂委員會編:《巴里坤哈薩克自治縣地名圖志》,新
　　　　 疆大學出版社,1993 年。

　　根據上文可推算，清代中期新疆漢民族人口：軍隊及其家眷約 10 萬，民戶約 15 萬，遣犯約 6 萬人，商民近 1 萬人，其他萬人，總人數約在 33 萬人左右。而有學者認為清初至道光，新疆遷入人口約達 50 萬人。人是一切人文地理要素的載體，人口的數量、分佈及其變遷，直接影響各種人文景觀的布局和變遷。「人口在空間的流動，實質上就是他們所負載的文化在空間的流動。」〔註60〕從人口的數量及民族構成，可以看出清代新疆政治、經濟的基本情況及休閒文化的格局。

〔註60〕萬劍雄：《中國移民史》卷 1，福州：福建人民出版社，1997 年，第 162 頁。

第二章　清代新疆休閒文化的社會背景

第一節　政治背景

　　自漢代張騫鑿空西域起，西域時斷時續地藩屬於中央封建王朝。清兵入主中原之初，已著手收復祖國西部疆域的大業，直到乾隆二十四年（1759），清政府先後平定準噶爾、大小和卓叛亂，新疆重新回歸祖國版圖。統一後的新疆戰略地位日益重要，清政府十分重視對新疆的治理。清廷對新疆的地方治理大體經歷了三個階段：順治至乾隆中期，為地方建置未設的軍統階段；乾隆中期至光緒十年（1884），為軍府制與郡縣制並存階段；光緒十年（1884）新疆建省後，為普遍實施郡縣制階段。

一、軍府制與州縣制並存

　　清政府繼承和恢弘了漢、唐以來對西域軍府政治的歷史傳統，乾隆中期至光緒十年（1884），以軍府兼理民事。乾隆二十七年（1762）新疆實行軍府制，以「軍政合一」的方式進行軍事統轄和行政管理。伊犁將軍是新疆的最高軍事、行政長官，「山南、山北皆聽節制」〔註1〕，「統轄天山南北各新疆地方、駐防官兵調遣事務」〔註2〕。伊犁將軍下轄伊犁參贊大臣、伊犁領隊大臣、塔爾巴哈臺參贊大臣、烏魯木齊都統、喀什噶爾參贊大臣等高級官員，分駐

〔註1〕　（清）劉墉等：《清朝通典》卷37《職官十五》，杭州：浙江古籍出版社，2000年。
〔註2〕　鍾興麒等校注：《西域圖志校注》，烏魯木齊：新疆人民出版社，2002年，第413頁。

天山南北各地，管理本地軍政事務。從新疆行政區域圖看，北路伊犁地區由伊犁將軍直轄，塔城地區由塔爾巴哈臺參贊管轄，南路回疆由喀什噶爾參贊大臣管轄，東路由烏魯木齊都統負責。下屬各城另設有辦事大臣、領隊大臣、協辦大臣等職負責地方事務。並又增派了蒙古、錫伯、索倫諸營及漢軍綠營兵協助戍防，基本上控制了天山南北的政治形勢。

需要說明的是，清朝對新疆的前期統治不是統一的管轄體系，而是根據地形特點，分隸於三大行政系統：（一）伊犁將軍府下轄額爾齊斯河以西、以南的天山南北諸地、諸城；（二）烏里雅蘇臺將軍府下屬的科布多參贊大臣管轄額爾齊斯河上游地區，即吉木乃縣以外今阿爾泰一帶；（三）甘肅省布政司在行政上管轄今東疆的哈密、吐魯番以及天山北麓的烏魯木齊等地區，但這些地區在軍事體制下又歸隸於烏魯木齊都統，事實上是受甘肅省布政司和烏魯木齊都統雙重管理。儘管如此，清統治初期，伊犁將軍府仍是新疆的軍政中心，科布多參贊大臣乃其鄰區協防官員，而烏魯木齊都統則隸其麾下。新疆在這一系列軍政機構的統轄之下，推行因地制宜的民政管理政策。簡言之，即政治格局以軍府制為主，另設三種民政管理系統作為輔助。

二、軍政管轄下的民政系統

由於新疆多民族聚居，各民族風俗習慣存在差異，清政府對新疆採取「因俗施治，因地制宜」的治理政策。清代統一新疆之初，在牧區及吐魯番、哈密等地實行札薩克制，在南疆維吾爾地區仍沿襲伯克制，在哈密王封地實行世襲制，在漢人聚居區則推行州縣制。

1. 州縣制

設鎮迪道，下分鎮西府、迪化州，鎮西、迪化民政隸屬甘肅省，軍事隸屬於烏魯木齊都統管轄。鎮西府設於巴里坤，轄奇臺、宜禾（巴里坤）二縣；迪化直隸州設於烏魯木齊，轄綏來、昌吉、阜康三縣。由於鎮迪道的民政管理與內地州縣基本相同，因此大量從內地遷來的漢人很快能熟悉和適應了州縣管理制度。雖然政制草創，尚難稱完善，卻為日後的新疆建省鋪墊了道路。

2. 札薩克制

清政府對天山以北游牧的哈薩克和蒙古族，以及東天山哈密和吐魯番地區的維吾爾族，實行「札薩克制」。札薩克「由清廷任命當地部族首領擔任，並依其勢力大小和對清廷的效忠程度而封王、臺吉等世襲爵位……對於其管

轄範圍內之土地、人民有完全管轄之權」〔註3〕。札薩克總管一切的軍事、行政事務，對所轄本部事務有較充分的自主權，札薩克可以世襲，但必須經過清政府任命，歸伊犁將軍統轄。札薩克制即實現了清政府對天山南北民族的政治統治，又順應了民族的生活方式和民族習俗。

3. 伯克制

清政府平定大小和卓叛亂之後，對南疆地區的管轄沿用舊例。「至回部平定後，不過揀選頭目，統轄城堡，總歸伊犁將軍節制，即從前準噶爾之於回人，亦抵如此。」〔註4〕伯克一般是維吾爾族的上層貴族，負責管理南疆維吾爾族的民政。清政府爲了更有效地控制南疆地區，對伯克制度加以改造。將伯克世襲制度改爲清政府任免。哈密、吐魯番回王臣服於清廷已久，多年來深得朝廷的信任，故新疆南部各地「高級伯克多由哈密、吐魯番回人擔任」〔註5〕。哈密、吐魯番回王自身崇尚漢文化，漢語水平較高，爲南疆漢文化的傳播奠定了基礎。

軍府制以及輔助的民政管理系統維持了新疆近百年的穩定。但是隨著軍府制的弊端日益明顯，阻礙新疆的穩定和發展，最終導致大規模的民眾起義的爆發。同治三年（1864），伊犁爆發了反清民眾大起義，先佔據了寧遠城，先後又攻陷了伊犁九城，以維、回爲主的起義軍成立了伊犁「蘇丹」政權。此時全疆動亂，沙俄見有機可乘，趁火打劫，入侵伊犁，於同治十年（1871）四月，出兵入侵伊犁，此後對伊犁侵佔長達十年之久。原本富饒的伊犁地區，歷經戰亂和侵略，變得滿目瘡痍，經濟蕭條。十九世紀，阿古柏入侵新疆和沙俄侵佔伊犁造成西北邊疆危機，導致政治中心的衰落，迫使清政府革新其原來治理新疆的政策。新疆收復後，光緒十年（1884）新疆建省，設烏魯木齊爲省會，此後，新疆政治統治中心從伊犁轉移到烏魯木齊。

三、建省後普遍實施郡縣制

光緒十年（1884），清政府設新疆省，廢除軍府制，任命巡撫劉錦棠爲全疆最高行政長官。「清政府在原有鎮迪道的基礎上，增置阿克蘇道、喀什噶爾

〔註3〕 林恩顯：《清朝在新疆的漢回隔離政策》，臺北：臺灣商務印書館，1988 年，第 60 頁。
〔註4〕 《清高宗實錄》卷 570，乾隆二十三年九月戊戌條。
〔註5〕 曾向吾：《中國經營西域史》，上海：商務印書館影印本，1936 年，第 273 頁。

道和伊塔道，並設置府、廳、州、縣各級機構，直接管理地方的行政、民事、司法、宗教等事務。」〔註6〕到光緒二十八年（1903），全省共建 4 個道，下轄 6 個府、10 個廳、3 個州、23 個縣與分縣，基本上完成了新疆建省〔註7〕。新疆建省後，在全疆推行與內地一致的道、府、州、縣制度。

清代新疆的政治中心直接決定中心城市的發展。清政府對新疆實行操練營伍，廣闢屯田，休養生息的治理政策。伊犁將軍駐伊犁惠遠城，惠遠成爲新疆第一大城鎮。伊犁河穀水草肥美，適於農耕和畜牧。清政府爲了發展伊犁河谷的經濟，開屯墾，修水利，重畜牧，興貿易。伊犁駐防有滿漢官兵，同時吸引了大量內地遷徙來的漢民。當時伊犁九城人才薈萃，百姓生活豐富多彩，一派生機勃勃的景象。尤其惠遠城「官兵既眾，商旅雲集，關外巍然一重鎮矣」。伊犁之地，「十數年以來，休養生息，民庶物阜。烏孫故壤，始熙熙然成大都會矣」〔註8〕。伊犁作爲清代新疆版圖的地理中心，成爲全疆的軍政、經濟、文化中心，迅速繁榮起來。新疆建省之後，烏魯木齊「東西袤延八里，市廛迤邐相屬，肩摩轂擊，比於吳會之盛」〔註9〕，素有「小蘇杭」之稱。「同治初，元中更回亂，舊時都會之地夷爲灰燼，商旅裹足，百年來民間元氣凋喪盡矣」，同治亂後，迪化城中「瘡痍滿目，無百金之賈，千賈之肆。自城南望見城北，榛蕪蒼茫。玉門以西，官道行千里不見人煙，商賈往還無休宿之所」〔註10〕。

總體來看，清政府對新疆的治理鞏固了新疆的安定，推動了城鎮的發展，爲居民休閒生活奠定了政治基礎。伊犁、烏魯木齊也是接納全國流放犯的主要區域，更有不少清代名士流放此地，這些文人用詩文記錄了新疆的文化生活，印證了各族之間的休閒文化交流與融合。

第二節　經濟背景

清代新疆經濟的發展，農牧業、手工業的繁榮，城鎮化的進程，爲休閒文化的形成提供了基礎條件。「清代是新疆歷史上構築城堡較多、經濟開發成

〔註6〕丁立軍：《清代新疆政治中心的轉移》，東北師範大學碩士論文，2007 年，第6頁。
〔註7〕《新疆圖志》卷 1《建置志》，第 4～7 頁。
〔註8〕《西域圖志校注》，第 456～457 頁。
〔註9〕《新疆圖志》卷 29，第 14 頁。
〔註10〕同上，第 15 頁。

效較顯著的時期，基本奠定了近現代新疆城鎮的基本格局。尤其是清乾隆年間修築的城鎮數量較多，到新疆建省前，新修的城鎮已超過 30 個。」〔註 11〕祁韻士初到新疆，形容這裡「自玉門以西，秋氣盈抱，商聲滿耳」〔註 12〕。從新疆的城鎮可以瞭解的清代新疆各地休閒生活的經濟基礎。清代新疆的城鎮，以天山爲界，分天山北路和天山南路兩大區域。

一、天山北路的城鎮

天山北路的城鎮一般都建有滿城和漢城。滿、漢城都是在清政府統一新疆後修築的，城鎮的居民大部分爲從內地遷徙而來，城鎮建築俱仿照內地的風格建造。天山北路的城鎮主要有惠遠、烏魯木齊、古城、巴里坤和塔爾巴臺。

1. 惠　遠

伊犁曾被稱爲「北疆第一勝地」，是全疆的政治與經濟中心。伊犁河谷陸續建有九座城池：惠遠、惠寧、寧遠、綏定、廣仁、瞻德、塔勒奇、拱宸、熙春。九城之中惠遠城規模最大，其餘八城圍繞惠遠城呈拱衛之勢。每城相距各數十里，「遷徙者樂業，歸來者恐後，城郭相望，雞犬相聞」〔註 13〕。伊犁農牧業生產發達，「禾黍盈倉廩，畜牧滿山谷」〔註 14〕。同治年間，伊犁遭遇戰禍之劫，舊時都會，化爲灰燼。直到光緒八年（1882），伊犁九城的商業才逐漸復蘇。

新疆建省之前，伊犁惠遠城一直是新疆首府，也是伊犁將軍駐衙之地。《伊江匯覽》載：「自伊犁之設兵駐防也，商賈往來，軍民輻輳，數城實市，鱗次雁排，附郭郊坰，星羅棋佈……昔年荒服之區，今悉無殊內地矣。」〔註 15〕惠遠城池氣勢宏偉，城內街道縱橫，巷陌交錯，寺廟林立，各級官吏衙署、八旗官兵廨舍、各種軍事機構和軍事設施散處其間，高低錯落有致，甚爲壯觀。

〔註 11〕于維誠：《新疆建置沿革與地名研究》，烏魯木齊：新疆人民出版社，2005 年，第 1184 頁。

〔註 12〕（清）祁韻士：《西陲竹枝詞·序》，第 721 頁。

〔註 13〕格琫纂，吳豐培整理：《伊江匯覽》，《清代新疆稀見史料匯輯》，北京：全國圖書館文獻縮微複製中心出版，1990 年，第 19 頁。

〔註 14〕同上。

〔註 15〕《伊江匯覽》，第 65 頁。

惠遠城商業繁榮，南北大街「則皆市廛，輻輳鱗齒，相次直接，北關悉闤闠之區矣」〔註16〕。城內有銅廠、鉛廠、火藥廠等，還設有鑄錢局，所鑄錢，天山北路俱可流通。《新疆圖志》載：「伊犁九城，惠遠最大，廣衢容五軌，地極邊，諸夷會焉。每歲布魯特人驅牛羊十萬及哈喇明鏡等物，入城互市，易磚茶、繪布以歸。西方行賈者，以所有易所鮮，恒多奇羨，民用繁富。」〔註17〕清代中期的惠遠城，「官兵既眾，商旅雲集，關外巍然一重鎮矣」〔註18〕。

2. 烏魯木齊

清朝政府統一新疆後，烏魯木齊為都統駐地，是僅次於惠遠城的全疆第二大都市，也是新疆重要屯田和經濟中心。烏魯木齊城內分滿漢二城，滿城名「鞏寧」，漢城名「迪化」，二城隔河相望。鞏寧城周 9 里 3 分，有東、西、南、北四街，鼓樓矗立中街，四達通衢，氣勢雄偉。迪化城周 4 里 5 分，是烏魯木齊提督所駐地。除官衙署外，城內還有鐵局、火藥局、寺廟及各種軍事設施，市肆在南關城外舊城中。作為屯兵之地發展起來的烏魯木齊，在新疆統一後得到了快速的發展。乾隆年間，烏魯木齊已是街市井然的城鎮了。紀昀描繪烏魯木齊，「山圍芳草翠煙平，迢遞新城接舊城。行到叢祠歌舞榭，綠氍毹上看棋枰」〔註19〕。烏魯木齊位處交通要道，往來便利，人口稠密，市井繁華。椿園《西域聞見錄》載：「其地交通四達，以故字號店鋪，鱗次櫛比，市衢寬廠（敞），人民輻輳。茶寮酒肆，優伶歌童，工藝技巧之人，無一不備。繁華富庶，甲於關外。」〔註20〕

史善長驚歎塞外重鎮的人口眾多，市肆興旺，「酒肆錯茶園，不異中華里」〔註21〕。清代的烏魯木齊繁盛秀美，不僅街市熱鬧，車水馬龍，而且店房高列，酒館茶園交錯分佈。烏魯木齊的商民迷戀此地喧鬧，「到處歌樓到處花，塞垣此地擅繁華」，商民樂不思歸，以致於父母需要贍養者，只能請官府將其子解送回鄉，因此「軍郵歲歲飛官牒，只為遊人不憶家」〔註22〕。

〔註16〕《伊江匯覽》，第 26 頁。
〔註17〕《新疆圖志》卷 29，第 15 頁。
〔註18〕魏長洪：《伊犁九城的興衰》，《新疆社會科學》，1987 年 1 月，第 22 頁。
〔註19〕《烏魯木齊雜詩》，《歷代西域詩鈔》，第 95 頁。
〔註20〕（清）七十一：《西域聞見錄》卷 1《烏魯木齊》，北京：國家圖書館藏清刻本，第 6 頁。
〔註21〕（清）史善長：《到烏魯木齊》，《歷代西域詩鈔》，第 253 頁。
〔註22〕《烏魯木齊雜詩》，《歷代西域詩鈔》，第 103 頁。

3. 古　城

古城位於奇臺縣西北，為天山南北兩路商品集散要道，天山南北往來貨物皆於此轉輸。「古城商務，於新疆為中樞，南北商貨悉自此轉輸，廛市之盛，為邊塞第一。關內綢緞、茶、紙、磁、漆、竹木之器，踰隴阪而至。」〔註23〕道光年間方士淦途經此地，特在《東歸日記》中記載：「（古城）北路通蒙古臺站，由張家口到京者，從此直北去。蒙古食路，全仗此間。口內人商賈聚集，與蒙古人交易，利極厚。口外茶商，自歸化城出來，到此銷售，即將米、麵各物販回北路，以濟烏里雅蘇臺等處，關係最重。茶葉又運至南路回疆八城，獲利尤重。」〔註24〕繼方士淦之後，林則徐也經過此地，云：「（其地）闤闠甚多，北口外之科布多等處蒙古諸部均在此貿易。」〔註25〕境內土地豐腴，人口密集，閭閻相望。

4. 哈　密

哈密是新疆第一站，又是天山南北兩路往來之通衢，故此地「人煙輻輳，店鋪繁多」〔註26〕。哈密有新、舊二城，舊城建於康熙五十六年（1717），新城創築於雍正五年（1727），為官兵駐防之所，周 1.8 里。有關其繁榮，道光十三年任哈密辦事大臣的薩迎阿有詩讚之：「雄鎮天山第一城，久儲糧餉設屯營。路從此地分南北，官出斯途合送迎。車馬軍臺時轉運，商民戈壁日長征。瓜田萬頃期瓜代，好向伊吾詠太平。」〔註27〕此詩記述了哈密老城在政治、軍事、交通等方面的重要作用，同時描繪了哈密瓜田萬頃，人民安居樂業的情景。哈密以位居交通要道，凡自內地調撥的物資大都由此地轉運，清代哈密的確曾「商賈雲集，百貨俱備，居然一大都會矣」〔註28〕。

5. 巴里坤

巴里坤又名巴爾庫爾，以地有巴爾庫勒淖爾（巴里坤湖）得名。乾隆三十八年（1773）巴里坤設鎮西府，轄宜禾、奇臺兩縣，「城州禾稼盈疇，煙戶鋪面比櫛而居」〔註29〕。巴里坤為鎮西府城，有滿、漢兩城，領隊大臣駐滿

〔註23〕　《新疆志稿》卷二《新疆實業志‧商務》。
〔註24〕　《東歸日記》，《西行記選注》，銀川：寧夏人民出版社，第 423 頁。
〔註25〕　《荷戈紀程》，全國圖書館文獻縮微複製中心，第 35 頁。
〔註26〕　（清）鍾方：《哈密志》卷 14《街巷》，民國二十六年鉛印本。
〔註27〕　《哈密志》卷 13《城池》
〔註28〕　《西域聞見錄》卷 1《哈密》。
〔註29〕　（清）賀長齡：《皇朝經世文編》卷 81，道光 1821～1850 年刻本。

城「會寧」。《新疆圖志》云:「鎮西當馳道之衝,關中商人所聚會。粟麥山集,牛馬用穀量。」〔註30〕《鎮西廳鄉土志》載:「自設官分治,商貨雲集,當商、錢商以及百貨商無不爭先恐後,道光間頗稱繁盛。」〔註31〕鎮西有「鎮西廟宇冠全疆」以及「鎮西文教甲全疆」的美譽。從《鎮西廳鄉土志》對廟宇的記載,可見鎮西人煙興旺:「鎮西自道光間,道當衝衢,人民咸集。而四營有四營之廟,三鄉有三鄉之廟。山陝甘肅之商人輻輳已極,除會館而外,各縣之人又重集捐資,分立各縣之會,以親桑梓。維時鳩士庀材,大興土木,廟宇之多,巍巍然誠一郡之壯觀也。」〔註32〕但同治年間的兵燹使它的商況一落千丈,「富商大賈百只一二,黎民因以子遺,商貨自難麇集」〔註33〕。鎮西的商品交換以牲畜為最。自清軍出兵征戰西北地區時起,鎮西一直是新疆與喀爾喀蒙古易換馬匹牲畜的重要場所。

6. 塔爾巴哈臺

塔爾巴哈臺是西北邊防線上的軍事重鎮,為塔爾巴哈臺參贊大臣住宿之所。境內地廣饒,水草豐,宜畜牧,是新疆重要屯田中心和官牧廠所在地,但缺少手工業。所需各類商品絕大部分由外來輸入。塔爾巴哈臺以牲畜、毛皮、藥材從內地換取生活日用品。販運日用品從事交換的商人大多是來自內地的行商。道光十六年(1836)清政府允許在當地營商的內地商民自備資斧,搬遷眷口移住。這為塔爾巴哈臺的商業發展創造了良好條件。「自綏靖城建立後,舉牧興屯,生聚教誨,民夷向化,蔚為西北重鎮。」〔註34〕塔爾巴哈臺也是與哈薩克等外藩部落進行貿易交換的重要中心。塔爾巴哈臺出產的物品中皮毛是大宗,俄商、回商赴各游牧部落,以低價收購,販運出口大得其利。

除以上城鎮外,北疆的濟木薩爾、木壘、奇臺、瑪納斯等地均有較大的發展。同治三年(1864)至光緒三年(1877)間的戰亂使天山北路的城鎮遭到毀滅性的破壞,城堡毀圮,人口離散,農田凋敝,清代中期城堡星羅棋佈、繁華富庶的景象蕩然無存。

〔註30〕《新疆志稿》卷2《新疆實業志‧商務》。
〔註31〕《鎮西廳鄉土志》,第393頁。
〔註32〕同上。
〔註33〕同上,367頁。
〔註34〕參見《重建塔爾巴哈臺綏靖城碑記》。

二、天山南路的城鎮

　　天山南路的城鎮，基本是在舊城基礎上的維修與擴建。大多數的城鎮分「回城」和「漢城」。回城皆舊城，漢城俱新建。南疆的維吾爾族主要分佈在回城，以漢族爲主的內地移民基本居住在漢城。「在漢城裏，整條街都是商店，看不到住房和圍牆，有各種作坊，有做桌子、箱子各種家具的木匠，有鍛打鐵器的鐵匠，有在露天底下當眾做著各種美味食品的小飯館，有當著眾人做手藝的銀匠。還有提著剃頭挑子給人理髮的流動理髮師。」〔註35〕除此之外，修築房屋、製作器皿、珠寶、服飾等各行各業的手工藝人也在此地定居。天山南路的主要城鎮有葉爾羌、喀什噶爾、阿克蘇、和闐、烏什等。

1. 葉爾羌

　　葉爾羌境內土地平曠，「遠近所屬，村城甚多，其最著者二十有七」〔註36〕。葉爾羌商業繁榮，來自山西、陝西、江蘇、浙江等地的商人川流不息，從事綢緞、茶葉等日用百貨的販運。「八柵爾（集市）街長十里，每當會期，貨如雲屯，人如蜂聚，奇珍異寶，往往有之。牲畜果品，尤不可枚舉。」〔註37〕葉爾羌以毗鄰西藏、克什米爾、巴達克山、博洛爾等地，故其商販大都聚集於此，往來極爲頻繁。浩罕商人也經常到此貿易。椿園《西域聞見錄》載：「郭罕（浩罕）時驅其羊數千或數萬來葉爾羌貿易，歸則攜布、茶而去。」〔註38〕

2. 喀什噶爾

　　喀什噶爾被譽爲「葱嶺之東一大都會」。舊有城，「城內房屋稠密，街衢錯雜」〔註39〕。乾隆二十七年（1762）增築一城，俗稱「漢城」，賜名「徠寧」，爲喀什噶爾參贊大臣駐地。「所有官兵及錢糧、軍裝，俱行移駐。」〔註40〕因與俄國、阿富汗、英印接壤，與之貿易往來甚爲密切，故而「交通繁盛，市崖櫛比」，「瑰貨霧集」，「雕玉鏤金之器，跨越上國」〔註41〕。

　　喀什噶爾人擅長琢玉及製作各種金銅器皿，「習技巧，攻玉鏤金，色色精巧」〔註42〕。鍾廣生《西疆備乘》云：「纏民不善陶業，無論貧富，悉用銅器

〔註35〕《長城外的中國西部地區》，第78頁。
〔註36〕《西域圖志》卷18《疆域十一》，第1頁。
〔註37〕《西域聞見錄》卷2《葉爾羌》，第14頁。
〔註38〕《西域聞見錄》卷4《郭罕》，第7頁。
〔註39〕《新疆回部志》卷1《城池》。
〔註40〕《清高宗實錄》卷674，乾隆二十七年十一月辛未條。
〔註41〕《西域聞見錄》卷2《喀什噶爾》，第17頁。
〔註42〕同上。

代之。疏勒、英吉沙爾亦善製銅器,特歲出無多,僅足供本地之用。」〔註43〕
喀什噶爾的「絲棉織品皆負盛名,土產蕩綢、蕩緞、金銀絲琛、緞、布。」
〔註44〕凱瑟琳・馬嘎特尼隨丈夫生活在喀什噶爾十七年,她在《外交官夫人
回憶錄》中記載喀什噶爾漢城的貨品,「這些料子漂亮極了,許多綢緞色澤
宜人,上面的花紋如行雲流水,雅致美觀。他接著拿出了一些玉器……小裝
飾品和用翠鳥羽毛製成的頭飾,還有珊瑚、瓷器巨大的景泰藍花瓶、碗、茶
壺等等,應有盡有。這些貨物做工精細,式樣迷人」〔註45〕,說明當時喀什
噶爾經濟比較繁榮。

因工商業貿易繁榮,內地商民絡繹不絕。乾隆五十九年(1794),喀什噶
爾聚集的商人為數不少,參贊大臣永保為了加強治理,在漢城增設 150 間鋪
面。於是,來自內地的商民移居廂房,列市肆於其中。這樣即利於統一管理,
又擴大了喀什噶爾的貿易。

3. 阿克蘇

阿克蘇是南疆僅次於葉爾羌和喀什噶爾的重要城鎮。舊有四城,「四城
連峙。每城周里許,皆南向,外以一大城垣環之」〔註46〕。阿克蘇土地饒沃,
灌溉便利,農牧業生產發達,以盛產稻米著名。

阿克蘇人擅長攻玉器。所製玉器、銅器、木器,式樣精巧、美觀。也
善製鞍轡:「繡鹿革為韀,鞍轡修整,為各城翹楚。」〔註47〕地有鑄局,每
年可鑄錢 2600 餘千文。所鑄之錢,通行於阿克蘇、烏什、庫車、喀什噶爾
和拜城等地。以位居衝要,往來方便,商旅眾多,商業繁盛。在回城與漢城
之間有玉石市場,各地玉石大都匯聚於此。售賣者均為維吾爾人,收購販運
者則以內地商民居多數。「地當孔道以故,內地商民,外藩貿易,鱗集星萃,
街市紛紜。每逢八柵而會期,摩肩雨汗,貨如霧擁。」〔註48〕「茶房、酒肆、
旅店,八雜兒街長五里,為南路各回城四達之區。」〔註49〕

〔註43〕 《西疆備乘》卷 2《工藝》。
〔註44〕 《西域聞見錄》卷 2《喀什噶爾》,第 18 頁。
〔註45〕 〔英〕凱瑟琳・馬嘎特尼:《外交官夫人回憶錄》,王衛平、崔廷虎譯,烏魯
    木齊:新疆青少年出版社,2007 年,第 80 頁。
〔註46〕 《西域聞見錄》卷 2《阿克蘇》,第 12 頁。
〔註47〕 同上。
〔註48〕 (清)王錫祺:《小方壺齋輿地叢鈔》第二帙,光緒二十三年上海著易堂刻本,
    第 70 頁。
〔註49〕 同上。

4. 烏　什

烏什爲新疆四大城之一,「四大城謂伊犁、烏魯木齊及南路之烏什、葉爾羌也」〔註50〕。烏什北通伊犁,西界布魯特,西南毗連喀什噶爾,是天山南路的一個軍事重鎮。舊有城。乾隆三十年(1765)賴和木圖拉起義時,城被毀。後重建一城,賜名「永寧」,爲烏什辦事大臣駐紮之地。境內饒耕稼,「果木成林」。爲「四城之冠」(指東四城,即烏什、阿克蘇、庫車、喀喇沙爾),時人稱讚該地,「物產之饒,市座之盛,不逮溫宿」〔註51〕。此地「多貿易八柵」,「八柵之日,百貨紛陳」,因毗鄰浩罕和布魯特等外藩部落,中亞的商賈,內地的商販「亦多有至者」。其產品多樣,「皮銑旃布,銅鐵麥穀」。爲促進貿易,清朝政府每年從內地調運綢緞、茶葉、海菜、藥材、筆墨、紙張等貨物。

5. 和　闐

和闐所屬有六城:伊里齊(又稱額里齊)、哈喇哈什、玉隴哈什、車呼、塔克、克里雅。伊里齊居和闐六城之首,是和闐辦事大臣府衙所在之地。

和闐是瓜果之鄉,境內「土田平曠,沃野千里,戶口繁多」〔註52〕。和闐物產充實,「手工藝品遠近有名,如玉片鑲嵌的花瓶,皮革製品、青銅器皿、絲織品和地毯等」〔註53〕。絲織品以典雅、續密爲世人所稱道,綢、絹、緞、錦等多種產品遠銷內地各省及中亞等地。所製絨毯,也大量行銷國內外。和闐的紡織業興盛,所產棉布,織造精細,質地綿密,深受全疆各族人民所喜愛。這片膏腴綠洲是南疆農村社會中「男耕女織」經濟典型。除上述城鎮外,喀喇沙爾、庫車、英吉沙爾、吐魯番等城,也有很大的發展。

清朝政府統一新疆之後,全疆從城鎮到鄉村不僅更新了外貌,而且豐滿了內涵。新疆從此被正式納入中央政府的直接管轄,與此同時,新疆的社會經濟出現了空前的發展,取得了許多令人矚目的進步與成就。之所以能夠取得如此大的進步,其原因很多,但最主要的則是以下三個方面:

其一,推行屯田制。屯田制的主要作用,一是使天山北路肥沃得到了全

〔註50〕 (清)徐步雲:《饗餘詩鈔》,《清代詩文集彙編》382 冊,上海:上海古籍出版社影印本,第 675 頁。

〔註51〕 參閱《回疆通志》卷 9《烏什》,第 2 頁。

〔註52〕 《西域聞見錄》卷 2《和闐》。

〔註53〕 〔芬蘭〕馬達漢:《百年前走進中國西部的芬蘭探險家自述:馬達漢新疆考察紀行》,王家驥等譯,烏魯木齊:新疆人民出版社,2008 年,第 47 頁。

面的開發，並使之成爲新疆糧餉的重要供給基地，使南疆許多無地和少地貧民得到了妥善的安置，使其成爲自力的自耕農，有效地促進了南疆農村經濟的恢復與提升。此，由於大批內地貧民的積極參與，使其生產結構與耕作方法都得了相應的調整與改進，進一步提高了勞動生產率。

其二，是官牧廠的建立。官牧廠的設置，是清朝統治階級爲推新疆社會經濟發展而實施的又一重要舉措。它不僅使由於戰亂影響而瀕臨崩潰的畜牧業生產得到了根本的改變，還爲屯田制的推行、臺站的設置等提供了重要幫助。此外，其於手工業和商業流通的發展等也有著不可忽視的重要作用。

其三，是鼓勵內地商民前往經商，促進多元結構商人階層的形成。它所起的作用又有兩方面：一是促進商品流通領域的擴大，使新疆的商品市場與內地各省的商品市場緊密地聯結在一起，彼此間的經濟交流得到不斷加強；二是推進城鎮經濟的興起。因爲大批內地商人到新疆經商，他們在各城鎮建立行棧、商鋪、貨物轉運站，與當地各族人民進行易換，年深月久，便於當地逐漸形成商業市，從而爲城鎮經濟的發展與繁榮提供了條件。

雖然清代新疆城鎮的發展難以同內地城鎮相提並論，但無論是天山北路還是天山南路城鎮，其變化都是令人矚目的。清朝政府對新疆的長期治理與開發，成效顯著。這些城鎮具有相對穩定的農牧業和絲綢之路的商貿轉運業，財力、物力、人力相對富裕。由於內地漢族的大規模遷徙入疆，極大地推動了新疆社會經濟的發展，促進了新疆城鎮的繁榮。隨著城鎮的發展需求，許多人放棄了農業生產轉而從事商業、手工業，擴大了平民階層。城鎮居民閑暇時間比從事農業生產的人多，有閒階層對休閒娛樂的需求也所增大。

第三節　思想背景

中國古代的休閒思想蘊含著古人對人生的感悟和審美智慧。從先秦典籍中隨處可覓得古人的休閒活動：《詩經》中無論是貴族宴饗或是平民遊樂，騎馬獵遊、鐘鼓琴瑟、溱洧踏青、翩遷起舞，雖無「休閒」之名，但實屬「休閒」之舉。《論語》中記載孔子與弟子談個人志向，孔子贊同弟子曾點所言志：「暮春者，春服既成，冠者五六人，童子六七人，浴乎沂，風乎舞雩，詠而歸。」〔註54〕從孔子師徒對悠閒、愜意生活的嚮往可以看到孔子的休閒

〔註54〕楊伯峻：《論語譯注》北京：中華書局，1980年，第119頁。

理想是百姓安樂。暮春時節，換上春裝，在沂水洗浴，在舞雩臺吹吹風，唱著歌歸來。「從《詩經》、《楚辭》、漢賦、唐詩、宋詞、元曲到清代閒適小品不乏古人追求自由快樂的靈性文字的篇章。不僅如此，古代聖賢們還常常將休閒與自然哲學、人格修養、審美性趣、文學藝術、養生延年緊密地連在一起。」〔註55〕縱觀中國傳統休閒文化史，先秦兩漢是休閒文化的孕育期，魏晉南北朝是形成期，唐宋是發展期，明清是興盛期。清代的社會崇尚「休閒」之風，「尚閒」、「求閒」、「惜閒」的思潮體現了清人的生活態度和價值趨向。

一、尚閒：「我本澹蕩人，此心實愛閒」

　　清代中期以後，上至帝王將相下至文人雅士都以「休閒」為風尚。清朝宮廷制度森嚴、禮節繁瑣，因此，宮廷上下以休閒娛樂作為調節身心的放鬆方式。清代的幾任皇帝都文化造詣極高，也是懂得品味生活閒趣之人。勤於政務的雍正帝忙碌之餘也是一位富有藝術審美和閒情逸致的人。《雍正行樂圖》中可見雍正化身各種身份，自得其樂：時而是松下撫琴的雅士，時而是乘槎的仙人，時而是採菊東籬的隱士，時而又是獨釣寒江的老翁。《雍正妃行樂圖》中嬪妃也紛紛傚仿雍正，裝扮為仙子或歷朝才女，樂此不疲。從宮廷畫師描繪的《雍正行樂圖》可看出雍正內心嚮往悠閒的情態。文治武功兼修的乾隆帝更是注重閒雅生活，琴棋書畫，吟詩題字，行圍射獵，擺弄古董，無所不通。乾隆注重休閒享樂，為眺覽山川之佳秀，民物之豐美而六下江南，不惜開支，驕奢靡費。宮廷畫師所繪的乾隆形象中，《清高宗秋景寫字圖》、《松石流泉間閒圖》、《觀畫圖》、《行樂圖》等以及《弘曆觀荷撫琴圖》，乾隆身著燕閒漢裝，時而觀賞山水，時而鑒賞字畫，時而筆墨龍蛇，時而撫琴賞樂。政務繁忙的帝王，日理萬機，同時，一舉一動都受到禮法的束縛。因此，身心俱疲的帝王裝扮成各種身份的人，借「我本澹蕩人，此心實愛閒」的遐想來釋放自己。乾隆之子嘉慶帝收藏古琴，精通戲曲，亦是志趣風雅之人。清代，宮廷盛大隆重的節慶活動是宮廷休閒的一項重要內容。清朝的節日中春節是全國上下最重視的節日。春節時，皇帝會在太和殿舉行盛大的宴會宴請群臣。筵席有宮廷舞蹈及回部雜技等百戲表演助興，宮廷上下熱鬧非凡，充滿喜慶的氣氛。自雍正年起，每年元宵節會在圓明園舉行盛大的遊園燈會，

〔註55〕馬惠娣：《休閒問題的理論探究》，清華大學學報（哲學社會科學版）2001年第6期，第71頁。

王公貴族、文武百官,前來賞燈,還有戲曲、皮影戲等多種休閒活動,精彩紛呈。《雍正十二月令行樂圖》共組畫12幅,表現了雍正的燕閒生活,按春、夏、秋、冬四季排列,分別爲「正月觀燈」、「二月踏青」、「三月賞桃」、「四月流觴」、「五月競舟」、「六月納涼」、「七月乞巧」、「八月賞月」、「九月賞菊」、「十月畫像」、「十一月參禪」、「臘月賞雪」。這 12 幅圖展現了雍正在圓明園遊憩的畫面,也展現了雍正在十二節令休閒的生活場景。「賞閒」的風尚不僅是集聚在皇宮,更散落在京城的許多街邊巷角和老胡同的四合院中。

滿清旗人延續了明代京味的休閒文化,孕育出更加安閒、細緻、精美、考究的「旗人文化」。從某種程度來看,滿清旗人將漢人文化的休閒藝術發揮到了極致。「上自王侯,下至旗兵,旗人會唱二簧、單弦、大鼓與時調。他們會養魚、養鳥、養狗、種花和鬥蟋蟀。他們之中,甚至也有的寫一筆頂好的字,或畫點山水,或作些詩詞——至不濟還會謅幾套相當幽默悅耳的鼓兒詞。」〔註56〕旗人甚至在細微之中用足了心思:在鳥籠、鴿鈴、鼻煙壺、蟋蟀罐子的精巧中玩味人生,在遛鳥、鬥雞、搓麻將、抽大煙、扮角唱曲的聲色犬馬中消遣人生。「嚴格地說來,八旗子弟式的休閒,已經偏離了正常的軌道,不屬於眞正意義上的休閒。但他們又延展了休閒行爲,深化了休閒內容,並全面影響了韻味獨具的京城文化的形成。」〔註57〕明清時期,帝王的休閒尙趣影響到朝野上下,朝野群臣也以閒趣爲雅,八旗子弟更是以享樂人生,「賞閒」的休閒之風影響了整個京城。

二、求閒:「閒處風光盡醉吟,一麾出守豈予心」

「求閒」體現了清人的生活態度和價值趨向。生活在明清之際的文人們大多經歷過朝代的更迭和生活的動盪,既對國破家亡痛心疾首,又面臨改朝換代的無奈,心懷壯志難酬的傷感,感慨萬千。清朝入關以後,清廷爲了維護君主專制統治,在加強軍事力量的同時,推行重刑高壓政策,從思想、文化、輿論,嚴厲控制漢族知識分子。文人因文字獄慘遭殺頭、戮屍甚至株連九族,這種思想的桎梏不免讓文人心有餘悸。風雲莫測的宦海沉浮讓清代文人感到政治的嚴酷,更感到風雲變幻隨時招來殺生之禍的危險。紀昀經歷流

〔註56〕老舍:《正紅旗下》,北京:中國華僑出版社,1999 年,第 112 頁。
〔註57〕李紅雨:《清代北京旗人的休閒生活》,《滿族研究》,2011 年第 4 期,第 24 頁。

放之難，晚年曾自作輓聯「沉浮宦海如鷗鳥，生死書叢似蠹魚」〔註58〕，足以窺見一代學人內心的悲哀。紀昀「恰好反映出乾嘉盛世時，處身高位的文化人的典型的文化意識」〔註59〕。許多文人因官場束縛，深感負累，內心嚮往悠閒的生活，索性不問政事，寄情於賦閒生活，既逃離政治紛爭，又修養身心，尋求「閒樂自適」的生活。

在思想統治高壓的政治環境之下，內心「求閒」，寧願辭官而去，告老還鄉。在文人的詩中往往以「求閒與誇閒」自我慰藉，排憂避禍。因父連坐流放到新疆的舒敏詩曰：「莫提當日事，歸去一身閒」〔註60〕，流露出不惹塵埃，求閒避禍的謹慎。濟南知府邱德生在寫給妻子組詩中發出「當時苦勸休官好，悔不相從誤到今。閒處風光盡醉吟，一麾出守豈予心」的感歎〔註61〕。清代張潮在《幽夢影》中十分推崇「閒」：「人莫樂於閒，非無所事事之謂也。閒則能讀書，閒則能遊名勝，閒則能交益友，閒則能飲酒，閒則能著書，天下之樂孰大於是？」〔註62〕張潮認為休閒並不是無所事事，閒暇時讀書、遊覽、交友、飲酒、著書，這些閒情逸致是天下最大的樂趣。嚮往悠閒的生活，內心渴望「休閒」，以「閒適」為理想的生活，代表了一類文人的心態。

三、惜閒：「但使心境閒，殊覺天趣永」

清人深諳休閒之道，種種的怡然之樂，信手拈來。余洪年在《舟中箚記》列舉了三十六種行事：

> 遠足、彈琴、讀書、垂釣、賞月、看花、飲酒、吟詩、會友、
> 策馬、乘車、遊山、玩水、閒談、獨唱、擊筑、拍板、臨池、繪畫、
> 聽曲、圍棋、餐英、品茗、泛舟、捕鳥、捶鼓、踏青、遊園、省親、
> 夜宴、玩玉、投壺、猜謎、謳歌、觀燈、習武

這形形色色的賞心樂事，構成清人的休閒娛樂生活內容和趨向。如若細分，能羅列出更多的遣閒趣法。古人的休閒方式動靜結合，宜動宜靜。動態休閒有：泛舟湖上、遊山玩水、遠足徒步、踏青遊園、策馬狩獵等等；靜態

〔註58〕（清）紀昀：《閱微草堂筆記》，《槐西雜誌》卷1，韓希明譯注，北京：中華書局，2014年，第724頁。
〔註59〕周偉民：《明清詩歌史論》，長春：吉林教育出版社，2006年，第488頁。
〔註60〕（清）《清代西域詩研究》，第298頁。
〔註61〕（清）邱德生《輪臺寄內十四首》，《清代西域詩研究》，第218頁。
〔註62〕（清）張潮：《幽夢影》，合肥：黃山書社，1991年，第96頁。

休閒有：月下垂釣、閒庭賞月、閉門讀書、品鑒文玩、吟詩作畫等等。古人注重與人同樂，不但有「獨樂樂」，更有「與人樂樂」：夜宴、會友、閒談、省親、餐英，都是群聚同樂。古人「惜閒」，在閑暇中內化個人的藝術修養。從琴棋書畫到獨唱、謳歌、擊筑、拍板、捶鼓都是藝術性休閒。即使宴飲休閒中還有吟詩、猜謎的娛樂方式助興。

余洪年只是概括了閒居的生活，李漁更是惜閒之人。李漁的《閒情偶寄》是專門研究生活情趣的著作，亦爲中國生活藝術的袖珍指南。《閒情偶寄》分爲《詞曲部》、《演習部》、《聲容部》、《居室部》、《器玩部》、《飲饌部》、《種植部》和《頤養部》八部，內容涵蓋廣泛，除了成體系的戲曲理論外，包含造園布景、家居陳設、飲食休閒、養生休閒以及儀容美化等，涉及到日常生活的方方面面，是李漁一生的生活體驗和休閒思想的總結。《聲容部》也多教女子修飾、扮美的方法；《居室部》介紹了如何美化居住環境；《器玩部》介紹屋內陳設的擺放和製作家具；《飲饌部》告訴人們烹飪和營養美食的搭配；《種植部》介紹了花木知識及栽種要領；《頤養部》則教給人們在日常生活中的心理調適和防病治病的方法。林語堂評價此書，「無論富甲或是窮人在書中都能找到尋求樂趣的方法，發現一年四季消愁解悶的途徑」〔註63〕。李漁的確是生活藝術大家，他對「閒」的品玩達到了極致境地。李漁認爲，人生苦短，「有無數憂愁困苦、疾病顛連、名緩利鎖、尺風駭浪隊人燕遊，使徒有百歲之虛名，並無一歲二歲享生人應有之福之實際乎……恐我者，欲使及時爲樂，當視此輩爲前車也」〔註64〕。李漁主張「珍惜生活，及時行樂」。陳庭棟的《老老恒言》從養生談休閒生活，條理清楚，介紹詳細。

賞閒、求閒、惜閒，濃縮凝練了清人尤其是清代漢族文人的休閒心態。休閒文化的生成需要社會基礎，政治因素、經濟因素、思想因素都是休閒文化形成所需的因素。清代的中期，新疆政治、經濟的發展狀況良好，促成了休閒文化的形成。如果說遷入新疆的內地平民豐富了清代新疆的休閒生活，眞正意義上休閒文化內涵的豐富，得益於清代新疆的漢族文人。

〔註63〕（清）李漁：《閒情偶寄》，江巨榮、盧壽榮校注，上海：上海古籍出版社，2000年，第380頁。

〔註64〕同上，第339頁。

第三章　清代新疆的漢族文人群體

清代新疆的漢族文人大致分為：派遣官吏、流放遣員、隨軍幕僚、本土文人。

第一節　派遣官員：「偷得浮生半日閒」

清朝任命的邊疆官吏數量多於歷朝，這些官員大多數有很高的文學素養，尤其是文官大多飽讀詩書，經過科舉考試，文化修養深厚。「這些上任官員不僅是邊疆政策的執行者，甚至是某些重大措施的制定者，他們的治理思想與新疆的社會發展息息相關，尤其是他們的文化政策對繁榮邊疆文化起到了巨大作用。」〔註1〕

清代統一新疆後，清廷對新疆官員的任用有獨特的體制，「初制，內外群僚，滿、漢參用，蒙古、漢軍次第分佈。康、雍兩朝西北督撫權定滿缺，領隊、辦事大臣專任滿員」〔註2〕。實際上，在清廷不得不起用大批漢族官員鎮壓太平天國運動之前，清朝的各級權力還是掌握在人口極少的滿族官員手中，正如范文瀾所言：「中央政權——軍機大臣、六部尚書，名義上滿、漢平分，實際上主要權力均在滿員之手；地方政權——各省督撫，滿員常占十之六七。」〔註3〕而在邊遠的新疆，滿人官員分佈之廣、權力之大更甚於內地各省。

〔註1〕　劉虹：《清末民國時期新疆漢文化研究》（1884～1949），陝西師範大學博士論文，2012年，第56頁。
〔註2〕　《清史稿》卷114《職官志一》，第3260頁。
〔註3〕　范文瀾：《中國近代史》上冊，北京：人民出版社，1947年，第406頁。

　　清朝統一西域之初，乾隆帝明確指出，新疆距京城穹遠，地位特殊，非內地各省可比，地處邊陲，轄區遼闊，民族眾多，必須由滿族官員爲將軍總領管轄。乾隆二十七年（1762），清朝設總統伊犁等處將軍，簡稱「伊犁將軍」，伊犁將軍作爲新疆當地最高軍政長官，統轄天山南北兼管軍事和行政事務。伊犁將軍自設立之日起至宣統三年（1911）清朝滅亡，150 年間，歷任伊犁將軍共 41 人，均由滿族親貴及蒙古重臣擔任。伊犁將軍之下設都統、參贊大臣、辦事大臣、領隊大臣等職，基本從八旗官員中選用，甚至連各道、州、縣的文職官員和普通辦事人員，也多任命滿人。據《新疆圖志》統計，整個清代伊犁將軍及其下屬各地、各級大臣等主要官員共 395 人，均出自滿族和蒙古族，而其中滿族人士又佔了絕大多數。根據《新疆圖志》卷 27《職官六》記載，軍府制時期，出任烏魯木齊提督共有 22 任：五福、溫福、巴彥弼、俞金藝、陳傑、喬照、奎林、彭廷棟、明亮、永鐸、興奎、圖桑阿、箚勒杭阿、奇臣、定住、哈豐阿、業布沖額、文祺、成瑞、張積功、金運昌、博昌。從乾隆四十七年十月起，明亮以都統的身份兼署烏魯木齊提督之後，提督一職基本上都是由八旗子弟出任，其中只有一位是漢族官員，即張積功，但他光緒三年七月上任，十月就卸事了，產生的影響微乎其微。臺灣著名邊疆學專家林恩顯在他的博士專著中，對此也進行了詳細論述〔註 4〕。乾嘉時期鎮迪道所屬道員、知府、同知、知州、通判、知縣等各級高級官吏共 218 人次，其中滿族 158 人次、蒙古族 18 人次、漢族 39 人次、未詳 3 人次。可見，早期的新疆州縣級官員中，多由滿蒙人士擔任，級別越高級的官員越是如此，這與軍府制下的官員多出自滿洲八旗的局面如出一轍。

　　「新疆設置行省之後，劉錦棠任新疆首任巡撫，初期，各道、府、州、縣官員主要由左宗棠、劉錦棠從其統帥的軍隊中選派，後期也主要從陝、甘兩省的漢族官員中任命，因此新疆官員的民族成分由滿族居多變爲漢族居多。」〔註 5〕光緒十年（1884），新疆建省後，尼·維·鮑戈連夫斯基曾駐塔城俄羅斯領事館十年，他在書中記述：「作爲這一地區主人的漢族人是這裡的統治階級。漢族人（在某些領域內則還有滿族人）佔據了所有的行政職位，不論是武官，還是文官。至於士兵，長期以來則幾乎完全是清一色的漢

〔註 4〕林恩顯：《清朝在新疆的漢回隔離政策》，臺北：臺灣商務印書館，1988 年。
〔註 5〕齊清順：《1759～1949 年新疆多民族分佈格局的形成》，烏魯木齊：新疆人民出版社，2010 年，第 188 頁。

族人。」〔註6〕據統計建省後新疆歷任巡撫9任中僅有1人爲滿族，歷任布政使13任中滿族也僅有3人。道府州縣各級官員中，漢族亦佔據絕大多數，這與乾嘉時期的局面恰好相反。據《新疆圖志》卷27《職官六》記載統計，建省後至宣統三年內地赴疆上任的各級官員共計175人次，絕大多數是來自內地的漢族官吏，他們推行的文化政策和賦閒時的文化生活對邊疆文化發展方向起到引導作用。

　　光緒三十三年（1907年），調任新疆布政使的王樹枏是學貫中西，博學多識的文人。他主持編纂了新疆建省後第一部全疆通志，《新疆圖志》編寫歷時三年，分116卷，200餘萬字。王樹枏親自撰寫了《新疆圖志》中《國界》、《山脈》、《兵事》、《道路》、《物候》、《禮俗》、《金石》、《職官》等部分〔註7〕，爲邊疆史地學做出了巨大的學術貢獻。他的詩集《陶廬詩續集》中，第3卷《出塞集》、第4卷《北庭集》、第5卷《休否集》都是吟詠邊陲的詩作。斯坦因記述他老朋友和贊助人阿克蘇道臺潘大人在阿克蘇，「他的地位尊貴，生活平靜，這與他好學深思和寧靜淡泊的生活習性相得益彰。給潘大人帶了幾件我在敦煌長城和其他一些地方出土的文物，看著他虔誠地擺弄和研究那些漢代遺物的時候，一種前所未有的滿足感油然而生」〔註8〕。可見潘大人也是有較高文化素養的官員。

第二節　流放遣員：「不堪閒坐細思量」

一、流放遣員概述

　　清代是封建王朝流放制度最完備，流放人數最多的朝代。自乾隆二十四年（1759），清政府重新統一西域，此後，地處版圖西極的新疆成爲流放犯人的主要集中地。清制「若文武職官犯徒以上，輕則軍臺效力，重者新疆當差。成案相沿，遂成定例」〔註9〕。清代新疆流人按照社會地位分爲犯罪平民和獲罪官員。見於清代文獻，前者被稱爲遣犯，後者一般稱之爲遣員、戍員或廢

〔註6〕　《長城外的中國西部地區》，第34頁。
〔註7〕　戴良佐：《近代方志名家王樹枏》，《新疆地方志》，2001年第1期，第62～63頁。
〔註8〕　《斯坦因探險手記》卷4，第973頁。
〔註9〕　《清史稿》卷143《刑法二》，第4195頁。

員。「清制，凡因罪、因過被革職的官員稱廢員。」〔註10〕因此，由於各種罪名，被清朝政府發遣新疆「效力贖罪」的官員被稱為廢員。為了與被發遣新疆的遣犯相區別，有時又稱為官犯。在遣員的詩詞和日記中又自稱戍客和遷客。遣犯入疆主要從事屯田、開礦，其貢獻主要在開發新疆和保衛邊疆方面，而遣員對新疆的貢獻主要體現在文化方面。遣員中文人占很大比例，這部分文人是本文重點探究的文人群體之一。

　　清代，流放新疆的官員人數難以統計，僅據方志中不完全的統計，其數量可見一斑。《烏魯木齊政略》是最早記載烏魯木齊流放官員的方志。《烏魯木齊政略·廢員》記載：乾隆二十六年（1761）至乾隆四十三年（1778），烏魯木齊接收廢員達 131 人〔註11〕。據烏魯木齊都統和瑛主纂完成的《三州輯略》記載：「惟內地大小文武官員落職後，奉旨謫遣新疆效力自贖。其釋回年限，恭候恩諭遵行，今烏魯木齊自乾隆二十五年至到嘉慶十二年冊載三百八十餘員」〔註12〕。《三州輯略》中錄流放烏魯木齊廢員的名單。從乾隆二十五年（1760）至嘉慶十二年（1807），近五十年，烏魯木齊先後安置了遣員三百八十餘名。嘉慶十二年（1807），戍烏魯木齊的遣員李鑾宣有詩云：「北庭回首望，多少未歸人」〔註13〕，未歸人正是指謫戍北庭（烏魯木齊地區舊稱北庭）的遣員。嘉慶十二年（1807），廢員顏檢在戍地烏魯木齊作《輪臺初冬》其一尾聯云：「此往彼來遷客慣，相逢不說玉關遙。」〔註14〕雖然這裡沒有具體的數字，但也說明戍客比比皆是。

　　除了烏魯木齊，伊犁作為清朝前期新疆的軍政中心，也是遣員效力贖罪的主要流放之地。據《清高宗實錄》記載，從乾隆二十四年（1759）到乾隆五十四年（1789），伊犁、烏魯木齊兩地，遣員累計達 270 多人（不含到期釋回內地者）〔註15〕。伊犁惠遠舊城曾是名士薈萃之地。洪亮吉、祁韻士、林則徐、鄧廷楨等等，都是曾謫居過惠遠的名儒。

　　嘉慶五年（1800），洪亮吉謫戍伊犁惠遠，曾「隨將軍演武場角射，時廢

〔註10〕　《中國歷史大辭典·清史》（上），上海：上海辭書出版社，1992 年版，第 322頁。
〔註11〕　（清）索諾木策凌：《烏魯木齊政略》王希隆《新疆文獻四種輯注考述》，第24～29 頁。
〔註12〕　（清）和瑛纂：《三州輯略》卷 6《流寓門》，清嘉慶間刻本。
〔註13〕　（清）李鑾宣：《午日白山口道中》，《清代詩文集彙編》第 453 冊，第 483 頁。
〔註14〕　（清）顏檢，《輪臺初冬一》，《清代詩文集彙編》第 446 冊，280 頁。
〔註15〕　《清高宗實錄》卷 1332，乾隆五十四年六月己酉條。

員共七十二人」，「謫吏一邊三十六，盡排長戟壯軍容」〔註16〕，謫吏比當時惠遠在任官員的數量還要多。次年，洪亮吉被赦還，戍客紛紛前來相送，「北關相送，余苦辭不獲，因一一執手聚語於夕陽古岸旁，有揮涕不止者，自巡撫以下至簿尉，亦無官不具，又可知伊犁遷客之多矣」〔註17〕。清代遭流放的官員數量較多，僅乾隆四十六年（1781）甘肅災賑一案，因貪腐牽連在內的甘肅官員多達上百人。結案時，除原甘肅布政使王亶望等56人被處死，免死發遣的官員達46人。同治元年（1862）至光緒九年（1883），因新疆戰亂，「發遣新疆各犯，均暫行改發黑龍江」〔註18〕。新疆建省後，清廷恢復了向新疆發遣。宣統年間，發遣廢員數量已較少。宣統初年，新疆巡撫聯魁遵旨查辦官犯的奏稿中羅列了清末新疆最後一批流放官員31人的名單。

　　流放新疆的遣員分佈在新疆各地，但是從遣員的詩文集可看出，遣員中文人主要集中在伊犁九城和烏魯木齊兩地〔註19〕。流放新疆的代表人物有紀昀、洪亮吉、祁韻士、徐松、裴景福、林則徐、鄧廷楨、張蔭桓、劉鶚等人。流放新疆的遣員既有應得之罪，也有枉屈之人，流放背景各有不同，流放經歷因人而異。雖流放背景各有不同，但「同是天涯淪落人」的人生際遇，讓這些流放文人的情感世界與精神特質存在共有的特徵。

二、「外緊內鬆」的流放政策

　　清代《大清律例・名例律》沿用隋唐以來的笞、杖、徒、流、死五刑制度。《五刑之圖》中解說：「流者謂人犯重罪，不忍刑殺，流去遠方。」〔註20〕這說明：「流刑」屬於清代刑法中的重罪，因惻隱之心對流放之人寬大處理，免去死罪。在明律方面，「新疆各廢員，俱係緣事較重之人，是以發往該處，令其效力自贖，非尋常廢員可比」〔註21〕。流放新疆的遣員受到的管束如下：第一，「起解新疆官犯，遵照前奏諭旨，一概不准攜帶眷屬，如誤行攜帶起解

〔註16〕　《伊犁紀事詩四十二首》，《清代詩文集彙編》第414冊，第116頁。

〔註17〕　（清）洪亮吉撰：《洪北江全集》第8冊《天山客話》授經堂家藏本，山東大學圖書館藏，第5頁。

〔註18〕　（清）昆同：《欽定大清會典事例》卷721，臺北：新文豐出版公司，1976年，第14412頁。

〔註19〕　星漢：《清代西域詩研究》，上海：上海古籍出版社，2009年，第209頁。

〔註20〕　田濤、鄭秦點校：《大清律例》，法律出版社，1999年，第80頁。

〔註21〕　《清高宗實錄》卷1332，乾隆五十四年六月己酉條。

在途者，亦即照例截留，遞回本籍」〔註22〕。第二，對於「妄作詩詞，編選誹言，或不安本分生事，及潛行逃走者，一面奏聞，一面正法，不得稍事姑容」〔註23〕。第三，在戍地效力贖罪，不可娶妻生子。第四，定期清點人數。

實際上，遣員在戍地受到的管束還是比較寬鬆的，有些規定並未嚴格執行。遣員謫戍起解時有陪同者，甚至也人攜帶眷屬前往。紀昀遣戍時帶「出塞四奴」：趙長明、於祿、劉成功、齊來旺〔註24〕；乾隆四十九（1784）年三月，趙鈞彤謫戍伊犁，由第三子趙鎧侍行〔註25〕；楊炳堃赴戍，偕行者有其弟小瀛、姨甥王一齋、蘭溪廩生徐雨田〔註26〕；乾隆五十三年（1788）三月，王大樞遭遣戍，有友人劉操南、書童勤兒同赴關塞；道光十八年（1838），彭澤知縣黃濬謫戍烏魯木齊，其弟黃治「侍兄往戍」〔註27〕；林則徐謫戍伊犁時，兩子陪同左右；雷以諴謫戍伊犁時，曾帶妻馮氏同戍，有詩「不怨攜家累，還緣假館來」〔註28〕。在戍地復受起用，歸途作詩，「卻憶烹雞牆角下，空教百里淚盈眶」〔註29〕自注：「去時宿此，妻馮氏手自烹雞」亦是明證。

遣員謫戍新疆後，被派遣至各個部門效力贖罪。對此，洪亮吉在《天山客話》中有記載：「伊犁將軍公署以印房為機速之所，冊房為圖書之府，此外則有糧餉、營務處、駝馬處、功過處。督撫藩臬大僚謫戍者，類派糧餉處；提鎮，類派營務處。余又有軍器庫及船工、屯工、銅廠等處。軍器庫事最簡，一月止上衙門一次，以優貧老者。船工、屯工則須移住城外，以便督率。銅廠則更加賠累矣。」〔註30〕

發遣新疆效力的遣員，結束流放的途徑主要有：滿期、捐贖、軍功、特赦等。遣員戍期一般是輕者三年，重者十年。「向來發往伊犁、烏魯木齊等處廢員，到戍時均由該處將軍都統奏聞，三年屆期，並將該員當差勤慎與否，

〔註22〕 《清高宗實錄》卷1144，乾隆四十六年十一月壬子條。
〔註23〕 同上。
〔註24〕 《閱微草堂筆記》卷5《灤陽消夏錄五》，第319頁。
〔註25〕 《清代西域詩研究》，第290頁。
〔註26〕 （清）楊炳堃：《中議公自定義年譜》，光緒11年刻本，《北圖館藏珍本‧年譜叢刊》141冊，第387頁。
〔註27〕 《清代西域詩研究》，第239頁。
〔註28〕 《雜詠》九首其一，《清代西域詩研究》，第375頁。
〔註29〕 《宿烏兔水有感》，《清代西域詩研究》，第375頁。
〔註30〕 《天山客話》，第7頁。

奏明請旨，遇有事故，亦隨時具奏。」〔註31〕「滿期由將軍、都統及各該處辦事大臣具奏奉旨，准其釋回者，即令回籍；如奉旨再留幾年，待年限滿後，即照例釋回。」〔註32〕廢員被釋回，必須奏聞請旨，取決於皇帝一時的好惡。定例的規定，對於遣員來說，有可能提前結束效力贖罪的刑期。廢員提前回籍或復受起用大有人在。據《三州輯略》記載：「惟內地大小文武官員落職後，奉旨謫遣新疆，效力自贖。其釋回年限，恭候恩諭遵行。今烏魯木齊，自乾隆二十五年至嘉慶十二年，冊載三百八十餘員。其間蒙恩起用，歷登顯宦者，正不乏人，要可按冊而稽也。」〔註33〕二是捐贖。捐錢贖罪，古來有之。清朝做官可以靠捐納，犯了罪也可以捐贖。嘉慶六年定，「凡文武官犯罪，徒流軍遣依例發配，有請呈贖者，刑部覈其情節，奏請定奪。其貪贓官役概不准贖」〔註34〕。捐贖一般只限於罪輕者，罪重則不許。諸書皆記載流放烏魯木齊的前翰林院侍讀學士紀曉嵐為「賜環」。而《烏魯木齊政略》明確記載其是「捐贖回籍」復受起用的。鴉片戰爭後，由於清政府財政困難，放寬了捐贖的限制，「情節可憫」與否就不細究了，於是不少遣員通過捐贖獲釋。三是立功。如在平叛動亂，捐資助屯田或協辦重大案件時有功者，均可免罪釋放回籍。道光十八年（1838），彭澤知縣黃濬謫戍烏魯木齊。道光二十二（1942）管理鐵廠，按清律例，10年之戍減去3年。道光二十三年（1943）夏，巴里坤地震，城圮，黃濬奉命督修。竣工後，因功，得以釋回。四是特赦。特赦是由各種原因對流放官員提前起用或釋放，比如皇上壽辰或新皇帝登基，往往大赦天下。翰林院編修洪亮吉因直言進諫，觸怒龍顏被遣戍伊犁。嘉慶帝自感處罰過重，特赦釋回，在戍不及百日。

三、遣員到戍地的生活

1. 遣員在戍地的生活較為寬鬆、悠閒。當地官員欣賞遣員的學識與才華，也同情其遭遇，往往對遣員有所照顧。很多遣員在戍地受到當地官員的照顧。漢族的廢員，大多是科舉入仕，熟悉官府公務的各級文職官員。新疆各地官府衙門為了補充辦事人員，便委派廢員負責糧餉收支保管、文案抄寫、印房

〔註31〕光緒《欽定大清會典》卷53《刑部》。
〔註32〕周軒：《〈大清律例〉與清代新疆流人》，《新疆大學學報》，1997年第4期，第72頁。
〔註33〕《三州輯略》卷6《流寓門》。
〔註34〕《欽定大清會典事例》卷724《刑部・名例律・贖刑》。

雜務等具體事務。對效力贖罪的遣員來說，這些是比較輕鬆的差事，處理這些公務也是輕車熟路。

紀昀流放烏魯木齊「鞅掌簿書」〔註 35〕；學者洪亮吉戍伊犁惠遠，「初派冊房」〔註 36〕辦事；祁韻士奉命被「發往伊犁充當苦差」，抵戍後，實際是被「派充印房章京」〔註 37〕，並受重用編纂志書；裴景福到戍所後，爲巡撫聯魁幕賓，居撫署西廳之南屋，直至赦歸；裴景福在戍時，同年進士王樹枏爲新疆布政使，因此頗受優待；趙鈞彤戍伊犁時，伊犁將軍伊勒圖派他擔任書牘記錄員；「王大樞曾受聘爲駐軍將領劉化行家塾的蒙師，得以出入於綏定中營」〔註 38〕居住於軍署後院的還讀齋；已革河道總督張文浩、布政使朱錫爵在烏魯木齊效力，辦文案認眞負責，被清廷恩施釋回，可知他也擔任文書；雷以諴被譴戍受到各地官員的禮遇，「視等尊官互送迎」；楊炳塗戍烏魯木齊時被派印房幫辦漢文文案，有詩《抵烏垣後，奉委總辦漢文事件，僕僕公趨，良自哂也》爲證。在戍地表現好的廢員還能在戍地被起用。陳庭學於乾隆四十七年（1782）讁戍伊犁，五十二年，補管糧主事，掌惠寧城倉務。莊肇奎補伊犁撫民同知。當時烏魯木齊下轄的精河、庫爾喀喇烏蘇（今烏蘇）、喀喇巴爾噶遜（今達阪城）等地的糧餉處也長期由廢員負責。伊犁惠寧、寧遠、綏定、塔勒奇四城的糧倉，也長期「在本處效力廢員內挑取」永保《伊犁事宜》，由廢員經管。從事最艱苦的差使的往往是地位地下的小官吏，一般派去卡倫當差、鐵廠當差、河工當差等。許多遣員，特別是高官，都是無事閒居而已。

遣員雖然「效力贖罪」發往戍地，但塞外的生活並不至於艱辛苦累，反而閑暇較多，爲休閒生活提供了可能。洪亮吉記，遣員「名爲充軍，至配並不入營差操，第於每月朔望檢點，實與流犯無異……將軍一月內以二、五、八爲堂期，諸廢員咸入辦事」〔註 39〕。遣員除了不得離開戍地，每月定期清

〔註 35〕 （清）紀昀：《烏魯木齊雜詩·自序》，李忠智整理，《紀曉嵐烏魯木齊雜詩詳注》，北京：現代教育出版社，2010 年，第 125 頁。

〔註 36〕 （清）洪亮吉：《洪北江全集》，《伊犁日記》附《出塞紀聞》卷，授經堂家藏本。

〔註 37〕 （清）祁韻士：《鶴皋年譜》，《北京圖書館藏珍本年譜叢刊》第 118 冊，北京：北京圖書館出版社影印，第 300 頁。

〔註 38〕 參見（清）趙鈞彤：《應乙閣劉公聘褁句奉贈》詩下自注，《西征錄》卷 5。

〔註 39〕 《伊犁紀事詩四十二首》，《清代詩文集彙編》414 冊，第 116 頁。

查人數，別無他事，有很多空閒時間。塞外多閒暇，趙鈞彤有詩：「黥徒贅婿儼高冠，日日爐邊各盡歡。行樂終輸無賴好，卜居益信得鄰難。百金揮盡空廚立，一月眠酣倦骨酸。且作太平邊塞客，河魚霜稻勸加餐。」〔註40〕詩中形容這幫如同「黥徒贅婿」一樣的遣員，看上去卻似隱士，日日行樂，吃飽喝足，揮金如土，睡得「倦骨酸」。而這些「無事閒居」的遣員在戍地儼然形成了一個文人圈子，他們交遊唱酬、勘察著書，爲邊疆的文化增添了濃墨重彩的一筆。

2. 親人相伴，紅顏之慰

細數遣員在戍地的生活。紀昀在烏魯木齊時休閒應酬較多，除公務往來外，曾參加各種祭祀活動，赴宴、品茗、賞花，狩獵，觀元宵花燈、舞獅和馬戲等。《烏魯木齊雜詩》和《閱微草堂筆記》中記載了紀昀戍烏魯木齊期間的見聞，側面反映了紀昀在烏魯木齊的悠閒生活。洪亮吉「到日派辦冊房事務，並給西城官墅一所。先生自抵伊犁，除謁見將軍外，蹤跡不出戶庭，所居環碧軒，高柳百株，亭亭蔽日，軒下溪水四周，暇則靜坐攤書，間或巡欄閒步而已」〔註41〕。顏檢在戍地的生活也比較優裕，有僮僕伺候，「呼僮隨意掃階除」〔註42〕，並且贈李鑾宣「渥窪之種天驥材」的良馬〔註43〕，可見顏檢經濟並不困頓。

溫世霖選擇的新居更是勝過江南園林，還有涼州女子作伴，紅袖添香。「從此閉戶，埋頭讀書養氣，靜以待時而已。」〔註44〕黃濬在戍次年就納小妾蓮心。黃濬有詩三首，其二爲：「空齋氣色一番新，春入簾波酒有鱗。十八青年雙綠鬢，迷奚來伴白頭人。詩中「迷奚」一詞謂以微笑媚人。在宴會上，「主人愛客樽重開，換取紅妝入座來。香語和風時隱約，鬢絲與影共低回。金烏欲墜籌歸計，皓腕當唇杯互遞」。看來黃濬無論是在家裏還是在外面，都有紅顏相伴，情意纏綿。袁潔遣戍時，「愛姬出關，侍君同歸」〔註45〕。遣員方士淦遇袁潔期滿回籍，作詩云，「出關相待有朝雲」（《戊子天中節安

〔註40〕　《抵伊犁惠遠城三首》，《清代西域詩研究》，第289頁。
〔註41〕　《洪北江全集》第8冊《天山客話》，第1頁。
〔註42〕　《寓城南行館》《清代西域詩研究》，第210頁。
〔註43〕　《岱雲先生贈馬奉謝》《清代西域詩研究》，第156頁。
〔註44〕　〔清〕溫世霖《崑崙旅行日記》，第43頁。
〔註45〕　《清代西域詩研究》，第265頁。

西州途次遇袁玉堂潔（山左令），讁戍西陲，年滿回籍》），詩中「朝雲」代指袁潔到戍後的「旁妻」。莊肇奎的小妾碧梧從內地的到來，改變了他的生活，其《十月十五日碧梧自南來，喜賦二首》其一爲：「居然喜氣靄初冬，嗚咽當年送阿儂。敢信難中非死別，何期天外忽生逢。朝雲遲至羈人老，桃葉迎來雪嶺重。笑汝癡情眞過我，獨輕萬里遠相從。」〔註46〕

爲數眾多的廢員，大多爲參加過科舉考試的文人，博學多才，文化水平較高。他們到新疆後，發揮其特長，他們中的不少人看到新疆獨特的自然風光和風土人情，參考有關文獻資料，寫下了大量的詩文日記。這些人的創作勞動，不但大大豐富了當時人們的精神文化生活，而且也爲後人留下了豐富可貴的歷史資料。在這些人中，成績突出的有紀昀、洪亮吉、祁韻士、徐松、林則徐等人。

這些遣員既有滿族，也有漢族，既有罪有應得的貪官污吏，也有被陷冤枉的清廉官員，其獲罪原因多種多樣。他們大多具有較高的文化水平，如洪亮吉、徐松以及林則徐、裴景福等人，他們途中及在戍地，或著書立說，或記其行程，或參與管理事務，或纂輯當地文獻，因而留下了許多著述，有日記、詩文、行記、考察報告、史地專著等，有的還參與當地的方志編纂。如乾隆年間，趙鈞彤著有《西行日記》、王大樞著有《西征紀程》；嘉慶年間，洪亮吉著有《遣戍伊犁日記》、《萬里荷戈集》、《百日賜還集》，祁韻士著有《萬里行程記》、《西陲竹枝詞》、《濛池行稿》，徐松著有《西域水道記》；道光年間，方士淦著有《東歸日記》，林則徐著有《荷戈紀程》、《乙巳日記》；咸豐年間，楊炳堃著有《西征往返紀程》；光緒年間，裴景福著有《河海崑崙錄》；宣統年間，溫世霖著有《崑崙旅行日記》等。流人的詩文創作在清代新疆詩文創作中佔有的重要位置。吳藹宸收集編纂的《歷代西域詩鈔》中，清代作品占四分之三以上，而其中清代流人的作品又占一半以上。關於流人的休閒著述將另列章節重點梳理，在此不做贅述。遣員在新疆期間，接觸到流放地的政治、經濟、文化等情況，在官府的組織和支持下，編寫出一批水平較高的地方志書。新疆現存的方志中，大部分纂寫於清代。有些方志直接由遣員負責編纂，抄寫、校對的工作也多數交給遣員完成。清代新疆流放文人對新疆的文化事業所作的貢獻功不可沒。

〔註46〕《清代西域詩研究》，274 頁。

第三節　隨軍幕僚：「戲馬閒看過蒔村」

　　所謂幕府，本指將帥在外的營帳，後亦泛指軍政大吏府署中的幕僚。清代新疆地方軍政官署中有大量協助辦理文案、刑名、錢穀等事務的人員，相當於古之幕僚、幕賓。幕僚無官職，官員私人延聘後，視之如友，故稱「幕友」，也俗稱「師爺」。由於師爺是受長官或是軍事統帥的延聘，所作所為都是對延聘自己的長官負責。師爺對官場的內幕瞭解得相當透徹，不但辦理文案諸事，做其他行政事務也非常幹練得力，而且有一定的文化素養，是典型傳統的知識分子。

　　來新疆考古的斯坦因不懂漢語，為了便於尋寶，他以科學考察的幌子聘用師爺蔣孝琬做秘書。蔣孝琬，又名蔣資生，湖南人，光緒年間到新疆，在縣、州作爺，光緒十五年（1889）後，一直在莎車衙門任職。光緒三十四年（1908），蔣孝琬擔任英國駐疏勒總領事的中文翻譯。「蔣孝琬非常健談，而且十分幽默，身材細瘦，是個受過教育的秀才，身體狀況良好，思維清晰敏捷，能言善辯，文化素質也比較高，有很深的古文研究功底。大凡受過教育的中國人天生對歷史、對古物與考古感興趣，也有相當不錯的古物鑑賞能力。」〔註47〕斯坦因眼中的蔣師爺，「他對歷史很有學術興趣，對現在的人和事也有著敏銳的洞察力，不時做出幽默的評論，使勞累的工作變得輕鬆起來。他長期在衙門裡供職，有很多朋友，與本地人有著各種各樣的聯繫，這幾天他忙得不亦樂乎，與朋友們辭行。」〔註48〕蔣孝琬以助手身份隨同斯坦因去敦煌，是斯坦因在中國盜寶的關鍵人物。他教斯坦因中文，協助他處理各種閒雜事務，幫他疏通各種官場和地方關係。更讓斯坦因感謝的是，他從王道士那裡廉價換取許多珍貴的經卷及佛畫，並記錄和整理了斯坦因一路考古所得的資料。「這些資料後來成為我國翟林奈及法國沙畹博士整理和研究我收集品中漢文材料的基礎。」〔註49〕斯坦因幾乎不懂中文，所以對出土物文字的解釋與翻譯、文物的認識與鑑別、資料的整理工作都需要由蔣孝琬來做。更為重要的是和當地政府官員的交涉，以及雇用工人，甚至於一些簡單的基本生活問題，也需要由蔣孝琬出面。因為蔣孝琬本來曾經在官府當

〔註47〕　〔英〕奧里爾‧斯坦因：《斯坦因中國探險手記》，巫新華、伏霄漢譯，瀋陽：春風文藝出版社，2004年，第120頁。
〔註48〕　同上。
〔註49〕　同上，第7頁。

過差，對於與官府周旋很有一套。他本身所特有的文化素養與書生氣質，讓他在關係疏通方面遊刃有餘。「我們每到一個地方需要訪問當地的官員時，都是由蔣孝琬出面，作為主要調解人，這為我的探險考察活動提供了很大的方便。」〔註50〕斯坦因認為蔣孝琬算是自己一生最好的朋友之一。「1915年，我帶著570餘卷從敦煌千佛洞找到的經卷和壁畫回疏勒，就是蔣孝琬給我整理的，後來馬伯樂做編目考釋工作時的輕鬆，也得益於蔣孝琬做得非常完善的初步整理。蔣孝琬在我探險過程中做的最大貢獻，就是在敦煌的千佛洞和王道士周旋，並最終成功地說服王道士，使我成功地帶走了我所想要的一切寶物。」〔註51〕雖然蔣孝琬協助斯坦因使得國家文化遺產受到巨大的損傷，是賣國的行為，但從他作「師爺」的角度看，他是忠心耿耿的。

　　進入新疆後的幕僚受軍政長官或是軍事統帥的延聘後，所作所為都是對延聘自己的長官負責。不但辦理文案諸事，往往還能參與政事和籌劃軍機。他們在作幕僚期間都沒有朝廷給予的官銜，其中大部分的人是想通過軍功或是作出其他成績，由軍政長官或是軍事統帥向朝廷保舉後獲得一定官職，成為朝廷命官。現知清代前期只有周珠生一人。清代後期現知有周先檀、蕭雄、方希孟、嚴金清、易壽崧、施補華、譚嗣同和宋伯魯。除了這些頗有名望的幕僚，地方官府中聘請的文人還很多。比如，光緒三年（1877），幕僚王文錦纂《西域南八城紀略》1卷。王文錦，字晴舫，江蘇阜寧縣人，咸豐九年進士，光緒初隨軍入疆，任幕僚。還有宣統元年（1909），曾任幕僚的徐仁鑒纂《新疆建置沿革考》。

第四節　本土文人：「題詩本是閒中趣」

　　新疆的本土文人是指出生於此地並定居於此的文人。清代新疆文人中派遣官吏、流放遣員、隨軍幕僚，絕大多數人只是在新疆居住並非在新疆定居，最終會回到原籍與親人團聚。新疆的本土文人受過儒學教育，有一定的文學基礎，或因作品不為後世所傳，抑或文采資質平平，屬於籍籍無名之輩。相對於碩學之儒，自然是淹沒於芸芸眾生之中，故典冊鮮有相關記載。

〔註50〕　〔英〕奧里爾・斯坦因：《斯坦因中國探險手記》，巫新華、伏宵漢譯，瀋陽：春風文藝出版社，2004年，第7頁。
〔註51〕　〔英〕奧里爾・斯坦因：《斯坦因西域盜寶記》，海濤編譯，北京：西苑出版社，2009年，第32～33頁。

　　新疆文人中本土文人雖然影響平常但占一定數量。清統一新疆後在新疆設學額，陸續培養了不少本土儒生。新疆設學額始於乾隆三十四年（1769），烏魯木齊辦事大臣溫福奏請迪化直隸州、鎮西府置學獲准。之後，阜康、綏來、昌吉、宜禾、奇臺各縣學相繼設學。紀昀《烏魯木齊雜詩》記載：「迪化、寧邊、景化、阜康四城，舊置書院四處。自建設學額以來，各屯多開鄉塾，營伍亦建義學二處，教兵之子弟。絃歌相聞，儼然中土。」〔註52〕新疆建省以前，迪化直隸州和鎮西府的學額設有歲貢、拔貢、恩貢等項，歲試取文、武生各4人，科試取文生4人，廩生2人，增生2人。新疆建省後，焉耆、烏什等地也相繼建學設學額。清統一新疆後設學與科舉，為新疆本土培養了一批文人。據《三州輯略》記載統計，「乾隆、嘉慶兩朝迪化直隸州和鎮西府共中文舉1人，武舉63人，歲貢14人，拔貢6人，恩貢5人，副榜1人，揖貢1人。」〔註53〕鎮西府被譽為「文教甲全疆」，此地有不菲的功名成就。據《鎮西廳鄉土志》記載：「乾隆至嘉慶年間考取文舉者1人，貢生5人，考中武舉者11人」；「道光年間考取文舉者4人，貢生11人，考中武舉者29人。」〔註54〕對於本土人才的培養，從清代新疆的教育與科舉，可窺一斑。

　　道光二年（1822），袁潔因山東虧空案謫戍烏魯木齊。在戍五年期間，袁潔與戍客、幕僚和本土儒生多有交遊。袁潔的詩集《出戍詩話》中多次提到本土儒生。袁潔曾在古城居住多日，作詩與古城本土秀才張瑞齋唱和，「住古城多日，瑞齋不時過從，屢共唱酬」。《出戍詩話》卷3中有張瑞齋給袁潔的贈詩：「春光一入才人眼，錦繡全收掌握中。」〔註55〕袁潔途經巴里坤，記載了本地儒生吳瑞年、李維城贈詩：「宜禾學廣文吳蓮峰瑞年，人極多情，又重以蘇九齋刺史之囑，余到坤後，款洽備至，行時贈詩多首，錄其一云：長途緩轡豈愆期，到處歡迎有故知。酒破愁城詩破寂，風流誰得似袁絲？」又有明經李維城，字固堂，與余選拔先後同年，贈余詩云：『子才去後風流歇，一瓣心香又屬君。「又云：『羨君家在桃源住，縱謫人間也是仙。』」〔註56〕《哈密志》中收錄了哈密生員張葆齋的七律，《葫蘆溝》、《上天山》、

〔註52〕　《歷代西域詩鈔》，第106頁。
〔註53〕　北京圖書館編：《地方志人物傳記資料叢刊》西北卷《三州輯略》，北京：北京圖書館出版社，2001年，第534頁。
〔註54〕　《鎮西廳鄉土志》，第372頁。
〔註55〕　星漢：《清代西域詩研究》，上海：上海古籍出版社，2009年，第410頁。
〔註56〕　同上。

《天山松雪》〔註57〕。這三首詩不僅對仗工整，而且巧用疊字，吟誦朗朗上口，展現了本土儒生深厚的文學功底。《三州輯略・人物・土著》收錄了部分新疆的本土文人。《地方人物傳記叢刊》中記載了兩位本土文人：

> 李廷舉昌吉拔貢，官陝西扶風訓導，生平言笑不苟。事母以孝聞，母歿，水漿不入口者數日，廬於墓，服闋乃歸。同治三年，罵賊不屈，被害。子成章，舉鄉試武科，亦剛正，人謂忠節之報。

> 連登甲，鎮西人，歲貢生，僑寓古城授徒。直回亂，攜眷走，匿南山，賊酋妥得璘聞其名，遣人敦迫爲記室，登甲謂家人曰：「吾讀聖賢書，肯從賊作人幕賓乎？」仰藥而死。〔註58〕

地方志人物傳記中收錄本土儒生李廷舉和連登甲，他們雖沒有文采斐然的詩作傳世，但文人不屈的氣節流傳後世，爲後人景仰。清代新疆本土文人，應該有一定數量，但多數人未載入史冊，故不爲人知。

〔註57〕 《哈密志》卷8《輿地志》，第42、43頁。
〔註58〕 《地方志人物傳記資料叢刊》西北卷《人物・土著》，第536頁。

第四章　清代新疆文人休閒生活考(上)

　　清代中期以後，新疆政治、經濟、文化及城市化變遷爲新疆休閒文化的發展提供了良好的基礎條件。佔據地理優勢的綠洲可謂物產富饒，而且隨著經濟的發展，物品運輸與製造業日益繁榮，人們物質層面的休閒生活更加豐富多彩。一般認爲物質層面的休閒瑣碎平庸，是詩意消解的蠹患，精神層面的休閒才是詩意的源泉，然而，清代新疆文人卻在衣食住行的細碎中找到生活的情趣和詩意，以生花妙筆描繪出燕居閒適的韻味。

第一節　燕居服飾

　　「燕居服飾」是相對於官定冠服而言，指人們閒居時穿著的便裝。「一代冠服，自有一代之制。」〔註1〕自夏商至清末，歷朝歷代用冠服制度明示等級森嚴、貴賤有別、不得逾越。較之官定冠服，燕居服飾的象徵性、標誌性有所減弱，但實用性功能卻更趨明顯，且質樸自然、簡潔舒適。古時雖無「休閒服」之名，實際上，燕居服飾作爲人們輕鬆隨意的衣著裝扮，已屬休閒服飾。關於清代新疆漢族文人的燕居服飾，文獻記載甚少。究其原因，大抵有兩點：其一，清代女子注重服飾美化，文人不以此爲重。其二，清代新疆漢人的衣著與內地漢人的服飾基本相同，從內地遷居新疆的文人對此習以爲常，並未著墨敘之。儘管如此，散見於文獻的零星詩文仍記述了邊塞漢人的服飾文化，更有清代新疆文人的珍貴照片予以佐證。

　　清代新疆的漢族男子，無論有無公職，按清制一律穿著滿服。清代，上

〔註1〕《清世祖實錄》卷72，順治十年二月丙寅條。

至皇族宗室下至文武官員，甚至未入流的品官以及進士、舉、貢、監等，按級別等差都有規定形制的冠服。清代新疆文人中地方官員依官位有別，官服形制與內地官員同。官服除必備的箭袖、蟒袍、披肩、翎頂以外，四季色彩質地、當胸補子、朝珠等級、翎子眼數、頂子用料都有嚴格區別。清代新疆文人中遣員的公服比較特殊，因為被發配邊疆效力贖罪，所以遣員著兵服為公服。濟南知府邱德生遣戍新疆，曾作詩《星星峽題壁》云：「笳鼓聲聲急，征人淚不收」〔註2〕，詩中自稱「征人」。「征人」一指遠行的人，另一種解釋是指出征或戍邊的軍人。如果說，邱德生在詩中「征人」指代「遠行」還是「從軍」尚不明確，那麼舒其紹的詩作更確切地說明了戍客的身份。嘉慶七年（1802），舒其紹在戍地伊犁作《望河樓》，「戎衣猶未脫，不敢慕漁蓑」〔註3〕，明確指出身為廢員要從軍效力。汪廷楷的詩《初到伊犁》云：「投筆遐方興轉豪，官袍脫去換征袍。從知闆外軍容肅，皓首書生也佩刀。」詩後注明示：「伊犁係軍營，不用長衿袍褂，初見將軍俱帶刀。」〔註4〕黃濬等遣員隨官員出城恭候迎接烏魯木齊新任都統惠吉，在詩作《秋杪佩刀迎都院於七道灣口占》中吟道：「都護西來停馬首，稿砧東望怨刀環。」〔註5〕可見，遣員遭譴戍後流放新疆，無論文武官員一律從軍，並且以軍營的兵服為公服。紀昀遣戍新疆時，在《烏魯木齊雜詩》詩下注：「地本軍營，故長褂為褻衣，以短褂為公服，官民皆用常色，惟商賈多以紫綠氆氌為之。」〔註6〕此處「褻衣」指私服。綜上可知，清代新疆的遣員以長褂為燕居便服，以短褂佩刀的兵服為公服。本土文人按定例舉人、貢生、監生、生員等公服袍用青綢及藍綢。清代新疆漢族文人的燕居服飾雖無明文規定，但約定俗成，以袍、褂、褲、帽為主要的服裝套式。服飾風格以簡潔素雅為主，注重便捷舒適，體現出清代文人含蓄內斂的性情。

一、袍褂衫褲：「袍褂街穿梭，衫裙曾幾何」

1. 袍、衫

清代的長袍造型簡練，是衣與裳一體的形制。長袍分官定形制的袍和日

〔註2〕《清代西域詩研究》，第219頁。
〔註3〕《消夏吟·望河樓》，《清代詩文集彙編》第403冊，第345頁。
〔註4〕《伊江雜詠·初到伊犁》，《歷代西域詩鈔》，第340頁。
〔註5〕《清代西域詩研究》，第243頁。
〔註6〕《歷代西域詩鈔》，第106頁。

常所穿的便袍。日常閒居所穿的袍，因製作簡單，穿用隨意，帶有休閒服飾的性質。文人的長袍一般是大襟右衽，袖長齊手腕，左右開裾的直身式袍（如圖 4-1-4）。這種沒有馬蹄袖端的袍服在清代原屬便服，稱爲「衫」、「襖」，又俗稱「大褂」。便袍有時權作禮服之用時，則於衣袖的夾縫中用紐扣將另製的馬蹄袖扣之，俗稱「龍吞口」，禮畢解下則仍作爲常便服使用。不開衩的袍俗稱「一裹圓」，也是燕居時便袍的一種。《紅樓夢》中記述了寶玉穿燕居服飾的細節，「那日寶玉本來穿著一裹圓的皮襖在家歇息……忽然聽說賈母要來，便去換了一件狐腋箭袖，罩了一件玄狐腿外褂，出來迎接賈母……乃至後來賈母去了，仍舊換衣」〔註7〕。寶玉雖然深受賈母寵愛，但著裝仍謹遵禮數。寶玉拜見賈母時，特換下「一裹圓」的便服，改穿精美華麗的正裝，賈母走後又換回便服。袍的款式多樣，分長擺和短擺、交領和圓領、右衽和左衽、大袖、小袖及半袖等。袍的用料以夏穿紗、春秋穿棉爲主。新疆的氣候比較寒冷，晝夜溫差大，林則徐日記中記載：「十八日，辛酉（4 月 17 日）。晴……是日甚暖，午後覺棉衣亦穿不住。」〔註8〕「初二日，甲辰（5 月 30 日）陰，微寒。日前同人多著紗衣，今又著棉矣。」〔註9〕袍的裁剪樣式變化趨勢爲：順治末年，長度僅及膝，其後又長及腳面，同治、光緒年間，喜寬大，衣袖有一尺多寬，至光緒甲午、庚子之役後，變得緊身袖窄。清末，受西式洋裝的影響，袍的樣式「窄幾纏身，長可覆足，袖僅容臂，形不掩臀，偶然蹲身，動致破裂。」〔註10〕勞動者爲便於勞作，一般穿短衫袍，長不及膝，有的僅加穿馬褂或罩緊身過腰短馬甲。清末男子衫袍尚灰渚色，服色大多爲月白、湖色、棗紅、雪青，一般穿淺色的布長衫，形成上身深（馬褂、馬甲色深）而下半截淺的色調（如圖 4-1）。

〔註7〕（清）曹雪芹、高鶚：《紅樓夢》，段煉點校，南京：鳳凰出版社，2006 年，第 670 頁。
〔註8〕《林則徐全集》第 9 冊《癸卯日記》，第 515 頁。
〔註9〕同上，521 頁。
〔註10〕周錫保：《中國古代服飾史》，北京：中央編譯出版社，2010 年，第 458 頁。

圖 4-1-1　烏魯木齊的汪知府和一名下級軍官

圖 4-1-2　喀什噶爾道臺

圖 4-1-3 斯坦因西域探險的助手蔣師爺

圖 4-1-4 蔣師爺在解讀中文簡牘

2. 馬　褂

褂有馬褂、外褂之分,「禮服之加於袍外者,謂之外褂」〔註11〕,「馬褂較外褂為短,僅及臍」〔註12〕。清初,馬褂僅限軍營官兵衣之,後因其便捷的特點日漸盛行。「雍正時,服者漸眾。後則無人不服,遊行街市,應接賓客,不煩更衣矣。」〔註13〕乾隆年間,傅文忠公征金川歸,常穿對襟方袖的馬褂,「喜其便捷,名得勝褂,其後無論男女,燕服皆著之」〔註14〕,於是,得勝褂成為男子燕居便服。

馬褂一般加穿在袍衫之外,長僅及肚臍,左右兩側和後中縫開衩,袖口平直(無馬蹄袖端)。襟的樣式有大襟、琵琶襟、對襟,袖分長袖、短袖、寬袖、窄袖。「馬褂之非對襟而右袵者,便服也。兩袖亦平,惟襟在右。俗以右手為大手,因名右襟曰大襟。其四周有以異色為緣者。」〔註15〕「馬褂之右襟短缺而略如缺襟袍者,曰琵琶襟馬褂,或亦謂之曰缺襟。袖與袍或衫皆平。」〔註16〕(如圖4-5右)馬褂的面料用綢、紗、緞,有單、夾、紗、皮、棉等款式,士庶皆可穿著。馬褂服色不同時期有所變化,「色料初尚天藍,乾隆中,尚玫瑰紫,末年,福文襄王好著深絳色,人爭傚之,謂之福色。嘉慶時,尚泥金色,又尚淺灰色。夏日紗服皆尚棕色,貴賤皆服之」〔註17〕。清代男子服飾的色彩較為淡雅,馬褂的用色是作為輔助來陪襯袍,色彩多以白,青,藍為主,再輔以紫,紅,綠等深色。馬褂的領、袖多有滾邊。初興狹邊,中期興闊邊,後來又興狹邊,晚清則無滾邊。嘉慶年間,馬褂往往用如意鑲緣,到咸豐、同治年間時,以大鑲大沿為飾的較為普遍,到光緒、宣統年間色用寶藍、天青、庫灰,料用鐵線紗、呢、緞等,甚至有用大紅色。乾隆年間翻毛皮馬褂因稀少而奇異,到嘉慶年間,翻毛皮馬褂在達官貴人中盛行。

〔註11〕《清稗類鈔》第 13 冊《服飾類》,第 6178 頁。
〔註12〕同上,第 6180 頁。
〔註13〕同上,。
〔註14〕同上,第 6147 頁。
〔註15〕同上,第 6181 頁。
〔註16〕同上。
〔註17〕同上,第 6147 頁。

圖 4-1-5　清代男子的馬褂

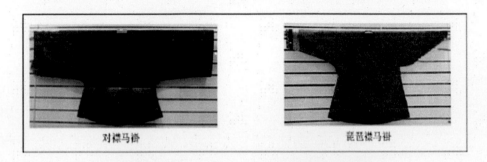

對襟馬褂　　　　　　　　　琵琶襟馬褂

圖 4-1-6　喀什噶爾漢城的一家

4-1-7　和闐統領和他的兩個孩子

圖 4-1-8　阿克蘇道臺潘坤身穿便服圖

4-1-9 阿克蘇道臺潘坤身穿官服

3. 馬　甲

　　馬甲又叫「背心」、「坎肩」，是由漢族的「半臂」演變而來，多用於春秋季時罩在長袍之上。馬甲的形制是無袖緊身式的短上衣，衣長及腰，根據季節有單、夾、棉、紗的等不同質地。馬甲可分為大襟、對襟、一字襟、琵琶

襟、多紐式等款式，除多紐式無領外，其餘均有立領。多紐式馬甲除了在對
襟的門襟有直排的紐扣外，在前身腰部也有一排橫列的紐扣。這種馬甲一般
穿在馬褂之內，馬上騎行覺得熱時，只需探手於內解掉橫直紐扣，可直接將
馬甲拽脫而下，避免脫外衣之繁瑣。因為穿脫方便，多紐式馬甲逐漸由王室
普及到民間，無論男女老少，不分貴庶尊卑都喜穿著。馬甲的用料和顏色往
往與馬褂相對應，四周及襟領處都鑲異色邊緣，鑲邊以深色大寬邊為主。馬
甲的紋樣裝飾以折枝團花、壽字、蝙蝠為主，甚至還有山水、人物，裝飾起
到了美化修飾的作用。

圖 4-1-10　清代漢族男子的馬甲

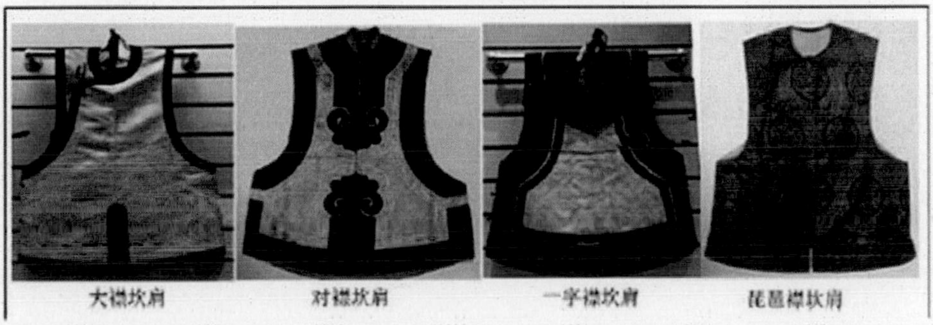

| 大襟坎肩 | 对襟坎肩 | 一字襟坎肩 | 琵琶襟坎肩 |

4. 帽

「士大夫燕居，皆戴便帽，其制如暖帽而窄其簷，上用紅片錦或石青色，
緣以臥雲，如葵花式，頂用紅絨結，頂後垂紅縧尺餘，老少貴賤皆冠之。」
〔註18〕小帽即便帽，「小帽，便冠也。春冬所戴者，以緞為之。夏秋所戴者，
以實地紗為之。色皆黑，六瓣合縫，綴以簷，如箭。創於明太祖，以取六合
一統之意」〔註19〕。小帽作瓜棱形，圓頂，下承帽簷，紅絨結頂，後流行平
頂、尖頂。帽胎分軟硬二式，硬用馬尾、藤竹絲編成。帽簷用錦沿或紅、青
錦線緣以「臥雲紋」，頂後有的垂有紅縧尺餘。嘉慶時，小帽盛行帽頭裝飾，
蟠金線組繡其上，且有以明珠、寶石嵌之者，如古弁制，惟頂用紅絨結頂，
與古弁不同。到咸豐初年，其形忽尖，叫作「盔襯」。帽料依季節而異，夏
秋用紗，春冬用緞，顏色多黑，夾裏用紅。有用毛皮做帽簷，叫做「困秋」。

〔註18〕《清稗類鈔》，第 6147 頁。
〔註19〕同上，第 6195 頁。

中淺而缺者叫作「兔窩」。胎軟可折疊收於懷中的名「軍機六折」。到清末，帽頂結子收小如豆大，結色用藍，戴時將帽向前額傾斜。帽簷作多層重疊，有的重疊至七八層之多。有種便帽俗稱「西瓜皮」，與小帽相似，只是帽頂無結。《清稗類鈔》記載，左宗棠觀見同治帝，免冠叩頭時，頭上仍戴一物，似小帽而無線結。同治詫異，問其所帶何物，答曰：「西瓜皮」。同治帝大笑。「西瓜皮」的便帽輕便舒適，難怪左公也喜戴之。

氈帽分官宦士人燕居時所戴和農夫、商販所戴兩種。農夫、商販所戴氈帽款式多為半圓形平頂或半圓錐頂，而士大夫所戴氈帽，「以細毯為之，簷用紫黑色，或有綴金線蟠龍為飾者，非復往日樸素，為士大夫冬日之燕服」〔註20〕。由於新疆多季寒冷，文人所戴的氈帽多用皮毛（如圖 4-1-3）。

5. 套褲襯衫

套褲，是北方地區男子在冬、春秋季節穿的褲的一種服式。「套褲，脛衣也，即古之所謂袴也。其形上口尖，下口平，或棉或夾或單，而沍寒之地，或且以皮為之。其質則為緞、為綢、為紗、為呢，加於棉褲、夾褲、單褲之上，函於外而重沓也。大率為男子所用。」〔註21〕「套褲」，長度不限於膝下，也有遮覆於大腿者。褲管的造型也有多種：清初時上下垂直，呈直筒式；清中葉變為上寬下窄，褲管的底部緊裹於脛，為了穿著方便，就在褲管下開衩，穿著時以帶繫之。套褲的兩條褲腿不連屬，褲管上端大多被裁製成尖角狀，前高後低。穿著時套在內褲之外露出臀部及大腿外側，褲腿上部較窄用絲條繫於腰間，交叉向後繫縛，類似現今的雨褲。

普通的長褲在明清兩代仍有穿著，即可穿於袍衫之內，也可和短襖等服配用。當時的褲子都較肥大，褲口敞開，呈大撒口褲腿。為了勞動方便或保暖，有時用寬布帶把褲腿紮緊。清代男子褲的形式為高腰，穿時將褲腰抿掖，用長布帶繫縛，服色以黑色較流行。襯衫穿於袍衫之內，「襯衫之制如長衫」〔註22〕，也有無袖的，還有上布下綢，在腰部縫接為「兩截衫」的。清初，襯服喜用白色，嘉慶時尚玉色、油綠色，後因油綠色黯然，於是摒棄不用。襯衫的用途有二。其一，凡便服之細毛皮袍，如貂、狐、猞猁者，毛嬌貴易損，而且不易清洗，所以襯以衫護之。二、禮服袍前後有開衩，內襯以衫而掩之。

〔註20〕 《清稗類鈔》，第 6148 頁。
〔註21〕 同上，第 6203 頁。
〔註22〕 同上，第 6185 頁。

6. 配　飾

清中後期，隨身佩掛飾物已成爲男子服飾裝扮的風尚。佩掛飾物繁瑣時多達數十件，一般掛在腰帶兩側，有的爲了賞玩，有的爲便於使用。如耳挖子、鼻煙壺、牙籤，兵器的小模型。還有用綾羅綢緞等絲織品製作的荷包、香囊、褡褳、火鐮袋、扇套等即實用又有美飾作用的小掛件。官僚文人佩件中腰圓形眼鏡盒，大多是嘉慶、道光年間才有的。官員配飾是身份的象徵，故而考究，普通文人的配飾雖不過分考究，但文人慣用紙扇、筆墨，故扇套、筆墨等用具也不可少。康熙年間，士大夫無不嗜吸旱煙，到乾隆年間，最典型的要數紀昀，旱煙袋不離身。清末民初，新疆城市裏的富商、文人紛紛傚仿西洋，服飾上追求革新，西服、西褲、西式大衣，眼鏡、墨鏡、拐杖、懷錶等都成爲時髦一時的裝扮（如圖 4-1-11）。也有人上著西服，下穿中式長袍。

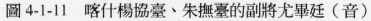

圖 4-1-11　喀什楊協臺、朱撫臺的副將尤畢廷（音）

圖 4-1-12　和闐地方官員

7. 鞋

清代男子的鞋履樣式很多，有雲頭、扁頭、鑲嵌、雙梁、單梁等。世風一度崇尚高底鞋，底高達半寸以上，後因高底行走不便，又再改為薄底。清代新疆文人常穿圓口千層底布鞋，有衣著講究者穿厚底鑲雲氈鞋（如圖4-1-3）。「靴履之有脛衣者曰靴，取便於事，原以施於戎服者也。文武各官以及士庶均著之。靴之材，春夏秋皆以緞為之，冬則以建絨。」〔註23〕靴在早期一般士民是不能穿著的，到宣統年間，富紳士人自十月至正月都喜穿靴。新疆冬季寒冷，建絨面料長靴舒適、保暖，老人及小孩喜穿之（如圖4-1-6）。

二、帛貴裘廉：「可愛黃綿冬日暖，寒侵黍穀覺春歸」

清朝統一新疆之初，漢族文人集中生活的北疆地區，棉花種植尚未普及，因此製衣所需的棉花、絲綢等原料相對緊缺，布匹、棉花基本從內地採買，綾羅、綢緞等高檔面料更是從江浙一帶調運。因運輸路途遙遠，製衣原料價高，使北疆地區往往「戶民不艱食而艱衣」〔註24〕。乾隆年間，為了解決北

〔註23〕《清稗類鈔》13 冊《服飾類》，第 6206 頁。
〔註24〕《清高宗實錄》卷 692，乾隆二十八年八月辛卯條。

疆地區軍民穿衣的問題，官府在伊犁試種過棉花，因土性不宜，試種沒有成功。烏魯木齊地區「或曰土不宜，或曰無人經理其事，民無種也」〔註25〕。紀昀有詩記錄此事，「誰能五月更披裘，尺布都從市上求。懊惱前官國司馬，木棉試種不曾收」〔註26〕。吐魯番棉花雖多，但品質不好。祁韻士在《西陲竹枝詞》中云：「土魯番產棉花甚多，但宜作布不宜作線。」〔註27〕由於衣料的難求，清代前期的哈密漢人「衣服樸素，兵民皆以布為衣，而無帛者。即殷富之家，亦僅綿綢、川綢服一兩件，惟新年及喜筵壽觴中著之，歸即藏篋中，率以布為常。」〔註28〕。到嘉慶年間，吐魯番盛行紡織，「聞始於林文忠公教化，並有所傳紡車，皆呼為林公車。」〔註29〕新疆漢族男子的衣著以青藍色為主，鮑戈亞夫連斯基描述，「他們穿的是灰藍色長袍，正像我們在滿洲所習見那樣」〔註30〕。

　　與中原迥異的是，在內地價格昂貴的皮毛，在新疆反而是物美價廉的衣料。北疆自古畜牧業發達，尤其清朝統治新疆後，大力興辦牧廠，皮毛製品更加充足。新疆的氣候晝夜溫差懸殊，冬季寒冷而漫長，皮毛製品是極佳的禦寒衣料。內地來的漢族文人在穿衣方面也是入鄉隨俗，冬季多穿掛布面羊羔皮大衣。祁韻士作詩讚歎綿羊皮衣溫暖舒適，「千羊皮集腋何肥，挾纊人披無縫衣。可愛黃綿冬日暖，寒侵黍穀覺春歸」〔註31〕。伊犁地寒，即使在春天，降溫時仍需穿裘衣避寒。林則徐日記中記載，「朔日，甲辰（3月31日）。陰，大風，微雨竟日。天寒，復著重裘」〔註32〕。黃濬在《重九日追次杜少陵韻》中云：「初雪已催殘菊老，暖風留鬥敵裘寒。」〔註33〕重陽節時，烏魯木齊已降初雪，官員文人也是身穿裘衣驅寒保暖。

　　紀昀曾感慨塞外狐皮價廉物美，「西到寧邊東阜康，狐蹤處處認微茫。謀衣卻比羊裘易，粲粲臨風一色黃」〔註34〕。從詩中記載可知，寧邊（今昌吉）

〔註25〕《烏魯木齊雜詩》，《歷代西域詩鈔》，第111頁。
〔註26〕同上，第111頁。
〔註27〕（清）祁韻士：《棉花》，《西陲竹枝詞》，上海古籍出版社編：《清代詩文集彙編》第429冊，上海：上海古籍出版社影印，2010年，第718頁。
〔註28〕《哈密志》卷17《風俗》。
〔註29〕《西疆雜述詩》，第291頁。
〔註30〕《長城外的中國西部地區》，第32頁。
〔註31〕（清）祁韻士：《皮裘》，《清代詩文集彙編》第429冊，第719頁。
〔註32〕《林則徐全集》第9冊《癸卯日記》，第513頁。
〔註33〕星漢：《清代西域詩輯注》，新疆人民出版社，1996年，第379頁。
〔註34〕《烏魯木齊雜詩》，《歷代西域詩鈔》，第116頁。

到阜康一帶狐狸特別多，置辦一件狐皮大衣比羊皮衣還容易，而且毛質柔軟，毛色鮮亮，質量上好。清代，服制有許多禁例，比如「狐皮不許穿，上賜者方許穿用」〔註35〕。由於日久而致玩忽，並未嚴格例行，清代新疆文人穿狐皮不足爲奇。北疆深山荒野中野獸甚多，用各種野獸毛皮製作衣帽即美觀又耐用。市場能見到的獸皮主要是黃羊皮、狐皮、兔皮、麝皮、鹿皮、羚羊皮、獐皮、狼皮等。文人在集市上可以買到皮袍、短皮襖、皮褲，而且價格低廉，結實耐穿，正所謂「價廉買得當風雪，一幅深衣耐幾年」〔註36〕。

除了裘皮製衣，北疆的皮褥、皮箱、皮靴以及羊毛氈鞋、氈襪、毛氈，也一應俱全。由於皮結實、耐磨、厚度好，文人的居室用品也常用皮製品。祁韻士有詩描寫新購置的皮笥，「學得裘工妙手柔，剪裁新笥做香牛。夜寒窗靜爐煙嫋，簾卷微聞麝氣浮」〔註37〕。

三、芨芨草帽：「編作帽絲裁作箸，龍鬚也共上簾櫳」

「芨芨草」又被寫爲「集吉草」，是西北特有的多年生草本植物。它生長於鹽鹼土質的灘地，一叢數百莖，莖長數尺，其莖筆直修長、堅韌、光滑。因爲芨芨草「霜莖堅韌鬱成叢，獨立亭亭竹性同」的特性，新疆漢人對它加以利用，「編作帽絲裁作箸，龍鬚也共上簾櫳」，豐富了人們的閒居生活。據祁韻士《西陲竹枝詞》自注記載，芨芨草帽是由伊犁將軍「孫湘浦先生（孫筠）創令，製帽極精緻」〔註38〕。雷以諴有關伊犁的詩作中，有一首是專寫芨芨草的，詩名《集吉草》：「塞草年年綠，斯苗質色兼。剖將絲作帽，絕勝竹爲簾。性似溪藤軟，輕尤蜀麥纖。卻看行路者，戴笠頂無尖。」〔註39〕詩中讚美了芨芨草質地柔韌，顏色潔白，比藤絲柔軟，比蜀麥輕盈，可剖絲做帽，取莖編爲席。詩下自注對芨芨草作了考證：「一名『芨芨草』，一名『藉藉』。按：《金史》『藉藉』曰：『小蕪荑』。《寧夏志》作『芗芨』。《酉陽雜俎》作『席箕』，引古詩『千里席箕草』。又元稹《代書》詩自注云：『予以席箕草，籌在書囊佐飲備』。按：『席箕』即《漢書·西域傳》之白草。」〔註40〕

〔註35〕《中國古代服飾史》，第456頁。
〔註36〕（清）祁韻士：《毛褐》，《清代詩文集彙編》第429冊，第719頁。
〔註37〕《皮笥》，同上。
〔註38〕《西陲竹枝詞》，《清代詩文集彙編》第429冊，第717頁。
〔註39〕《雨香書屋詩續鈔》，《清代詩文集彙編》第589冊，第781頁。
〔註40〕同上。

自內地來新疆的文人對芨芨草以及它的用途感到新奇，紛紛作詩稱讚芨芨草的精美實用。纖細的芨芨草莖是編席的佳品，粗壯的芨芨草莖可當筷子用。椿園《西域聞見錄》載：「集吉草，勁道光潔，極堅綿，屈之不折，可做箸。」〔註41〕莊肇奎的《伊犁紀事二十首，效竹枝體》云：「午餘苦熱更斜陽，偏教中原晝景長，芨芨草簾風細細，青蠅也怕北窗涼。」〔註42〕伊犁自寅至戌日，天氣炎熱，用芨芨草的窗簾，涼風習習。滿族文人舒敏流放伊犁時作《芨芨草簾四首》，其中一首：「勻圓潔白影纖纖，紙帳繩床襯矮簷。一樣月華斜照處，蘭閨錯認水晶簾。」〔註43〕芨芨草潔白無瑕，質地輕巧，編帽光潔勝過南方的藤絲，編席輕巧賽過南方的竹簾。紀昀也曾提到「息雞草長綠離離，織薦裁簾事事宜」。詩下自注中對芨芨草的考證：「芨芨草生沙灘中……即《漢書》『息雞草』，土音訛也。班固謂：「馬食，一本即飽，然馬殊不食。」〔註44〕現今，用芨芨草編帽的手藝已經失傳，但農村仍然用它編筐、簍、席、簾、掃帚。

「燕居」是對古代文人閒居生活的雅稱，燕居服飾是古代休閒生活的重要組成部分。從對生活的審美與情趣來看，燕居服飾包含古人休閒生活的態度、模式、創造與審美。清代新疆漢族文人的服飾隨時代的變化也經歷了一些變革。尤其是沙俄入侵後，俄國布料進入的新疆。1898年，凱瑟琳‧馬嘎特尼隨丈夫來到喀什噶爾英國領事館生活了17年，剛到喀什噶爾的時候，集市上幾乎見不到外國貨。不久之後，「這座城市就開始發生巨大的變化。一隊隊商隊從俄國和印度運來了衣料、日用品、各種器具、家具、家用小擺設、糖、麵粉等。富有的商人們開始修建具有歐洲風格的房子，開始使用桌椅；即使一般的人也穿起了俄國紡織的俗氣的大花細布做的衣服」〔註45〕。

第二節 宴飲美饌

中國傳統的飲食文化博大精深，五光十色的筵席，流光溢彩的菜系流派，美酒香茗以及精美絕倫的耳杯盤盞，處處滲透著古人生活的閒情逸致。

〔註41〕 《西域聞見錄》卷7《物產》，第10頁。
〔註42〕 《伊犁紀事二十首，效竹枝體》，《清代詩文集彙編》第363冊，第51頁。
〔註43〕 《適齋居士集》，《清代詩文集彙編》第520冊，第655頁。
〔註44〕 《烏魯木齊雜詩》，《歷代西域詩鈔》，第113頁。
〔註45〕 《外交官夫人回憶錄》，第73～74頁。

從好友簡單偶聚到官場奢華的宴飲，無論是達官貴人還是布衣文人都喜宴飲交遊。文人宴飲的場面多見載於文人文集，宴飲詩更成爲一種詩歌題材。但古代文人的著述如同國畫，重在寫意，西方的著述正相反，如同油畫，重在寫實。對於清代中晚期新疆達官文人的飲食文化，從西人遊歷新疆的記錄中能更細緻的瞭解。

一、宴請歡聚：「秋風莫漫思張翰，且喜烹鮮佐客觴」

（一）官員設宴，奢侈靡費

載瀾流放到新疆省城迪化期間，從巡撫饒應祺到府縣官員對他都是阿諛逢迎，百般逢迎。光緒二十八年（1902）秋，新疆布政使潘效蘇升任巡撫，更是攀附載瀾，他提倡吃轆轤會，即從巡撫起，依次由司（布政使）、臬司（按察使）及府縣官員輪流宴樂，幾乎無日不宴，每宴有戲，當時官場酒食爭逐，盛極一時。對於官員宴請的過程，《外交官夫人回憶錄》中有詳細地記載。凱瑟琳・馬嘎特尼到喀什噶爾不久後，受到了當地最高軍事長官夫婦的宴請，宴飲禮儀與同時期內地官員相同。在她的書中詳細記錄了喀什噶爾提臺夫婦的宴請的流程：

呈送請帖。在宴會的前幾日，主人先派人逐一登門送請柬，表達邀請之意。根據舉行宴會的級別，呈送的請柬也有所不同。一等宴會的請柬是「長條大紅紙做的，兩英尺長，六英寸寬，折成三折，裝在一個大紅信封裏。」〔註46〕如果受邀的客人接受了邀請，應依禮節留下請柬。雖然馬嘎特尼夫婦同時收到提臺夫婦的邀請，但男賓女眷收到的請柬以及參加宴會都是分開的，馬嘎特尼夫人的宴請自然是由提臺夫人主持。二等宴會的請柬比較簡單，用一張色請柬寫明邀請之意，並列出受邀嘉賓的姓名。「被邀請的每一位客人會在請柬上他的名字旁用非常華麗的詞藻寫上他是否接受邀請的字樣，然後把請柬還給送來請柬的使者。」〔註47〕請柬用小楷字寫明赴宴的時間、地點，按表達習慣附上一些謙虛恭敬之詞。諸如：「吾等誠惶誠恐，敬請閣下／夫人於元月初六正午光臨敝舍，把盞恭候。」〔註48〕請柬還附菜單，一等筵席有燕窩湯和烤乳豬。如果是二等宴會，「筵席上則只有烤乳豬，沒

〔註46〕《外交官夫人回憶錄》，第76～77頁。
〔註47〕同上。
〔註48〕同上。

有燕窩湯這道菜」〔註 49〕。通過凱瑟琳‧馬嘎特尼的描述，可以看出官員宴請的流程首先是拜帖，請帖的樣式、書寫的格式以及呈遞的流程都依規定而行。喀什噶爾提臺大人宴請的規格比較高，宴飲禮儀與同時期內地官員相同。明代，在意大利傳教士利瑪竇和葡萄牙傳教士曾德紹的書中都記述過宴請的拜帖文化〔註 50〕。清代，英國人吉爾伯特‧威爾士為新抵中國的傳教士編寫了指導中國習俗的材料，其中「參加宴會」一章詳細介紹了赴宴的流程，也提到了請帖呈遞禮儀〔註 51〕。至今，新疆的漢人仍然沿用這種拜帖禮俗，適逢家中老人壽辰、幼兒彌月、喜結良緣、金榜題名等喜事仍然事先送上紅色請帖，並大擺筵席，只是簡化了拜帖的程序。

　　接待禮儀。宴會當天，宴請接待也非常講求禮儀和規範。宴會開始之前，主人派下人在門口等候並及時通報消息。客人登門時主人要燃放鞭炮，表歡迎之意，「一進院子，向我們致敬的鞭炮聲大作，震耳欲聾」〔註 52〕。提臺夫婦邀請了賓客夫妻雙方，整個宴會男女被分開款待，女主人負責接待女眷。這次宴會受邀的還有兩位瑞典傳教士的夫人以及幾位中國官員的夫人。〔註 53〕女主人將女眷們邀請到客房聊天，當僕人稟報筵席備好，主人按照身份高低先後安排客人入座，並進行一定的就餐禮儀。女主人引客人到席邊，站在她的左手邊，並從僕人手裏接過一隻小小的酒盅，舉到額頭上，然後放在了客人座位前的桌面上，接著，她接過一雙筷子，又做了一遍同樣的動作，她搖了搖客人的椅子，看它是否經得住重量，然後用袖子揮去了椅子上的灰塵。在每位客人入座之前，她都致以了相同的禮儀。宴會結束時提臺夫婦將賓客送到院門口，馬嘎特尼夫婦才再次見面。賓客告辭時再次鳴放鞭炮或禮炮，表歡送之意。馬達漢參加潘大人的宴請，「潘非常客氣地送我到院子裏，伴隨送別儀式的還有三響禮炮聲。」

　　筵席菜品。漢餐的製作及其精細，菜品花樣繁多，有炒（爆、溜）、燒

〔註 49〕　《外交官夫人回憶錄》，第 76～77 頁。
〔註 50〕　〔意〕利瑪竇、〔比〕金尼閣：《利瑪竇中國劄記》，何高濟、王遵仲、李申譯，何兆武校，北京：中華書局，2010 年，第 65～66 頁。〔葡〕曾德昭：《大中國志》，何高濟譯，上海：上海古籍出版社，1998 年。
〔註 51〕　〔英〕吉爾伯特‧威爾士，亨利‧諾曼著，劉一君、鄧海平譯：《龍旗下的臣民——近代中國禮俗與社會》，北京：光明日報出版社，2000 年，第 71～72 頁。
〔註 52〕　《外交官夫人回憶錄》，第 76～77 頁。
〔註 53〕　同上，第 83 頁。

（燜、煨、燴、鹵）、煎（溻、貼）、炸（烹）、煮（氽、燉、煲）、蒸、烤（醃、薰、風乾）、涼拌、淋等烹飪方式。馬嘎特尼夫人等賓客吃的第一道菜是變蛋，接著依次上了大約有四十道菜，有雞鴨等肉食、蘑菇等蔬菜、海參乾魚等海鮮、各種樣式別致的小吃，最後的大餐是香脆可口的烤乳豬和價值不菲的燕窩湯。1906 年至 1908 年，芬蘭元帥馬達漢對中國西部的軍事考察時，他詳細記錄了在葉爾羌官府赴宴的情形：「午餐開始時先上茶、糖果和水果，接著是各種小菜，一盤接一盤，都盛在小瓷碟裏，總共 12 碟。這些小菜碟放在桌子中間組成一個方塊，也作爲餐桌的裝飾品。」〔註 54〕筵席的菜品繁多，「24 道帶湯湯水水的大菜上過之後，接著是相同數量的煎炸食品，然後是帶各種各樣餡兒的糕點，如此等等」〔註 55〕。筵席有燕窩、魚翅等昂貴、稀罕的食材。宴飲所用的烈性白酒是經過加熱的，酒味醇香。炭盆裏專門放一酒壺用來溫酒。馬達漢認爲宴請活動，更多的表現爲藝術性而不是盡情地品嘗味道。一語中的點出了清代官員宴請浮於鋪陳張揚的形式，追逐奢侈靡費之風。

　　娛樂助興。清代，官員或富紳的宴請不但講求菜品的鋪張排場，還會安排娛樂節目助興。馬達漢途經阿克蘇時，受到當地官員的熱情款待。這次宴請邀請了當地各界的社會名流，並安排了娛樂助興活動。根據馬達漢的記載，先是喝茶聽戲。只可惜文化背景不同，馬達漢完全不懂戲服的精美與戲劇藝術，他描述：「喝茶的時候，穿著華麗服裝的軍職人員在一個舞臺上演一種很聒噪的戲。」〔註 56〕觀看節目表演之後，將軍提議請客人打靶。可見，當時打靶也是官員宴請的娛樂助興活動。打靶之後，開始筵席，菜的花樣很多，用餐期間客人們再次有機會欣賞戲劇。節目寫在三塊紅漆木牌上，主人請客人挑戲，以表對客人的敬意。比較有趣的是鎮臺的家眷也參與了打靶助興的活動（如下圖）。

〔註 54〕〔芬蘭〕馬達漢：《百年前走進中國西部的芬蘭探險家自述》，王家驥等譯，
　　　　烏魯木齊：新疆人民出版社，2001 年，第 42 頁。
〔註 55〕同上，第 42 頁。
〔註 56〕同上，第 69 頁。

圖 4-2-1　鎮臺一家在打靶（馬達漢攝於 1906）

　　禮儀變遷。餐桌禮儀根據宴會的正式與否以及外來文化的入侵，有所變遷。奧里爾・斯坦因先後四次來中國探險。第二次來新疆時，他對新疆餐桌禮儀的變化感到震驚。「餐桌上，我第一次意識到，新疆的中國官員對西方尤其是俄羅斯的態度發生了大變化，離開這裡才短短幾年，可風俗和輸入商品都有了變化。」〔註 57〕據斯坦因的描述，用餐時不再使用濕熱的毛巾，而是換為熨燙平整的西餐的餐巾。潔白色桌布也改變了以中國白色為節慶禁忌色的傳統。用餐的官員使用刀叉嫻熟，筷子成為擺設，以示對古老傳統的尊重。此描述同馬達漢所記錄的情景類似，「大廳中央的餐桌上鋪著白色餐布，桌子上擺著裝飾性的錫製托盤和湯匙，有雙象牙筷子以及兩個小瓷碗」〔註 58〕，馬達漢記錄的是去葉爾羌漢族官員家中赴宴，斯坦因記述的是在喀什噶爾漢族官員家赴宴的情景。清代新疆，葉爾羌和喀什噶爾屬於南疆比較大的城市。1907 年，日本人日野強在其著作《伊犁紀行》中對外商有描述：（綏定城）在惠遠城北約一里餘，居民約兩千，維吾爾族過半。市街二條，將城內劃成正方形四部分，商店櫛比，內有俄國商店三十戶，架棚、帳篷、衣服、雜貨、肉、菜、點心、果品等類一應俱全，人馬往來如織。清末，新疆大城市中一些思想開化、喜歡追逐潮流的上層官員家中的宴請已經融合了

〔註57〕《斯坦因中國探險手記》卷 1，第 122 頁。
〔註58〕《百年前走進中國西部的芬蘭探險家自述》，第 42 頁。

西方飲食文化。

（二）文人雅集，唱和吟詠

　　雅集，是文人雅士酬唱吟詠的一種文化集會，主要以詩、詞、曲、賦、琴、棋、書、畫等為依傍，進行的文學創作、藝術鑑賞、宴飲賞玩活動。「修生之士，不可以不美其飲食」，雅集在中國文人群體中具有悠久的傳統。清代新疆文人匯聚於伊犁和烏魯木齊兩地。這些遠離故土的文人，跋山涉水來到新疆。無論舊識還是新知，相似的生活背景、價值觀及人生信仰，使得文人之間惺惺相惜。尤其是被流放的文人，同是天涯淪落人的人生際遇，使得他們極易產生心靈上的共鳴。這些文人的雅集是以飲酒賦詩，舒遣胸懷為主，雅集的時間並不固定，大多是興之所至，率性為之。每逢重要的傳統佳節，如端午節、中秋節、重陽節，背井離鄉的文人往往相邀雅集，共度佳節。異鄉文人詩詞吟唱，互相慰藉，消除了思鄉的孤苦，平添了雅集的歡慶氣氛。有的雅集活動則以值得紀念的事件為契機，如百花盛開、慶祝生辰、賀友晉升、為友餞行等。清代新疆文人比較隆重的雅集有兩次，並有唱和吟詠的詩詞留世：

　　紀念蘇軾誕辰。癸巳（1月19日），鄧廷楨發起集會，邀請伊犁惠遠城的文人雅士賦詩詞紀念蘇軾的誕辰。「嶰翁約諸同人至其寓，齊作坡公生日，主客共十一人：將軍、參贊、五領隊、一總戎、三謫宦，此會殆伊江未有之創舉也。」〔註59〕這次集會是一次隆重的伊犁文人雅集，被林則徐稱為伊江創舉。鄧廷楨做百字令詞，其子鄧子期作《大江東去》詞和七律各一首，林則徐作古詩一首。從林則徐第三日的日記得知，林則徐的兒子雖未到場，也應鄧翁之邀補作了詩。林則徐的三子林聰作五古，四子樞兒作七古，並各唱和鄧子期七律一首，林則徐也和詩一首。「午後嶰翁來，攜詩去，欲作一長卷。」〔註60〕蘇軾樂觀豁達、寵辱不驚的人生態度為新疆文人所景仰，尤其是這些流放文人遭受坎坷，流落他鄉，蘇軾的詩作及人身經歷成為文人修養身心的典範。

　　重陽節詠菊。新疆初秋陽光充足，氣溫涼爽，適合菊花生長。很多文人在家中庭院栽種菊花。重陽節正是菊花盛開的時節，也是文人雅集的好時機。伊犁文人黎方伯種菊上百株，邀請惠遠當地文人雅士前來賞菊、詠菊。舒其

〔註59〕《林則徐全集》第 9 冊《壬寅日記》，第 503 頁。
〔註60〕同上。

紹詩集中云：「映藜方伯藝菊百本，秋色分披，招同人雅集。張夢廬太守即席，首成二律，旋賦六截，分題高詠，逸興遄飛。方伯囑余同賦。」〔註61〕隨後在座的文人各以菊為題，分作詠菊詩。舒其紹將這些詩收入《聽雪集》，命名為《詠菊十五首》：菊影、菊龕、菊枕、訪菊、贈菊、踐菊、畫菊、繡菊、簪菊、餐菊、買菊、乞菊、評菊、採菊、憶菊。時隔幾日，舒其紹邀諸人至家中再賞菊賦詩，並作詩《同人集余寓賞菊再疊前韻》記之。從「尋芳不厭幾回來，取次疎籬更舉杯」〔註62〕，可見文人雅集興趣之濃，借賞菊連日相聚，分韻賦詩，品詩飲酒，醉心其中，流連忘返。

　　文人的雅集並無固定形式，很多時候具有臨時性與隨意性。文人雅集也不僅限於宴飲，常常是吟詩論畫、即景聯句、分韻賦詩、飲酒唱曲。道光二十三年（1843），成瑞在雷氏水榭宴請鎮迪道道員雲蘭舫，招友人陪同，並作詩《癸卯七月望前二日立秋，招諸友奉陪雲蘭舫觀察宴集城東雷氏水榭》記之。「雲蘭舫」，名雲麟，字蘭舫，漢軍正黃旗人。同行者「壺舟黃君」即黃濬。成瑞作詩諸位文人以詩助興，「席間共鬥詩牌，牌上字各成一絕。」〔註63〕雅集中的宴飲，絕不僅僅是果腹之樂，美食與美酒成為文人交遊的紐帶，文人雅集是文人之間文學與情感交流的重要方式，他們通過彼此間的切磋和滲透，文人的心性品位得以展現，靈感才智得到激發，為西域詩壇注入了更多靈動的氣息。

二、佳餚珍饈：「山珍人饌只尋常，處處深林是獵場」

　　無論是受委任或是遭遣戍，從內地來新疆的文人沿途經歷了荒無人煙，飛沙走石，嚴寒酷暑的種種艱辛，但多數人在新疆的生活卻並非困苦淒慘。乾隆以後，伴隨著人口的流動，陝西風味、天津特色、麻辣的川菜、山西的麵食、南粵的海鮮等內地的各種菜系、風味麵食及小吃被帶入新疆，極大豐富了新疆人的飲食，加之新疆本地有很多特色美食。遷居新疆的文人很快適應了當地的飲食，並對各種美食讚不絕口。清代新疆的城鎮經濟比較富足，「麵白於霜米粒長，千錢一石價嫌昂。雞豚蔬果家家有，肉絭無如牛與羊」〔註64〕。

〔註61〕《聽雪集》，《清代詩文集彙編》第403冊，第326頁。
〔註62〕同上，第340頁。
〔註63〕《清代西域詩研究》，第149頁。
〔註64〕星漢：《清代西域詩輯注》，烏魯木齊：新疆人民出版社，1996年，第82頁。

1. 主　食

新疆的飲食結構，以麥麵爲主食，大米次之，還有青稞麵、蕎麥麵、玉米麵、高粱麵等。新疆主產春麥，「雪深地凍，宿麥至春皆不生，所種皆春麥也。」〔註65〕。麵的做法有麵條、饅頭、餅、餃子、包子等，米的做法有蒸大米飯、熬小米粥等。遷居新疆的文人在飲食習慣方面入鄉隨俗，常吃麵食。林則徐是福建侯官（今福州）人，鄧廷楨是江蘇江寧（今南京）人，祖籍蘇州，從地域飲食習慣分析，他們習慣食米，但遣戍新疆期間他們也常吃麵食。林則徐日記多次記載：「鄧嶰翁、花毓堂、新糧員瑞慶俱來晤，留嶰翁吃麵」〔註66〕；「嶰翁遣子期來，邀往東城外觀錫家藥花園，遂與兩兒同至嶰翁處吃麵，六人連轡出遊」〔註67〕；「厚庵約同遊錫氏藥園。晨起即與兩兒同赴其寓中，吃麵罷，巳刻連轡出城」〔註68〕。從記述看，伊犁文人相約出遊，一般早起一同吃麵，然後連轡出行。其餘多次提到飯，但記述較簡，未指明是麵或米。林則徐奉命赴南疆勘察地畝，在沿途的漢族飯館也常吃蒸饅及麵條，或者小米粥。洪亮吉雖然是陽湖（今江蘇常州）人，也喜歡吃麵食，「塞外無物可啖，惟麥餅尙烘炙有法，余雖年過五十齒利如鐵，一日可盡一枚，常戲呼之爲婆餅焦」〔註69〕。浙江山陰（今紹興）史善長詼諧幽默自述，「況及齒牙健，猶能截乾餅」〔註70〕。「截」字形象靈動，寫出餅脆。雖然新疆自產大米，「新稻翻匙香雪流，田家入市趁涼秋。北郊十里高臺戶，水滿陂塘歲歲收」〔註71〕，但麵食更受歡迎。「伊犁所產稻籽粒極大，但悉資雪水澆灌，性又甚寒」〔註72〕，新疆古牧地、綏來等地稻米也是如此，故「可憐粒粒珍珠滑，人道多輸餅餌香」〔註73〕。麥餅、餅餌、婆餅焦、乾餅都是指維吾爾族烤制的饢，「回人呼麵餅爲饢」〔註74〕。饢普遍受漢人的歡迎。流放新疆的文人還自製麵餅，洪亮吉云：「方受疇製餅極佳，與廉史對

〔註65〕　《烏魯木齊雜詩》，《歷代西域詩鈔》，第 109 頁。
〔註66〕　《林則徐全集》第 9 冊《壬寅日記》，第 499 頁。
〔註67〕　《林則徐全集》第 9 冊《癸卯日記》，第 505 頁。
〔註68〕　同上，第 526 頁。
〔註69〕　《洪北江全集》第 8 冊《天山客話》，第 8 頁。
〔註70〕　（清）史善長《半生》，《清代西域詩研究》，第 235 頁。
〔註71〕　《烏魯木齊雜詩》，《清代西域詩研究》，第 109 頁。
〔註72〕　《洪北江全集》第 8 冊《天山客話》，第 5 頁。
〔註73〕　《烏魯木齊雜詩》，《清代西域詩研究》，第 109 頁。
〔註74〕　（清）祁韻士：《濛池行稿》，上海古籍出版社編，《清代詩文集彙編》第 429
　　　　冊，上海：上海古籍出版社影印，2010 年，第 713 頁。

門，每邀余飯，則兩人合製具。」〔註75〕

2. 副　食

肉類。新疆漢人的副食主要有肉類、蔬菜、豆製品，與內地大致相同。肉類以豬、羊肉爲主，輔以雞、鴨、魚。官員宴請往往以烤乳豬爲珍饈，紅燒鴨、鵝也是家常美味。據紀昀所記迪化鵝鴨之種，皆坤司馬所攜帶而來，後來得到繁衍，「鴨綠鵝黃滿市中」〔註76〕。伊犁遣戍之人奉恩旨釋回，同仁爲他辭行，「卻買鮮魚飼花鴨，商量明日餞歸人。」〔註77〕看來，伊犁魚多價賤，不惜以鮮魚飼鴨。除了飼養畜禽，山間野味也是文人的美饌珍饈。清代新疆野生動物極多，故而「山珍入饌只尋常，處處深林是獵場」，「野味鮮腴入饌豐，葡萄酒暖地爐紅」〔註78〕。野豬時常下山毀壞莊稼，以致於官府不得不年年派士兵用火槍獵殺，「諸君火器年年給，不爲天山看打圍」〔註79〕。紀昀在《閱微草堂筆記》中記「烏魯木齊多野牛，似常牛而高大，千百爲群，角利如矛矟……又有野騾、野馬……騾肉肥脆可食……又有野羊，《漢書·西域傳》所謂羱羊也，食之與常羊無異。……又有野駝，止一峰，臠之極肥美。」〔註80〕林則徐謫戍伊犁的當日，伊犁將軍布彥泰送去野豬肉，「將軍送野豬肉，參贊送席，俱受之」〔註81〕。鄧廷楨烤肉款待林則徐的家人，「嶰翁炙野雞、黃羊邀兩兒午飯」〔註82〕。黃羊也是尋常獵物，祁韻士記：「歸鞍拉雜馱將去，肥羜還應速客齊。」〔註83〕迪化野騾「動輒成群」〔註84〕，紀昀格外讚美野騾肉質腴嫩，「若與分明評次第，野騾風味勝黃羊。」〔註85〕伊犁的冬季山雉極多，「草淺風嘶雪霰飛，離披五色雉初肥，火槍舉處紛紛落，且趁平明獵一圍」〔註86〕。雉一般叫山雞，野雞。在新疆，雉廣泛分佈於天山南北的平原綠洲及湖沼地帶的灌木叢、蘆葦叢中。因雉善跑不善飛，有較爲固定

〔註75〕《伊犁紀事詩四十二首》，《清代詩文集彙編》第 414 冊，第 116 頁。
〔註76〕《烏魯木齊雜詩》，《歷代西域詩鈔》，第 114 頁。
〔註77〕《伊犁紀事詩四十二首》，《清代詩文集彙編》第 414 冊，第 116 頁。
〔註78〕（清）徐步雲：《曩餘詩鈔》卷 1，《清代詩文集彙編》第 382 冊，第 675 頁。
〔註79〕《烏魯木齊雜詩》，《歷代西域詩鈔》，第 117 頁。
〔註80〕《閱微草堂筆記》卷 12《槐心雜誌二》，第 885 頁。
〔註81〕《林則徐全集》第 9 冊《壬寅日記》，第 499 頁。
〔註82〕同上，第 499 頁。
〔註83〕《黃羊》，《清代詩文集彙編》第 429 冊，第 717 頁。
〔註84〕《烏魯木齊雜詩》，《歷代西域詩鈔》，第 116 頁。
〔註85〕同上。
〔註86〕（清）祁韻士：《雉》，《清代詩文集彙編》第 429 冊，第 716 頁。

的活動場所，故狩獵者能輕易將其獵殺。文人多偏愛山雉的肥美，祁韻士形容「伊犁冬雉多，脂若牛肉之肥厚」〔註 87〕。洪亮吉云「伊犁雉兔並佳，而雉尤美，冬月以此為上味，產烏魯木齊及奇臺者亦相仿」〔註 88〕。他釋回時，不無遺憾地寫道：「陳巡撫淮食，品絕精，聞秋冬間燒雉尤美，惜不及食之。」〔註 89〕因為新疆野雉味鮮美，作為入京的貢品，「年年珍重進彤闈」〔註 90〕。清代新疆文人的詩文集中罕見提及食牛肉，並非漢族文人不食牛肉。紀昀在《閱微草堂筆記》中記載，「余在烏魯木齊，因牛少價昂，農頗病。遂嚴禁屠之，價果減。然販牛者聞牛賤，皆不肯來」〔註 91〕。新疆雖然屬於乾旱地區，亦有許多內陸湖河，四季都能吃到魚。戍客莊肇奎讚伊犁河大頭魚頗肥美，「南路魚極有，大而肥者名大頭魚」〔註 92〕。農曆二月伊犁河剛解凍，正是青黃不接之際，「伊犁江上泮冰初，雪圃纔消未有蔬」〔註 93〕，鼓樓南的集市「一時爭買大頭魚」〔註 94〕。林則徐的日記也提及河冰消融時，開網捕魚，「布將軍饋生魚，以近日河冰全開，故可舉綱也」〔註 95〕。每年，伊犁河分別在開春和秋後各有一次漁汛。當冰河解凍時，魚回游產卵，張網捕撈的魚被稱之為開河魚。據說伊犁河汛期時，河魚多致河水易色，洪亮吉漫步伊犁河畔，寫下「昨宵一雨渾河長，十萬魚皆擁甲來」的詩句〔註 96〕，證明河魚多並非虛誇。洪亮吉在《天山客話》中再次提及「伊犁河魚極多，類皆無鱗而皮厚數寸」，認為「綏定河出墨花魚較伊犁河魚稍美」〔註 97〕。迪化地區，昌吉七道灣也盛產魚。「昌吉新魚貫柳條，答管人市亂相招」，因為魚肉新鮮「羹以蘆芽或蒲筍，頗饒風味」〔註 98〕。鱸魚在新疆俗稱五道黑，莊肇奎在戍地思鄉之時，適逢友人饋鱸魚，「秋風莫漫思張翰，且喜烹鮮佐客觴」〔註 99〕，以

〔註 87〕　（清）祁韻士：《雉》，《清代詩文集彙編》第 429 冊，第 716 頁。
〔註 88〕　《洪北江全集》第 8 冊《天山客話》，第 8 頁。
〔註 89〕　《伊犁紀事詩四十二首》，《清代詩文集彙編》第 414 冊，第 117 頁。
〔註 90〕　《烏魯木齊雜詩》，《歷代西域詩鈔》，第 115 頁。
〔註 91〕　《閱微草堂筆記》卷 8《如是我聞二》，第 559 頁。
〔註 92〕　（清）祁韻士：《魚》，《清代詩文集彙編》第 429 冊，第 717 頁。
〔註 93〕　（清）莊肇奎：《伊犁紀事二十首，效竹枝體》，《清代詩文集彙編》第 363 冊，第 51 頁。
〔註 94〕　同上。
〔註 95〕　《林則徐全集》第 9 冊，《癸卯日記》，第 509 頁。
〔註 96〕　《伊犁紀事詩四十二首》，《清代詩文集彙編》第 414 冊，第 117 頁。
〔註 97〕　《洪北江全集》第 8 冊《天山客話》，第 5 頁。
〔註 98〕　《烏魯木齊雜詩》，《歷代西域詩鈔》，第 117 頁。
〔註 99〕　《伊犁紀事二十首，效竹枝體》，《清代詩文集彙編》第 363 冊，第 51 頁。

此聊以慰藉。冬日，雖無鮮魚，但常有凍魚，「凱渡河魚，冬月自山南運至」。紀昀描述，「凱渡河魚八尺長，分明風味似鱘鰉」，因為「南方人倉大使姚煥烹治絕佳」〔註100〕，所以大家紛紛向姚煥請教烹製方法。凱渡河指現今庫爾勒焉耆縣開都河，民國時期，謝彬在迪化也曾品嘗開都河魚（凱渡河），並記捕魚之法：「其魚盛產於額爾齊斯、開都二河，……所產白魚，其味尤美。……取魚之法，鑿冰為孔，至夜燃火其旁，魚見火光，皆躍而出。」〔註101〕新疆盛產山珍，地無海鮮，物依稀為貴，人們「不重山肴重海鮮，北商一到早相傳。蟹黃蝦汁銀魚鯗，行篋新開不計錢」〔註102〕。因為貿易興盛，海鮮也可以買到「一切海鮮，皆由京販至歸化城，北套客轉販而至。」〔註103〕文人所記食海鮮甚少，一是因為海鮮皆內地所運至，並無特別，何須筆墨。二是因為海鮮昂貴，多為官宦富賈消費。

清代迪化、惠遠飲食娛樂業興旺，以烏魯木齊為例，1907年「迪化有24家飯店，其中漢族飯店16家，其餘是回民飯店」〔註104〕。四川新都人陳興順（又名陳尚貴）於1898年來的西陲邊城，第二年拜一個小飯館的主人王惜川為師，學習烹飪手藝。1904年出師後隨師傅開飯館，飯館字號是「杏花村」。「杏花村」即後來全市首屈一指的川菜大飯店，後又遷址改字號為「鴻春園」〔註105〕。「鴻春園」有幾道素負盛名的川菜，如陳興順的脆皮魚、軟煸里脊、魚香肉絲；趙清順的軟炸雞、炒雞等〔註106〕。當時和「鴻春園」相媲美的飯店還有山西人周茂經營的「三成園」。「它可同時開20餘桌酒席，經營的傳統菜有200餘種，從海參席到雞肘席，各種檔次都有〔註107〕。洪亮吉稱讚同鄉趙炳先的飯館烤豬肉饒有家鄉風味，「百輩都推食品工，剪蔬饒復有鄉風。銅盤炙得花豬好，端正仍如路侍中」。自注：「同里趙上舍炳先，以事戍伊犁，今館於綏定城食品最工，燒花豬肉味尤美。」〔註108〕除了豪紳富賈慣於宴請，

〔註100〕《烏魯木齊雜詩》，《歷代西域詩鈔》，第118頁。
〔註101〕謝彬：《新疆遊記》，烏魯木齊：新疆人民出版社，2001年，第52頁。另有吳藹宸著《新疆紀遊》，文中也有引用，並非同一本書。
〔註102〕《烏魯木齊雜詩》，《歷代西域詩鈔》，第108頁。
〔註103〕同上。
〔註104〕《馬達漢西域考察日記（1906～1908）》，第267頁。
〔註105〕李富：《鴻春園的變遷》，烏魯木齊市委會文史資料研究委員會編，《烏魯木齊文史資料》第2輯，烏魯木齊：新疆青年出版社，1982年，第53～54頁。
〔註106〕同上，第55頁。
〔註107〕劉萌楠：《烏魯木齊掌故》，烏魯木齊：新疆人民出版社，2001年，第181頁。
〔註108〕《伊犁紀事詩四十二首》，《清代詩文集彙編》第414冊，第116頁。

官員文人也會去飯館酒樓一品風味。

蔬菜。「塞外百菜皆極甘美，甘、涼等州縣所不如也」〔註109〕。諸菜中以白菜為冠首，「伊犁白菜極脆美，自三月至冬十月皆可以常饌」〔註110〕。北疆城鎮的漢人較多，日常生活除了自己種植蔬菜外，還有園戶專門種植瓜果蔬菜供應居民。新疆的蔬菜主要有王瓜、東瓜、絲瓜、倭瓜、苦瓜、芹菜、白菜、菠菜、萵苣、莧菜、韭菜、蔥、大蒜、辣椒、茄子、菠菜、白菜、土豆、白蘿蔔、豇豆、刀豆、胡蘿蔔、水蘿蔔、大蘿蔔、西葫蘆、葫蘆、瓠子、山藥、蕨菜、沙蔥、苜蓿、豆髮菜、苦麻菜、長壽菜、馬蛇菜、香菜、茼蒿、薺菜、蘑菇、蔓菁、苦菜、野菜、撇蘭、藜藿等。「都說菜園子種得最好的是天津人。他們的菜園子主要都在較大城鎮周圍，供應居民，收入是相當好的。」〔註111〕除了種植的蔬菜，山中菌類也是盤中美味。祁韻士喜食野蘑菇，作《香菌》贊菇肥汁鮮，「大青山外白營盤，珍味由來重食單。豈識松根精液厚，肥甘莫漫佐常餐」〔註112〕。紀昀贊新疆野蘑菇為絕品，只略遜於熱河營盤的蘑菇，「雪壓空山老樹枯，一番新雨長春菇。天花絕品何須說，持較興州尚作奴」〔註113〕。伊犁河岸適合蒲菜生長，林則徐日記中多次提及蒲筍，「慶參贊饋蓮魚、蒲筍」〔註114〕，「將軍送蘿蔔菜，福總戎送蒲筍來」〔註115〕。紀昀喜愛蒲筍燉魚，「秦地少魚，昌吉河七道灣乃產之，羹以蘆芽或蒲筍，頗饒風味」〔註116〕。蒲菜，為香蒲科植物，又名蒲筍、蒲芽、蒲白，多生於沼澤河湖及淺水中，以南方水鄉最多。邊塞伊犁有蒲筍並不足為怪。洪亮吉形容春夏的伊犁河岸，「鵓鴣啼處卻春風，宛與江南氣候同。」〔註117〕如今，伊犁仍然被稱為「塞外江南」。作家汪曾祺遊歷伊犁，深深牽動他的鄉情的有兩樣：一是斑鳩，又稱鵓鴣。二是香蒲。汪曾祺在西北邊陲看見熟悉的江南水鄉植物，「使我驚喜的是河邊長滿我所熟悉的水鄉的植物。蘆葦、蒲草，蒲草甚高，高過人頭」〔註118〕。洪亮吉《天山客話》云：

〔註109〕《洪北江全集》第 8 冊《天山客話》，第 8 頁。
〔註110〕同上，第 2 頁。
〔註111〕《長城外的中國西部地區》，第 35 頁。
〔註112〕《香菌》，《清代詩文集彙編》第 429 冊，第 718 頁。
〔註113〕《烏魯木齊雜詩》，《歷代西域詩鈔》，第 108 頁。
〔註114〕《林則徐全集》第 9 冊，《癸卯日記》，第 512 頁。
〔註115〕同上，第 513 頁。
〔註116〕《烏魯木齊雜詩》，《歷代西域詩鈔》，第 117 頁。
〔註117〕《伊犁紀事詩四十二首》，《清代詩文集彙編》第 414 冊，第 116 頁。
〔註118〕汪曾祺：《伊犁河》，《草木春秋》，北京：作家出版社，2005 年，第 201 頁。

「惠遠城關帝廟後，頗有池臺之勝，池中積蒲盈頃，遊魚百尾，蛙聲間之。」
〔註119〕文中「積蒲盈頃」說明香蒲生長茂密。因爲蒲荣的花絮形似毛絨絨
的蠟燭，新疆當地人稱「蒲筍」爲「毛蠟」，如今反而很少有人知道「蒲筍」
爲何物。漂泊在異地的文人提及蒲筍，許是間接表達思鄉之情，在新疆品嘗
蒲筍，聊以慰藉思鄉之情。

　　瓜果。新疆的瓜果甘甜可口，是文人們讚不絕口的美食。伊犁果子溝的
夏天，「山溝六月曉霞蒸，百果皆從延上升。買得塔園瓜五色，溫都斯坦玉
盤承」〔註120〕。當時惠遠城內文人吃的「瓜果」不僅品質好，而且品種也
較多。裴景福曾精闢地概括，「西域瓜果多異種，哈密貢瓜，吐魯番葡萄，
葉城石榴、頻（蘋）果、木瓜，庫車梨，人盡知之。皮山產石榴一枚大三拳，
子盈一升，色豔若丹砂，流汁若醴。縣西南桑株莊產梨，其美與庫車同，而
無核又異品也」〔註121〕。莊肇奎的詩中也有印證：「六月爭求節暑瓜，剖開
如蜜味甚誇。白居第一青居下，品爲黃者論不差。」〔註122〕「庫車梨大盈
握，色鮮黃，皮薄如紙，味甘如蜜，入口即化，如嚼霜雪。」〔註123〕伊犁
桑甚味甘美，「伊犁桑甚極佳，長者至寸許，余嘗飽啖之」〔註124〕。洪亮吉
品嘗紫、白桑甚之後認爲「白者尤佳」〔註125〕。從「杏子乍青桑甚紫，家
家樹上有黃童」〔註126〕，可以看出伊犁瓜果隨處可見，文人們能時常吃到
瓜果。紀昀在《閱微草堂筆記》中稱：「西域之果，蒲桃莫盛於吐魯番，瓜
莫盛於哈密。」哈密瓜色、香、味俱佳，「色黃明如緞，味甘如蜜，入喉而
醃爽，脆如哀家梨」〔註127〕，瓜肉肥厚，味甘如蜜。雖然地產的瓜果豐富，
但本地人不以爲珍，中原的水果因運輸與保鮮困難，在新疆反而更顯珍貴。
「紅笠烏衫擔側挑，蘋婆杏子綠蒲桃。誰知只重中原味，榛栗楂梨價最高。」
〔註128〕榛子、栗子、山楂、榛、山楂，「柑橘皆有，但價昂爾」〔註129〕。

〔註119〕《洪北江全集》第8冊《天山客話》，第4～5頁。
〔註120〕《伊犁紀事詩四十二首》，《清代詩文集彙編》第414冊，第117頁。
〔註121〕（清）裴景福：《河海崑崙錄》，第456頁。
〔註122〕（清）裴景福：《河海崑崙錄》卷4，第25頁。
〔註123〕同上。
〔註124〕《洪北江全集》第8冊《天山客話》，授經堂家藏本，山東大學圖書館藏，第
　　　　2頁。
〔註125〕同上，第2頁。
〔註126〕《伊犁紀事詩四十二首》，《清代詩文集彙編》第414冊，第116頁。
〔註127〕（清）裴景福：《河海崑崙錄》，第456頁。
〔註128〕《烏魯木齊雜詩》，《歷代西域詩鈔》，第108頁。

立春時節官員宴會，品嘗的南方佳果，「朱橘黃柑薦翠盤，關山萬里到來難，官曹春宴分珍果，誰怯輕冰沁齒寒」〔註130〕。

三、美酒香茗：「羊肝下酒沙壺暖，牛乳烹茶木缽溫」

飲茶一直被古代文人視爲寧靜清雅的閒趣。品茶是文人們日常飲食所需，也是文人待客之道，更是琴棋書畫般的怡情品閒方式。文人素喜品茗，甚至出外遊賞也隨身攜帶茶事器皿，賞景、飲泉、品茗，品味閒居之趣、山居之樂。「士人登山臨水，必命壺觴……余欲特製遊裝，備諸器具，精茗名香」〔註131〕。內地文人多飲用綠茶、花茶，到新疆後也嘗試飲用茯茶。新疆的飲食結構肉食較多，又水性偏寒，所以飲用茯茶是暖胃消食的養生之道。

茯茶是黑茶的一種，屬於後發酵茶。「原料一般較粗老，採摘時多爲一芽五六葉，葉粗梗長，加工時要經過高溫殺青、揉撚、堆積作色、乾燥等工序，其中堆積發酵時間較長，因而葉色多呈黑褐色，故稱黑茶。」〔註132〕「茯茶」二字根據諧音，有多種寫法。關於茯茶的由來，說法不一，大致分三種：1. 茯茶是由陝西涇陽地區人首創，故有「涇陽茯茶」、「涇陽磚」之稱；2. 此茶是在伏天加工而成，具有土茯苓的功效，形似磚塊，故稱「伏茶」、「茯茶」、「福磚」；3. 紀昀《烏魯木齊雜詩》載，「附茶者，商爲官制，易馬之茶，因而附運者也」〔註133〕。商人承運官茶（賣給新疆的軍隊作爲易軍馬的或官府的茶葉）時，官府允許商人按比例增運一部分商茶，這部分政府許可附帶銷售的茶即「附茶」，又稱「府茶」、「官茶」。

紀昀發現福建等地的名貴茶葉運至新疆並不受歡迎，「閩海迢迢通道路難，西人誰識小龍團。向來只說官茶暖，消得山泉泌骨寒」〔註134〕。粗枝大葉的茯茶反而因爲驅寒暖胃的功效，更受民、漢各族居民的歡迎。祁韻士也喜歡飲用茯茶，專門作詩寫茯茶：「水寒端合飲熬茶，大葉粗枝亦足誇。隨意濃煎同普洱，龍團不重雨前芽。」自注：「茶甚粗，名爲府茶。」〔註135〕茯茶

〔註129〕《烏魯木齊雜詩》，《歷代西域詩鈔》，108頁。
〔註130〕同上，第109頁。
〔註131〕（明）高濂：《遵生八箋》，北京：人民衛生出版社，2007年，第201頁。
〔註132〕劉銘忠、鄭宏峰：《中國茶道》北京：線裝書局，2008年，第10頁。
〔註133〕《烏魯木齊雜詩》，《歷代西域詩鈔》，第106頁。
〔註134〕同上。
〔註135〕《府茶》，《清代詩文集彙編》第429冊，第719頁。

不甚精細，宜採用煎煮法，「初煎之色如琥珀，煎稍久則黑如醫」〔註136〕。用茯茶熬製奶茶是新疆特色的飲茶方式，也是利於健康的養生之法。新疆的少數民族喜歡在茯茶中加入牛奶和鹽，煎煮成奶茶。祁韻士品嘗過用茯茶熬製的奶茶，有詩「羊肝下酒沙壺暖，牛乳烹茶木鉢溫」〔註137〕記之。祁韻士喜愛奶茶的醇香，特作詩稱讚：「濃酥到口滑如油，犣飲家家養牸牛。一飯誰知終日飽，茶香微沁黑瓷甌。」〔註138〕新疆的文人飲用茯茶的方法是在滾燙的茶水中放入方塊白砂糖，煮成甜茶。馬達漢記錄在喀什道臺家飲茶的情景：桌上放著各式茶點，袁鴻耀「親手在茶杯裏放了兩塊糖，把一杯熱氣騰騰的茶端給我」〔註139〕。袁道臺外表和舉止清雅，應該是文人出身。他身著官服，用甜茶和點心招待馬達漢，甚至摘下官帽也禮貌徵求客人意見，可見他十分注重待客禮儀，也說明用茯茶和方塊糖沖泡甜茶是當時喀什比較盛情的待客之道。新疆文人也品嘗過新疆本地自產茶，謝彬讚美烏蘇特產的「柳花茶」，花尖泡茶，色綠清香，清熱祛火。「柳花爲本境特產，是老柳叢生，結花，入夏碧綠，花小榻疊，似含苞之菊，味苦，淪可當茗，性至涼，能解暑，中熱宿醒者，宜之，人稱『柳花茶』。」〔註140〕

長期飲用茯茶，能夠促進調節新陳代謝，增強人體體質、延緩衰老，對人體起著有效的藥理保健和病理預防作用。因爲南疆的水質問題，清代喀什噶爾、葉爾羌等地很多維吾爾人患甲狀腺腫大。據凱瑟琳・馬嘎特尼觀察，當地的漢族人不得這種病，「這裡的漢族人從來不喝生水，他們喝茶，喝的茶用滾燙的開水泡好。」〔註141〕茯茶的確有很好的養生保健作用，茯茶的特殊功效也得到了醫學、茶學方面的證實。

美酒香茗是古代文人不可或缺的休閒方式，也是邊塞文人喜怒哀愁的寄託，文人往往借飲酒品茗釋放心靈，獲得精神的解脫。文人寓情於酒，寄情於詩，許多文人的一生甚至可以稱爲詩酒生涯。雖然新疆茶的品、色、味無法同內地的茶相媲美，但西域酒毫不遜色。新疆各地都有喜歡飲酒的風俗，加之新疆多民族雜居，酒的種類也是十分豐富。新疆文人的詩文中記載了他

〔註136〕《烏魯木齊雜詩》，《歷代西域詩鈔》，第106頁。
〔註137〕《濛池行稿》，《清代詩文集彙編》第429冊，第723頁。
〔註138〕《酥》，《清代詩文集彙編》第429冊，第719頁。
〔註139〕《百年前走進中國西部的芬蘭探險家自述——馬達漢新疆考察紀行》，第24頁。
〔註140〕《烏蘇縣志》
〔註141〕《外交官夫人的回憶》，第98頁。

們有幸品嘗到維吾爾族、蒙古族釀製的民族酒以及來自天南地北的漢人釀造的家鄉酒。從文人品酒的種類足以瞭解到新疆文人與酒的不解之緣。

阿拉占（馬乳酒）。祁韻士有詩《阿拉占》，「香醪甘液泛瑤觴，美釀憑誰起杜康。淡裏藏濃風趣別，非逢嘉客莫輕嘗」。詩下自注：「馬乳爲酒，謂之阿拉占。」〔註142〕此處「杜康」爲美酒的代稱。從「淡裏藏濃風趣別」來看，祁韻士是作爲「嘉賓」品嘗了戍地的蒙古酒，贊爲佳釀。莊肇奎也喜愛馬奶酒，認爲馬奶酒的醇香勝過南方的戴酒。「一雙烏喇跪階苔，庫庫攜將馬湩來。好飲更須燒一過，勝他戴酒出新醅。」自注：「以馬乳爲酒，置之皮篼，其篼爲庫庫。」〔註143〕隨軍幕僚蕭雄不但品嘗過馬奶酒，而且詳細記載了馬乳酒的釀造過程，「以乳盛皮袋中，手揉良久，伏於熱處，逾夜即成。其性溫補，久飲不間，能返少顏」〔註144〕。《新疆回部志》對此也有記載：「以馬乳貯皮袋內，繩束口，捉袋提搖，半時許，置熱處一夜即成。」〔註145〕這種酒「熱而補，人常服有返老還少之功，云酒之上品者。」〔註146〕

阿拉克（沙棗酒）。新疆盛產沙棗，維吾爾人用沙棗釀酒，稱之阿拉克。新疆的「男女皆好飲而多量。酒有數種。呼爲阿拉克，究竟阿拉克，係言沙棗所釀者。」〔註147〕因沙棗隨處可得，故以沙棗酒爲常酒。祁韻士品嘗了沙棗酒，認爲雖不及葡萄酒美，但也別有風味，特作《沙棗》一詩：「金棗嘗新貯滿籃，離離亦有赤心含。蒲萄美酒雖難匹，風味還憐小釀甘。」〔註148〕

巴克遜。「用稻米、大麥、糜子磨細釀成，不除糟粕，如關內黃酒者。味淡而甜，名曰巴克遜。」〔註149〕移民到新疆的漢人將糧食釀造白酒、糯米製造米酒、糜子釀造黃酒的技術帶入新疆。「貴州夏髯以紹興法造酒，名曰仿南，風味不減。」〔註150〕紀昀品嘗此酒特作詩讚之，「蒲桃法酒莫重陳，小勺鵝黃一色勻。攜得江南風味到，夏家新釀洞庭春」〔註151〕。還有位戴姓的漢人擅

〔註142〕 《阿拉占》，《清代詩文集彙編》第 429 冊，第 719 頁。

〔註143〕 《伊犁紀事二十首，效竹枝體》，《清代詩文集彙編》第 363 冊，第 51 頁。

〔註144〕 《西疆雜述詩》，《歷代西域詩鈔》，第 296 頁。

〔註145〕 《新疆回部志》，卷 2。

〔註146〕 《新疆回部志》，卷 2。

〔註147〕 （清）蕭雄：《西疆雜述詩》，《歷代西域詩鈔》，第 296 頁。

〔註148〕 《沙棗》，《清代詩文集彙編》第 429 冊，第 718 頁。

〔註149〕 《西疆雜述詩》，《歷代西域詩鈔》，第 296 頁。

〔註150〕 《烏魯木齊雜詩》，《歷代西域詩鈔》，第 107 頁。

〔註151〕 同上，第 107 頁。

長釀造紹興酒，當地人稱爲代（戴）酒。祁韻士稱讚戴酒：「梨花淡白入杯香，十字簾前下馬嘗。轟飲不防爭拇戰，豈知清絕紹興良。」自注：「味薄，代人所造，固有此名。」〔註 152〕低度酒適宜南方文人的需求，烈性酒則吻合北方文人的嗜好。因爲新疆的酒種類繁多，無論出仕或遣戍的文人源自何地，總能找到適合自己口味的酒。閑暇郊遊時，文人常帶酒助興，「城西茂林無際，土人名曰樹窩，坤同知因建秀野亭。二、三月後，遊人載酒不絕」〔註 153〕。

　　桑落酒。待桑葚熟後採摘、曬乾、釀酒，稱爲桑葚酒。蕭雄曾記「又聞桑葚亦可釀酒」，看來他並未品嘗過此酒。陳庭學與友人曾品嘗桑落酒，並作詩記之：「小飲歡如釀，茲亭興倍嘉。怡神桑落酒，出色米囊花。」〔註 154〕方希孟《息園詩存》中提到桑落酒：「玉碗銀箏桑落酒，高燒蠟炬讀陰符。」〔註 155〕蕭雄記錄了桑落酒名稱的由來，「有桑落酒，相傳熟於桑落之辰，因以爲名。又云：『論者不知地有桑落河，是桑落乃地名，非時也。』余謂桑落之名，或因俟桑子落下，取以釀酒亦可」〔註 156〕。椿園曾生動地描述維吾爾人飲桑葚酒的景象：「夏初桑葚熟，回人取以釀酒，家各數石，男女於樹蔭草地或果木園中，歡然聚飲，酣歌醉舞，徹夜通宵。」〔註 157〕據椿園的描述，是否眞的徹夜通宵不得而知，可知的是桑落酒頗受歡迎。新疆各地盛產桑葚，尤其回疆的桑葚長寸餘，但是待其熟後自落拾取麻煩，且桑葚不容易晾曬，所以用桑葚釀酒，不屬於常酒。

　　葡萄酒。新疆文人中蕭雄是懂酒之人，見多識廣，他不但詳細記述了新疆酒的種類及釀製方法，而且對酒的品質做了比較，「最上之品，莫如葡萄所釀」〔註 158〕。葡萄酒初釀成時，色綠味醇。若再蒸再釀，則色白而猛烈矣，性甚熱，飲之可除寒積之症。祁韻士作詩讚美葡萄酒是瓊漿玉液：「紫漿凝處似瓊膏，玉露垂涎馬乳高，風味宜人留齒頰，那隨桑落釀仙醪。」〔註 159〕除自釀酒，文人也可隨處買到酒坊的酒。「燒酒坊和油坊遍佈於全邊區大小城鎮

〔註 152〕《代酒》，《清代詩文集彙編》第 429 冊，第 719 頁。
〔註 153〕《烏魯木齊雜詩》，《歷代西域詩鈔》，第 119 頁。
〔註 154〕（清）陳庭學：《塞垣吟草》，《清代詩文集彙編》第 395 冊，第 389 頁。
〔註 155〕《塞上雜感十八首》，《清代詩文集彙編》第 739 冊，第 737 頁。
〔註 156〕《西疆雜述詩》，《歷代西域詩鈔》，第 296 頁。
〔註 157〕《西域聞見錄》卷 7《風俗》，第 4 頁。
〔註 158〕《西疆雜述詩》，《歷代西域詩鈔》，第 297 頁。
〔註 159〕《蒲萄》，《清代詩文集彙編》第 429 冊，第 718 頁。

乃至農村。釀酒業比較發達的地方是漢族聚居的地區。」〔註160〕

　　新疆地處極邊，對遠離中土的文人而言，無論宴會之樂、離別之情、邊塞之感、慶賀佳節，美酒佳釀即是文人排遣憂思之物，也是文人雅集時的推波助興之物。文人在戍地的詩文中多見飲酒的場景：裴景福在《河海崑崙錄》中記載了途經哈密開懷暢飲，「更與偎郎彈一曲，不辭爛醉住伊吾」〔註161〕。伊吾是哈密的古稱，偎郎代指維吾爾族青年；黃濬在戍地「長醉臥輪臺，何者為麋羈」〔註162〕；袁潔自認為是烏魯木齊詩壇的盟主，詩云：「執來牛耳我何堪，吟興顛狂酒興酣」〔註163〕；莊肇奎「常憑薄醉消羈況，恰倚孤篷看夕陽。」〔註164〕深受儒家思想教化的文人，詩中對飲酒進行藝術誇張，實際上飲酒是有禮有度的。「一般說，漢族人是有節制的人……即使是知己朋友聚會，酒席上比平時喝得多一點，那也比較克制有禮」〔註165〕。飽讀詩書的文人即使飲酒微醺，也呈現出詩意自遠的心靈狀態。

　　清末，因為西式餐飲的盛行，新疆的漢族官員、士紳等社會上層人士接觸到洋酒，並以此為金貴。溫世霖是清末思想革新的文人，著西裝、吃西餐、飲洋酒、住洋房，諸事傚仿西洋。1910年，他晚年補記流放到戍地時，「新省所售之外國酒極貴，啤酒每瓶銀二兩，香檳酒大瓶者每瓶十四兩。交通不便，洋貨之價值奇昂」〔註166〕。1906年，馬達漢赴葉爾羌官員的宴會上，「洋酒品種有白蘭地、甜酒、熱香檳酒等」〔註167〕。文士飲酒多為帶有審美意義的「閒飲」，其中所含的「飲趣」，正是飲酒休閒的妙處所在，體現了真正的休閒精神。飲酒與休閒，更是水乳交融，相得益彰。

第三節　閒適居所

　　多數新疆文人居所的建築，雖然沒有富紳碧瓦朱薨般豔麗，雕欄玉砌的

〔註160〕《長城外的中國西部地區》，第152頁。
〔註161〕《清代西域詩研究》，第262頁。
〔註162〕（清）黃濬《由哈密抵烏魯木齊一千六百里，循前玉門至哈密之例，薈而成詩，蓋至烏魯木齊，而西行之行畢矣。烏魯木齊今為迪化州》。
〔註163〕《清代西域詩研究》，第265頁。
〔註164〕（清）莊肇奎：《伊犁紀事二十首，效竹枝體》，《清代詩文集彙編》第363冊，第39頁。
〔註165〕〔俄〕尼·維·鮑戈亞夫連斯基：《長城外的中國西部地區》，第156頁。
〔註166〕《崑崙旅行日記》，天津：天津古籍出版社，2005年，第154頁。
〔註167〕《馬達漢西域考察日記（1906～1908）》，第58頁。

華美，但是在細微處，仍可見文人生活的細緻與用意的精巧。清代新疆漢族
文人的傳統民居為平房，房屋建築材料以土木或磚木為主。房屋的建築風格
大體與陝甘地區相似，而建築材料與同期內地有所不同。新疆乾旱少雨，「磚
瓦皆雜沙礫，易於碎裂」，所以房屋「皆作瓦屋形而覆以土，歲一圬之。」
〔註168〕每年雪後春天，在屋頂塗一層泥，謂之「上房泥」。祁韻士形容新疆
的泥屋結實耐用，「邊隅雨少四時乾，白屋稀逢片瓦看。大雪壓廬深數尺，
呼兒卻掃若盤安」〔註169〕。

一、築室雕窗：「雲母窗櫺片片明，往來人在鏡中行」

　　無論官員或戍人居所的式樣及布局大致相同：院落一般是三開間房，正
房對著大門。大門左右兩邊是對稱的廂房，與正房成直角。每間房屋進門的
這面牆壁是糊著白紙的木格牆，前牆上用白紙糊的木條花格窗好像花邊一
樣。清代新疆漢族文人的房屋大致都是這種布局，區別僅在於大小和雕飾圖
案的精美。屋中有炕，吃飯睡覺和接待客人都在炕上。富有的官員家中，炕
像客廳一樣，鋪著土耳其斯坦地毯。

　　富裕的文人家的居所是相當漂亮的，用「雕鏤窗櫺彩畫椽」裝點生活
〔註170〕，雖不及內地官宦士紳宅院飛閣流丹、美輪美奐，但窗櫺與屋簷的裝
飾就地取材，卻也別具一格。新疆盛產雲母，「土人謂之寒水石，揭以糊窗，
澄明如鏡。」〔註171〕正如紀昀描述，「雲母窗櫺片片明，往來人在鏡中行」
〔註172〕。窗櫺上鑲有片片雲母，行人身影映在上面，像在鏡子裏行走。居
室內的裝飾和同時期內地漢族人家的居室相似。凱瑟琳·瑪嘎特尼去喀什噶
爾漢族官員家做客，她描述屋內裝飾，「這裡的一切都是紅色的：家具深紅
色，墊子則是亮紅色的。牆上掛著兩三幅字畫，屋子裏還有幾個美麗的花瓶」
〔註173〕。清代新疆漢族官員家中裝飾風格大致相同。馬達漢描述葉爾羌撫
臺官邸後院，「院子多是青色方磚鋪地，中央砌有花壇。屋內的家具陳設多
莊嚴氣派：在客廳的一扇窗戶前面，擺著一張發亮的紅木高桌……弔櫃上放

〔註168〕《烏魯木齊雜詩》，《歷代西域詩鈔》，第101頁。
〔註169〕《泥屋》，《清代詩文集彙編》第429冊，第719頁。
〔註170〕同上，第101頁。
〔註171〕同上，第111頁。
〔註172〕同上。
〔註173〕《外交官夫人回憶錄》，第84頁。

著花瓶、鏡子或者座鐘之類的東西。另一面牆邊一般都有一張小方桌，方桌兩邊都有一張靠背椅子，椅子的扶手和靠背是用紅木椿子鏇成的，椅子上還放著呢料座墊。另一面牆邊沒有桌椅，牆上掛著幾幅條幅，條幅上用朱砂寫著一些字」〔註174〕。從居室的精雅與否可以體現出主人的品位高低。

文人的居處不一定豪華，但一般都是獨門小院，幽靜清雅。文人喜歡以雅號命名居所。楊廷理將居所命名為「五柳園」。他曾作《五柳園漫興六首》，分題為：《曲院蒔花》、《南窗柳翠》、《方池泛鳧》、《小圃新蔬》、《據梧學書》、《夜月獨釣》。由分題可知其家居生活之大概。洪亮吉抵惠遠城當日，伊犁將軍分西城官墅一所，他將正室命名為「環碧軒」。環碧軒如其名，綠樹掩映，「前後左右高柳百株，亭午幾不見日色。環碧軒下溝水四周，朝增夕減，有如潮汐。比鄰歸方伯，沼中蓄魚百頭，每逆水而上，游泳堂下」〔註175〕。黃濬初戍迪化，將租住的寓所命為「四素堂」。他的居所雖簡卻不失生活情趣，「檢點琴書理畫叉，暫安臥具即為家。粉青細葉鵝黃蕾，斜插銅瓶沙棗花。」〔註176〕林則徐的戍所在伊犁惠遠南街鼓樓前東邊第二條巷，亦名寬巷。從住址可知身居繁華之地，能養鳥、養鶴、養魚，說明居住是比較寬敞的。溫世霖的戍所是迪化的金育才公館，「房屋寬敞，光線充足，房外迴廊環繞，院中花木扶疏，又有清渠一道，小橋通焉。窗對博克達山，山頭終年積雪，每風雨晦明，雲影山光，時時變幻，快人胸臆」〔註177〕。文人無論身居何處，總能以山水為美，以草木為景，閒覽詩書，修養身心。

二、構園造景：「萬斛黃沙都不染，雪山孤潔是吾鄰」

新疆雖處邊塞，荒蕪之中亦有綠洲。伊犁、烏魯木齊都是榆柳成蔭，清流環繞的綠洲。身居自然美景中的文人尤為珍視園林的構築。居室的精雅與否可以展現主人的文化品位，文人居所因此被賦予了一層審美意義。文人堆山置石、鑿池引泉、移栽花木、構置亭臺的構園過程不僅是造景，更是融入文人的思鄉情愫、審美趣味、隱逸心態，蘊含著文人生活的情趣。

文人之中，屬莊肇奎最潛心於構園築室。他在伊犁戍所「署之西偏闢荒

〔註174〕《馬達漢西域考察日記（1906～1908）》，第54頁。
〔註175〕《洪北江全集》第8冊《天山客話》，第4頁。
〔註176〕《掃室口號》，《清代西域詩研究》，第239頁。
〔註177〕《崑崙旅行日記》，第165頁。

蕪，以蒔花。甚茂。築屋如舫，暇時每以小憩焉」〔註178〕。莊肇奎有長詩記構園：「荒畦初闢斬然新，扶杖吟探小圃春。病叟種花天一角，虛航受月影三人。葦籬草長盤空縷，柳沼風低簇細鱗。萬斛黃沙都不染，雪山孤潔是吾鄰。」〔註179〕「坐來消受午風涼，一道新渠半畝塘。春水劃分花柳界，雨窗探煮豆蔬香。常憑薄醉消羈況，恰倚孤篷看夕陽。便擬浮槎漢天上，凌風直下到江鄉。」〔註180〕開闢園圃，鑿渠引水，最精妙的是在池邊修築船屋，用鮮花裝點船屋，「罌粟大於紅芍藥，好花笑被舫亭收」〔註181〕。莊公在《西圃秋華行》中也有記述：「我於西域築西圃，廨左穿渠闢荒土。春分吹畦百卉腓，不若爛漫明秋塢。」〔註182〕莊肇奎在構園築室的閒情逸致中排解了寂寥的時光，有時陶醉其中，甚至想像著乘船東歸故鄉洪亮吉記「伊犁南北山石皆可採以飾池館，然皆直上無致似內地石，筍之劣者。」〔註183〕伊犁山石雖無怪石嶙峋之韻，卻見陡峭筆直之勢。「金圃平疇繞小溪，石山斜壘菜花西」〔註184〕，可見，伊犁文人構園時修葺假山裝飾花池可就地取材。

　　道光二十五年（1845）丙午（3月22日），林則徐奉命赴南疆勘察地畝，到庫城時，受邀客居犂南山的新署內宅。官署後有園林，廣數里。「園有巨池，池中水樹數楹，曰『環碧堂』，余與甫山乘舟至彼坐談。柳眉已青，桃杏將花，不意回疆有此風景。」〔註185〕從描述可知，此園林佔地數里，規模很大，園中水池有軒樹多處，可泛舟池中，觀賞桃杏爭春，楊柳吐翠的景致，令人心曠神怡。林則徐經孚化辦事大臣官署，在日記中記載，「其署後有小園，多臥柳，璧星泉在此辦事時，題曰『醉柳園』」〔註186〕。麟魁任烏什辦事大臣時，作《醉柳園》七律二首〔註187〕，詩中綠樹、黃亭、白柳、紅杏，眼前所見亭臺、清泉、遊船，遠處可見酒館、廟宇、山峰，紅綠黃白，

〔註178〕《伊犁紀事二十首，效竹枝體》，《清代詩文集彙編》第363冊，第51頁。
〔註179〕同上，第39頁。
〔註180〕同上。
〔註181〕同上，第51頁。
〔註182〕同上，第41頁。
〔註183〕《洪北江全集》第8冊《天山客話》，第8頁。
〔註184〕《伊犁紀事二十首，效竹枝體》，《清代詩文集彙編》第363冊，第50頁。
〔註185〕《林則徐全集》第9冊《乙巳日記》，第544頁。
〔註186〕同上，第549頁。
〔註187〕《醉柳園》見載於《新疆孚化志略》。

近景遠景，相映成趣。北疆多高大的榆槐，柳至難長，罕見高丈餘者：「槐榆處處綠參天，行盡青山未到邊。只有垂楊太嬌稚，纖腰長似小嬋娟。」〔註 188〕醉柳園多臥柳，其一說明南疆的氣候適合柳樹的生長，其二可見地方官府對官署園林的栽培與呵護。

　　除了私家園林，另有官府出資與私人捐修合力構築的園林。烏魯木齊城西有一片茂密的原始森林，「樹林綿互數十里，俗稱之『樹窩』」〔註 189〕。茂林樹海中有一個湖沼，俗稱「海子沿」。新疆建省後，劉錦棠擴修迪化，深挖疏濬湖沼，從湖南引進觀賞魚、荷花裝飾湖中。此湖水明澈如鏡，命名為「鑒湖」。「鑒湖」取莊子「鑒於止水」和朱熹《觀書有感》中「半畝方塘一鑒開」之句，從命名立意可見烏魯木齊文人的文化涵養深厚。1889 年，張蔭桓遣戍烏魯木齊，他於鑒湖南面的小島捐修二層樓閣。「鑒湖在迪化府西關外，湖中有閣，爲前清侍郎蔭桓所建，周種翠柳，外有長河及石戈壁。盛夏清涼，居之忘暑」〔註 190〕，小樓臨水而居，朱簷碧頂，構造玲瓏，命名為「水閣」，又稱「鑒湖閣」。後來，這裡成爲公共的休閒場所，如今這裡是烏魯木齊的人民公園。清代漢族官宦士紳喜愛園林，以園林自遣的風尚影響了滿族。新疆建省以前，遣戍迪化的清室貴族明亮在烏魯木齊河畔修築亭臺樓閣，又廣植花木，園林取名「明慧園」。輔國公載瀾遣戍迪化期間，生活淫奢靡。爲夏日避暑遊宴，特在水磨溝依山傍水修建了別墅亭榭，並將亭子題額曰「依斗亭」。

　　清代新疆文人的園林，是自然美與建築美的融合，一草一木，一山一石，都蘊含著文人對構園詩畫般的情趣和含蓄的意境。「會芳園」爲賞花之地，「鑒湖閣」爲觀魚之處，「環碧軒」爲詩書之室，「香雪廊」爲踏雪之所，如此詩情畫意的空間，自然成爲了文人雅士休閒靜思的理想之地。

第四節　得閒遊賞

　　塞外景致美不勝收，雄峰奇石、青松萬樹、碧澗千層、雲影日輝，堪稱人間仙境。文人閑暇時，登山臨水、憑欄遠眺、連轡遊園，於是攬景會心，

〔註 188〕《烏魯木齊雜詩》，《歷代西域詩鈔》，第 111 頁。
〔註 189〕《閱微草堂筆記》卷三《樂陽消夏錄》三，第 143 頁。
〔註 190〕轉引自周軒：《清代新疆流放名人》，烏魯木齊：新疆人民出版社，1994 年，第 245 頁。

高朗其懷，曠達其意，在領略山川和古蹟之美的同時，陶冶了性情，休養了身心，豐富了休閒生活。

一、登山臨水：「紅山之下何所有？煙樹村莊圍繡畝」

新疆的夏季是遊山賞水的好時節。夏季城中炎熱，郊外青山碧水、分外幽靜涼爽。新疆的文人醉心於山水，每逢風和日麗，友人相邀，一覽風景之勝。從文人的登臨之作，可知曉文人登山臨水，時時懷抱自然、享受自然的閒適心境。

1. 紅 山

紅山聳立於烏魯木齊河的東畔，因山體岩石呈赭紅色，色若晚霞，故名「紅山」。紅山雄偉俊秀，是文人們登高遠眺的佳地。蔣業晉登紅山俯瞰，烏魯木齊一派祥和的景象，「戰伐今銷歇，憑高灑酒論」〔註191〕，山泉滋潤土地，山下屯田稠密。雖漂泊異鄉，但烏魯木齊安定富足的景象使人暫時忘卻煩惱，樂享美景。

顏檢與成林遊紅山，作詩《與成漪園中丞遊紅山》，「披衣來清風，初夏散清景。此心一無思，結懷向幽靜」〔註192〕，初夏時節，清風徐來，心無所思，靜享幽靜。欣然登紅山，「嵐氣浮遙林，雲容冪翠嶺。灘頭漱溪聲，樹下翻禽影。小室展盧窗，清談酌苦茗」〔註193〕，紅山雲氣蒸騰，溪水潺潺，綠樹氤氳，鳥語花香。顏檢與友品茗清談，拋開塵事，這種幽靜雅閒令人發出感慨，「但使心境閒，殊覺天趣永」〔註194〕，一掃心中的愁苦，「吾生終行休，雲山更引領」〔註195〕。從顏檢的詩作可知，他不止一次登山臨水，詩作描述地點也有所不同，「登山不扶筇，攝衣仍闊步」〔註196〕，「千澗匯崖谷，雙橋聽潺湲」〔註197〕，都是登山臨水，描摹寫景的佳作。

黃濬遣戍烏魯木齊期間，對紅山情有獨鍾。眾多登臨紅山的文人詩作中，尤以黃濬的兩首長詩最為著名。黃濬不止一次登紅山，並將遊歷見聞「聚

〔註191〕《出塞草》，《清代詩文集彙編》第365冊，第70頁。
〔註192〕《清代西域詩研究》，第226頁。
〔註193〕同上。
〔註194〕同上。
〔註195〕同上。
〔註196〕《衍慶堂詩稿》卷4《清代詩文集彙編》第446冊，第279頁。
〔註197〕《出城望紅山》，《清代詩文集彙編》第446冊，第274頁。

葉爲薪，積葉成屋」薈萃彙集，冠名爲《紅山碎葉》。黃濬詩作中有多首詩詞與紅山有關，如《望紅廟次韓昌黎山石韻》、《迪化州紅山》、《二月十三日赴漢城過紅山嘴》、《紅岫疊霞》、《晴雪戲占》、《辛丑花朝過漢城途中口占》等。黃濬對紅山之美極盡描寫，可謂極爲用心。

烏魯木齊的智珠山也是文人相聚、登高、遊賞之地。智珠山與紅山僅一河之隔，山上建有祭神的八蠟廟和納涼的來青閣。黃濬受迪化知縣嵩山（字峻亭）之邀曾在此遊賞，並作詩《六月九日，嵩峻亭明府邀宴智珠山來青閣，長句紀事》。贊智珠山此處回欄環繞，草木繁盛，「夏月之宴，無有蓋於此者」〔註198〕。欣賞了來青閣的壁畫、楹聯，登高東望天山，「雲開日出天宇空，一道雪山來自東」〔註199〕，而俯看山下人煙稠密，「煙樹村莊圍繡畝」，綠蔭河灘，車水馬龍，「十里長灘濃綠中，轔轔車馬灘前走」〔註200〕。黃濬與友人「近眺遠望」，心曠神怡，從「擊節南音」、「歌殘酒罷」還以絃歌助興，賓主共擊節，可看出登臨宴飲的場面有琴瑟相伴，共詩酒人生，令詩人不禁陶醉其中，「一醉雲山一高詠，不知此地是他鄉」〔註201〕。黃濬不由觸景生情，傷感自身如若飄蓬，唯有借酒澆愁，「身世浮雲俱莫計，勿負主人觸屢遞。當歌對酒謝塵情，千古愁銷揮手際」〔註202〕。

文人一般登山休閒都在夏季，山中涼爽。周珠生在文人中比較年輕，他登山休閒更富於冒險性，他在《駐雪山下並引》的「引」云：「駐兵雪山下，令獸醫遍唉以藥，二日始畢，因與同儕乘閒入山深處，探取雪蓮，搜尋雪蛆，並得一鹿」。周珠生作爲隨軍幕僚，比一般文人多了幾分英武之氣，冒著冰雪嚴寒，登雪山採雪蓮，沿途所見滿目奇異。

除了上述遊覽地，天池、葡萄溝也是烏魯木齊文人避暑的勝地。嚴金清有詩序曰：三月二十九日，偕徐漢卿、易念堂、劉伯藎、陳晴陔諸大令，黃慶生副戎，策馬出城二十里遊葡萄溝，其地山環水抱，柳暗花明，葡萄尤爲其土產，蔓生隴畔，十餘里無隙地，同人登農家小樓，茶話眺覽，至足樂也，歸而賦之。南山雖然距城稍遠，但景致怡人，林木蔥鬱，飛流潺潺，幽靜涼爽，也是文人納涼賞山水的好去處。

〔註198〕《清代西域詩輯注》，第383頁。
〔註199〕同上。
〔註200〕同上。
〔註201〕同上。
〔註202〕同上。

2. 溫　泉

「水磨溝」是烏魯木齊又一林泉勝景。位於東郊的水磨溝青山碧水，溫泉四季常流。夏日的水磨溝綠蔭掩映，清涼幽靜，倍受文人墨客青睞。早在乾隆年間此地已設官辦和民辦水磨，水磨溝由此而得名。紀曉嵐曾遊覽並沐溫泉浴，「界破山光一片青，溫暾流水碧泠泠。遊人倘有風沂興，只向將軍借幔亭」〔註 203〕。當時水磨溝的溫泉是露天的，如泡溫泉需要支帳幔以便更衣。史善長曾與諸友人游水磨溝，有詩「塞上山多卻少水，聽說水字心先喜，車馬聯翩五六人，路逕逶迤三十里」〔註 204〕。此時的水磨溝不但有了水磨，洗浴還有了臺館，「添修臺館供遊宴，六六闌干亭八面」〔註 205〕。文人攜酒果在此地遊玩，「酒醴本來攜野樏」〔註 206〕，綺麗的風光令人心曠神怡，不禁感歎時光短暫，「勝地流連日易斜」〔註 207〕，意猶未盡。道光四年（1824），金德榮游水磨溝所作《水磨泉詩》，詩後有注：「居之屋，協領所賃。」〔註 208〕說明此時水磨溝已有供遊人租賃的房屋。

道光十六年（1836）成瑞遊覽水磨溝，作長題詩《博克達山之麓，有溪出焉，迤邐北流，越烏垣鄙人峽，俗名水磨溝是也。峽左有泉，湧穿石隙，會小泉數十道，下注大溪，溪岸嘉樹蘢蔥，野花錯雜，橋堤樓榭，位置天然。不意荒陬得此佳境，因賦詩以紀之》，感慨「當此秋氣清，身心澹無欲」〔註 209〕。17 年後的秋天，楊炳堃暢游水磨溝，流連忘返，作長題詩《孟秋三日，迪化州朱介石刺史同年朝玠招集同人暢詠水磨溝，流連竟日，詩以紀之。用成輯軒〈薜荔山莊集〉中韻》。光緒二十八年（1902），輔國公載瀾流放烏魯木齊時，在水磨溝依山傍水修建了別墅亭臺，「招烏魯木齊文武官員避暑遊宴，並將亭子題額『依斗亭』」〔註 210〕。載瀾好附庸風雅，經常邀約當地的官吏和文人墨客在依斗亭舉行宴會。席間，飲酒、弈棋、吟詩、觀賞歌舞，悠閒自在。清末，水磨溝已成為娛樂休閒場所。

〔註 203〕《烏魯木齊雜詩》，《歷代西域詩鈔》，第 96 頁。
〔註 204〕（清）史善長：《同彭桐莊員外、顧渚木、茶中翰、那晉堂、毓子敏諸公子游水磨溝》，《歷代西域詩鈔》，第 255 頁。
〔註 205〕同上。
〔註 206〕同上。
〔註 207〕同上。
〔註 208〕《清代西域詩研究》，第 265 頁。
〔註 209〕同上，第 247 頁。
〔註 210〕《清代新疆流放名人》，第 259 頁。

二、憑欄遠眺：「趁得南山風日好，望河樓下踏春歸」

伊犁河北岸，惠遠城南門外龍王廟前，有眺望之所曰「鑒遠樓」。乾隆四十年（1775），時任伊犁將軍的伊勒圖督建鑒遠樓，並爲之題匾「鑒遠」。鑒遠樓臨河而立，徐松在《西域水道記》云：「臨河有高樓，紅欄碧瓦，俯瞰洪濤，糧艘帆檣，出沒其下。南山雨霽，沙市雲開，酒樓茶鎗，賦詩遣悶，蒼茫獨立，興往悲來。」〔註 211〕鑒遠樓曾是惠遠城滿、漢文人登臨觀景、集會吟詩的名勝。惠遠城內的達官顯宦、文人墨客，莫不以登樓望遠、飲酒賦詩爲閒逸之事。

1. 鑒遠樓

伊犁文人多於此宴飲觀景，抒發感慨。許多伊犁文人的詩文中都提到「鑒遠樓」。莊肇奎在伊犁生活長達八年，數次登鑒遠樓。莊肇奎的詩中，有五首寫登鑒遠樓：《薄暮登鑒遠樓感賦》、《次韻陳蕚涘同人招飲鑒遠樓》二首、《次韻德潤圃秋日登鑒遠樓作》、《奉和伊顯亭將軍登鑒遠樓元韻》。從詩中看，有初春「寸草有心依萬里，五雲佳處望春臺」〔註 212〕，亦有秋天「懶從小圃對秋芳，卻上邊樓望夕陽」〔註 213〕。詩人與友登樓遠眺，憑欄觀景，飲酒、品茗，賞樂。伊犁河境界開闊，氣勢恢宏，文人「烹茶落葉石泉香」〔註 214〕，且聽「倚樓有客吹羌笛」〔註 215〕，於蒼茫中體味一種閒雅。

鑒遠樓是文人靜默遐思，登臨遠望、寄託思鄉之情的地方。從文人登鑒遠樓唱和疊韻之作，可知文人除獨自登樓靜默獨處之外，很多時候相約登樓。乾隆四十六年（1781），陳庭學曾與友人共登樓，感慨遇人生知己，談笑風生並詩興大發，作詩《同人登鑒遠樓次韻》二首。除登臨遠眺即興賦詩，陳庭學還和詩、《同人邊樓偶眺五疊前韻》、《奉和奎元戎鑒遠樓題壁韻二首》；嘉慶元年（1796），舒敏登鑒遠樓，作詩《登鑒遠樓》；嘉慶二年（1797），流放伊犁的舒其紹，在《伊江塘工紀事》詩下注云：「地有鑒遠樓諸勝。」〔註 216〕

〔註 211〕轉引自周軒：《伊犁將軍府：國家統一的歷史見證》，《新疆人文地理》，2010年，第 3 期。

〔註 212〕（清）莊肇奎：《薄暮登鑒遠樓感賦》，《清代詩文集彙編》第 363 冊，第 35 頁。

〔註 213〕《次韻德潤圃秋日登鑒遠樓作》，《清代詩文集彙編》第 363 冊，第 36 頁。

〔註 214〕同上。

〔註 215〕（清）莊肇奎：《次韻陳蕚涘同人招飲鑒遠樓二首》，《清代詩文集彙編》第 363 冊，第 38 頁。

〔註 216〕《伊江塘工紀事》，《清代詩文集彙編》第 403 冊，第 344 頁。

2. 望河樓

「惠遠城南有望河樓，面伊江，爲一方之勝。」〔註217〕在清代滿、漢文人的詩歌中，也多次提及登臨「望河樓」，其中有兩首詩比較有代表性。嘉慶七年（1802），舒其紹流放伊犁，數次登樓，有詩「長夏消無計，高樓幾度過」〔註218〕；陳寅作《望河樓》，「兵氣消邊塞，瓊臺載酒過」〔註219〕；嘉慶初年，洪亮吉也曾踏青登樓，留詩「趁得南山風日好，望河樓下踏春歸」〔註220〕；楊廷理在望河樓憶昔撫今，留詩「據石曾觀海，憑欄又望河」〔註221〕；重陽節時，雷以誠曾與伊犁將軍、戍客一同登樓飲酒，作詩《重陽日哈模亭都護邀赴望河樓登高，奉陪札將軍、法參贊各領隊大臣及同戍諸公午飲》。夕陽西下的黃昏，紅日、長河、樓閣構成塞外開雄渾、壯麗的風光，文人把思鄉孤寂的情緒融入這廣闊的風景中。

從文人觀樓的詩文看，望河樓與鑒遠樓同時期存在。兩座樓同在惠遠城南，面伊犁河。學者齊清順推測：「詩文中可以看出，望河樓與前述鑒遠樓一樣，同樣是當時當地的一大名勝，是流放在惠遠城的滿、漢文人們經常登臨、抒發情感、寫詩作文的地方，而且兩者可能還相距不遠。」〔註222〕實際上，望河樓即是鑒遠樓，二者爲同一樓。舒其紹在《聽雪集》卷4有記載：「望河樓即鑒遠樓，在大河北岸，碧樹周圍。雪峰環擁。亭臺上下，草木芬芳，爲伊江勝遊之所。」〔註223〕蓋因伊犁將軍伊勒圖督建此樓，題額曰「鑒遠樓」，俗稱「望河樓」。道光二十三年（1842），林則徐流放伊犁，曾在日記中載：「早晨吟仙、子期來，留與共飯，飯後五人同出南關，觀伊犁河……前此河濱龍王廟有望河樓，道光癸巳（1833）大水，廟與樓俱潰入河，遂於河北百餘丈外復建龍王廟，是日亦至廟中一觀。」〔註224〕道光年間，此樓被河水沖毀，不復存在了。伊犁文人們少了一個休閒好去處。

〔註217〕（清）洪亮吉：《伊犁紀事詩四十二首》，《清代詩文集彙編》第414冊，第116頁。

〔註218〕（清）舒其紹：《伊江塘工紀事》，《清代詩文集彙編》第403冊，第344頁。

〔註219〕（清）陳寅：《向日堂詩集》，《清代詩文集彙編》第398冊，第685頁。

〔註220〕（清）洪亮吉《天山客話》，第9頁。

〔註221〕（清）楊廷理：《登望河樓》，《清代詩文集彙編》第418冊，第542頁。

〔註222〕齊清順：《清代詩歌中伊犁惠遠城趣事逸聞》，《西域研究》2011年第1期，第123頁。

〔註223〕《伊江雜詠·望河樓》，《清代詩文集彙編》第403冊，第377頁。

〔註224〕《林則徐全集》第9冊《癸卯日記》，第510頁。

三、連轡遊園：「秀野亭西綠樹窩，杖藜攜酒晚春多」

1. 遊綏園

綏定城的名園「綏園」在綏定城總兵署後，為達官貴人往來下榻處。嘉慶五年（1800），清代學者洪亮吉戍伊犁惠遠，曾遊覽綏園並讚歎：「自嘉峪關至伊犁大城萬一千里，所見園亭之勝以綏定城總兵官廨為第一。荷池至五六處，皆飛樓際閣，繞之老樹數百株，皆百年以外物。蒙古訥總鎮乞余題額，余名之曰『香遠堂』，又題門榜曰『會芳園』。」洪亮吉稱讚會芳園環境幽靜涼爽，「戟門東去水潺緩，山色周遭柳作垣」，會芳園水流潺潺，群山環繞，垂柳如屏，難怪洪亮吉認為，「日戾馬行三十里，納涼須住會芳園。」〔註225〕

林則徐流放至伊犁，途經綏定城，受到副總戎的接待。曾在綏園留宿，但實值冬季，不是欣賞綏園景致的最佳時機。待次年四月，林則徐及兩兒受福澤軒總戎邀約前往綏園遊園。林則徐、三子、四子、鄧廷楨、鄧子期、常靖亭一行六人同遊綏園。「日來桃杏已謝，梨花正盛，其密者如關內繡球；平婆果花亦正開，紅白相間，似西府海棠。」〔註226〕福澤軒設宴，七人共席。飯罷復共赴其城東，略觀水木之勝，未刻別歸。這天天氣晴好，眾人遊興正濃，「歸途經霍氏園林，停車小憩」〔註227〕，「又繞赴錫氏園，見芍藥新叢，抽莖已將滿尺」〔註228〕。直到晡時才入東門回寓所。

陳寅也曾遊覽綏園，將綏園比作世外桃源，「不識遐荒境，邊屯亦有園。溪中見蓬島，林外認桃源。」〔註229〕微風吹拂楊柳，蓮花顫動「楊柳風前舞，芙蓉露下翻」，如此美景，詩人認為不需要任何粉飾，「何須金彩飾，雅勝樂遊原」。綏園面積很大，水陸相間，亭臺倒映「一水通溪路，雙橋夾鏡開，山光穿日月，池影倒樓臺」，庭園濃翠疊碧，蝴蝶飛鳥被吸引而來，「林密禽方聚，花繁蝶自來」，全詩一派生機勃勃的景象。舒其紹遣戍伊犁時居綏定城，曾作《綏園雜詠》組詩〔註230〕。看來，風景秀麗、清涼幽爽的眾芳園是當時達官貴人、文豪學士遊覽的首選地。

從林則徐的日記得知，伊犁文人常以遊園賞景消遣。「慶參贊於署中園亭

〔註225〕《天山客話》第 12 頁。
〔註226〕《林則徐全集》第 9 冊《癸卯日記》，第 515 頁。
〔註227〕同上。
〔註228〕同上。
〔註229〕《向日堂詩集》，《清代詩文集彙編》，第 398 冊，第 701 頁。
〔註230〕參見《聽雪集》，《清代詩文集彙編》第 403 冊，第 373 頁。

廟宇俱加修整，是日懸掛匾對，招往宴遊。」〔註231〕又見，「初四日，丁未（2月2日）。晴。嶰翁遣子期來，邀往東城外觀錫家藥花園，遂與兩兒同至嶰翁處吃麵，六人聯轡出遊」〔註232〕。

2. 遊西亭花塢

　　烏魯木齊漢城西的河灘對岸建有小亭，此地花草繁盛，被稱爲輪臺一景「西亭花塢」。紀昀多次提到此處：城西老木參雲，茂林無際，彌亙數十里，地名「快活林」，俗稱「樹窩子」。千章蔽日，雜花掩映，草徑如繡。插槿爲籬，置門樓，鋪石徑。又建正側屋各三楹，爲習射遊息之所，於湖邊建一亭，名其亭曰「秀野」〔註233〕。紀昀作詩記遊，「秀野亭西綠樹窩，杖藜攜酒晚春名。譙樓鼓動棲鴉睡，尚有遊人踏月歌」〔註234〕。可以想像遊人絡繹不絕、攜酒踏青之盛景。城中譙樓已響鼓聲，烏鴉已回樹棲息，但仍有人在此地賞月歌唱，可見當時人們對此地的喜愛。紀昀不止一次遊「亭西花塢」，另有詩「山禽滿樹不知名，五色毛衣百種聲。前度西郊春宴罷，穿簾暫見是鶯鶯」〔註235〕。《閱微草堂筆記》載：「相國溫公，時鎮烏魯木齊。一日宴僚佐於秀野亭。」〔註236〕劉錦棠擴建省城時將「小湖」擴修並命名「鑒湖」，又重修老王廟，此地由天然茂林修葺成爲園林。每年端午，人們都要到此採沙棗花和艾葉，並在清泉旁邊浣洗。陰曆的六月初六是龍王廟會，廟會期間，此地車馬盈門，群來遊園，炎暑已消，花草猶存，觀劇賞景，稱爲樂事。道光年間，史善長戍烏魯木齊時，秀野亭已毀，無跡可尋了，「何處秀野亭，久圮無遺趾」〔註237〕。文人遊山澤、觀魚鳥、賞春花、望秋月的休閒生活，體現了高雅清遠的生活追求，也體現出崇尚質樸、恬淡的審美風格。

〔註231〕《林則徐全集》第9冊《癸卯日記》，第518頁。
〔註232〕同上，第504頁。
〔註233〕《閱微草堂筆記》卷3《灤陽消夏錄三》，第143頁。
〔註234〕《烏魯木齊雜詩》，《歷代西域詩鈔》，第119頁。
〔註235〕同上，第115頁。
〔註236〕《閱微草堂筆記》卷12《槐西雜誌二》，第839頁。
〔註237〕《到烏魯木齊》，《歷代西域詩研究》，第253頁。

第五章　清代新疆文人休閒生活考（下）

　　清代新疆文人的悠閒，無論是詩書吟詠，琴棋書畫，還是鑒花賞月，都體現出高雅的審美追求，即使慶賀佳節或是花鳥蟲魚的賞玩也極富有生活情趣。古代文人的休閒傾向於心靈世界的安逸與逍遙，於寧靜、淡泊、閒適的人生追求中體現出深厚的文化底蘊。林語堂認爲：「中國古人的雅韻，愉快的情緒，可見之於一般小品文，它是中國人的性靈當其閑暇娛樂時的產品，閑暇生活的消遣是它的基本的題旨。」〔註1〕的確，休閒生活激發了文人詩詞文賦的靈感，詩書吟詠也使得文人的休閒更顯風雅韻致，文學與休閒是息息相關的。

第一節　文學休閒

　　清代，新疆流放文人中不乏滿腹經綸的碩學之士。文學性的休閒是他們流放生活的精神寄託，這些文人留有大量記述新疆風土的詩文。清代新疆的流放文人遍佈天山南北，分散在烏魯木齊、伊犁、阿克蘇、喀什噶爾等地，但文學成就突出的名士基本集中於伊犁九城和烏魯木齊兩地。乾隆、嘉慶年間，新疆文人的代表性人物有紀昀、洪亮吉、祁韻士。道光至宣統年間，代表性人物有裴景福、林則徐、鄧廷楨、黃濬、劉鶚。儘管這些文人直接論及休閒的文字並不多，但在詩文中對休閒生活的記述如涓涓細流，可供後人逆流回溯。

〔註1〕林語堂：《吾國與吾民》，北京：群言出版社，2010 年，第 294 頁。

一、迪化文人：「一閒成就萬篇詩」

（一）乾嘉時期烏魯木齊文人的創作

乾隆、嘉慶兩朝，烏魯木齊文人的代表人物有紀昀、蔣業晉、曹麟開、邱德生、顏檢、李鑾宣、史善長。

紀昀（1724～1805），字曉嵐，一字春帆，自號石雲，又號觀弈道人，直隸河間府獻縣（今屬河北）人。乾隆十九年（1754）進士，入翰林院，改庶吉士，又授編修。歷官兵部尚書、禮部尚書、協辦大學士，加太子少保。因學識淵博、生性詼諧，又得乾隆帝賞識而名重士林。乾隆三十三年（1768），「前兩淮鹽運使盧見曾獲罪，有旨籍其家。昀與盧爲姻，漏言於見曾孫蔭恩，革職逮問，戍烏魯木齊」〔註2〕。乾隆三十四年（1769）在戍所任印務章京。乾隆三十五（1770），「庚寅十二月，恩命賜環」〔註3〕，「謫烏魯木齊，凡二載」〔註4〕。乾隆三十六年「上幸熱河，迎鑾密雲。試詩，以土爾扈特全部歸順爲題，稱旨，復授編修。三十八年，開四庫全書館」〔註5〕，任總纂官，主持編纂《四庫全書總目》。卒諡文達。生平貫徹儒籍，通達政體，爲一代碩儒名臣。

紀昀謫戍烏魯木齊期間，作《烏魯木齊雜詩》160 餘首。每首詩均爲 4句，詩下加自注。紀昀的同年錢大昕爲《烏魯木齊雜詩》作跋，評價此詩集：「讀之聲調流美，出入三唐，而敘次風土人物，歷歷可見。無鬱轖愁苦之音，而有春容渾脫之趣。」〔註6〕《烏魯木齊雜詩》以竹枝詞的形式，細緻地記述了新疆的風土人情，分風土、典制、民俗、物產、遊覽、神異六個部分。它是「我國歷史上第一部以詩歌形式寫就的有關西域風情的微型百科全書，真實地再現了十八世紀中後期西域生活畫面。」〔註7〕此詩集被輯入《借月山房匯鈔》和《紀文達公遺集》。

另著《閱微草堂筆記》。書中關於新疆的內容 90 條，《灤陽消夏錄》27

〔註2〕《清史稿》卷 320《紀昀傳》，第 10770 頁。
〔註3〕（清）紀昀：《烏魯木齊雜詩・自序》，李忠智整理，《紀曉嵐烏魯木齊雜詩詳注》，第 125 頁。
〔註4〕同上。
〔註5〕《清史稿》卷 320《紀昀傳》，第 10770 頁。
〔註6〕（清）錢大昕：《潛研堂文集》卷 4，上海：商務印書館萬有文庫本，1935 年，第 384 頁。
〔註7〕黃剛：《論清代西域邊塞詩之特色》，《上海師範大學學報》，1996 年，第 1 期，第 70 頁。

條，《如是我聞》24 條，《槐西雜誌》13 條，《故妄聽之》15 條，《灤陽續錄》11 條。這些故事大體可分為三類。第一類以迪化的瑣談為素材，借神異因果報應的故事向世人勸善。第二類收錄了奇聞軼事，難以解釋，故錄以備考。第三類記載了新疆的重要事件。如對昌吉遣犯起事始的記載屬重要的史料。《閱微草堂筆記》中戍邊的生活及奇聞異事的記載，將塞外生活、絕域風情的題材載入到小說中，極大地豐富了與拓展了中國古代筆記小說。《閱微草堂筆記》的文學價值足以證明，紀昀宏覽博聞，才華橫溢，穎敏過人。

蔣業晉（1728～？），字紹初，號立厓，長洲（今屬蘇州）人。卒年不詳，嘉慶九年（1804）尚在世。少從沈德潛遊，又從王鳴盛學詩。乾隆三十一年（1776）舉人。官至湖北黃州府同知。乾隆四十五年（1780），江南宿松縣監生徐光濟因田產糾紛，控告湖北黃梅縣監生石卓槐所著《芥圃詩鈔》有「悖逆」內容。經查，官府以書中不避廟諱和御名之罪，將石卓槐凌遲處死，家屬從坐，家產籍沒。《芥圃詩鈔》中列名校訂的蔣業晉、曹麟開無辜受牽連獲罪，謫戍烏魯木齊。乾隆五十年（1785）釋回。蔣業晉「奇懷壯志，歷困頓而不衰」〔註8〕，作有《秦遊草》、《吳廡雜詠》、《楚中吟》、《出塞草》、《歸田草》諸集，後合刊為《立厓詩鈔》。

《立厓詩鈔》分 7 卷，其中卷 4《出塞草》為西域詩，存詩 108 首。《出塞草》贈友懷人之作幾占半數，而歌頌在任官員者亦有 30 餘首。《立厓詩鈔》有當時名士多人為之序、跋和題辭。寫序者有王鳴盛、吳省欽、王昶；作跋者有吳雲、趙翼；題辭者有王昶、袁枚、許寶善、褚廷璋、孫星衍。閱讀過《出塞草》的名士對此詩卷給予極高的評價：「出入塞草邊風、金戈鐵馬間，宜其詩之感激豪宕、氣吞五嶽也。大概以杜少陵為宗，以蘇玉局為輔。各體俱佳，以七古為最。當與吳季子《秋笳集》並傳焉」〔註9〕；「氣成風雲，聲出金石，七古七律開闔頓挫，直到古人。昌黎之筆，少陵之格，東坡之才，兼而有之。主持風雅，非公誰屬？」〔註10〕可以說，評價之高到了無以復加的程度。把蔣業晉比成前賢杜甫、韓愈、蘇軾、陸游、吳兆騫，甚至超過吳兆騫。諸公所論，雖頗多溢美之辭，但也並非一味浮誇。蔣業晉師從王鳴盛，善工詩。王鳴盛稱其詩亮而能沉，瘦而能厚，自成一種風骨。加之，親歷邊塞的詩人為數不多，《西塞草》在清詩題材上更顯得別具一格。

〔註8〕　（清）王昶：《立厓詩鈔・序》，《清代詩文集彙編》第 365 冊，第 3 頁。
〔註9〕　（清）袁枚：《立厓詩鈔・題辭》，《清代詩文集彙編》第 365 冊，第 4 頁。
〔註10〕　（清）孫星衍：《立厓詩鈔・題辭》，《清代詩文集彙編》第 365 冊，第 5 頁。

　　曹麟開，字儆我，號雲瀾，安徽貴池人。生卒年不詳。乾隆三十六年（1771）舉人。三十八年，官湖北黃梅縣知縣。乾隆四十六年，因石卓槐的《芥圃詩鈔》「嫁名鑒定詩集」案同蔣業晉一起謫戍烏魯木齊。戍邊期間作《新疆題景詩》8 首，《塞上竹枝詞》30 首，《新疆紀事詩》16 首，收錄於和瑛編纂的《三州輯略・藝文》。工山水，長於巨幅，得吳鎮遺意。有《雲瀾集》。

　　《新疆題景詩》是曹麟開詩作中的佳作。這組七律詩選取新疆八景，分別以輪臺秋月、紅山曉鐘、虹橋煙柳、渌瀼晚渡、溫泉夜雨、祁連晴雪、瀚海流沙、葱嶺晴雲為題，描繪了瑰麗奇美的塞外風光；《新疆紀事詩》16 首，以地名為題，是一組詠贊清政府統一新疆的戰爭史詩。《新疆紀事詩》實為 13 題 16 首，其中《伊犁》4 首，其餘各題均為 1 首。《塞上竹枝詞》30 首，主要歌頌了祖國統一，記載了新疆的風土物產和民俗。曹麟開的《塞上竹枝詞》真實記錄了新疆的風土民俗，題材豐富新穎，且風格獨特，在新疆竹枝詞發展史上有著繼承發展之功。曹麟開在《塞上竹枝詞・序》中以「意寧淺而較真，事雖新而必切體」表達作詩初衷〔註11〕。

　　邱德生（1750～1817），字載之，號垕圃，別號葆光主人。祖籍山東登州，明萬曆初遷遼陽。乾隆四十三年（1778）進士，中進士時榜名德生，欽點翰林院庶吉士，官至濟南知府。始祖邱繼塘「從龍入關」，隸正黃旗內務府漢軍第四佐領。嘉慶七年（1802），山東金鄉張敬禮、張志謙係皂隸之孫冒考。清制，皂隸子孫，不准與考，遵行已久。知縣汪廷楷並未詳查，率准考送。濟寧州知州王彬又未審明扣除，致童生罷考者多達 400 人。學政劉鳳誥奏報此事，嘉慶帝降旨，將王彬、汪廷楷等解任，交巡撫和瑛秉公審辦。和瑛（和寧）交濟南知府邱德生辦理，邱德生誣斷，又被汪鏞上疏彈劾。和瑛受牽連遣戍烏魯木齊，汪廷楷發配伊犁，邱德生發配烏魯木齊。嘉慶八年（1803）正月，抵戍。嘉慶十一年（1806）釋回。

　　邱德生著《葆光書屋詩集剩稿》6 卷，存詩 462 首。其中，卷 4《輪臺寄隱集》為西域詩，存詩 100 首。其子邱景星不熟西域地理，於詩題排列順序多有顛倒處。三年的遣戍生活，讓邱德生由起初「征人淚不收」的淒涼，到悟道學佛後，轉向隨緣自適。邱德生在戍地的休閒生活即有禪佛的「堪破

無生微妙旨」〔註12〕，亦有寄情聲色的「新歡憶翠螺」〔註13〕，所以《輪臺寄隱集》中詩篇雅俗兼而有之。

顏檢（1775～1833），字惺甫，號岱雲，又號岱山，廣東連平州人。貴州巡撫顏希深子。乾隆四十二年（1777）拔貢。朝考一等，授禮部七品小京官，後歷任直隸總督等職。嘉慶九年，於「縣民含冤自縊」、「庫銀虧空」、「知縣佔用地畝」几案中「失察」。嘉慶十一年（1806）七月，在直隸藩司任內，官吏勾結侵吞錢財，事發，坐失察，革職，戍烏魯木齊。十三年（1808），獲釋回京，復受起用。顏檢歷乾隆、嘉慶、道光三朝，一生宦海沉浮，幾經起落。「明於吏事，治尙安靜，而屢以寬縱獲譴焉。」〔註14〕道光五年休致。工詩文。

顏檢著《衍慶堂詩稿》10 卷，其中西域詩 630 餘首，分《西行草》（卷 4、卷 5、卷 6）和《東歸草》卷 7。顏檢的西域詩多數寫於在赴戍和返程的途中。沿途日不絕詩，是顏檢創作的一大特點。顏檢於嘉慶十二年（1807）初春進入西域地界，「仲春十九曰」到達烏魯木齊，嘉慶十三年（1808）五月離開西域地界，在戍地 14 個月，平均每月作詩 40 餘首，可謂「才思敏捷」。在歷代西域詩人中，就數量而言，除卻陳寅，就數顏檢了。這些詩描繪沿途風景和民俗，可看出顏檢「歌詠適情，不戚戚於遠謫」的達觀」〔註15〕。

李鑾宣（1758～1817），字伯宣、鳳書，號石農，山西靜樂縣人。乾隆五十五年（1790）進士，歷官至四川布政使。嘉慶十年（1805），因錯誤平反誤傷人命案，革職。嘉慶十一年（1806）夏，尙未離任，因轉將解司案件耽延積壓，逾限至二十餘案之多。嘉慶帝就部議批示：「自係藉詞諉卸。李鑾宣著照部議，發往烏魯木齊效力贖罪，以爲玩誤公事者戒。」〔註16〕十二年春夏之交抵戍所。因其父歿於家，十三年（1808 年）三月釋回，發往河工委用，復受起用。嘉慶二十二年（1817）擢雲南巡撫，未聞命而卒。工詩。詩風清雄沉鬱。善書法，楷、行均秀健有體。

〔註12〕 （清）邱德生：《與誤庵談禪二首》，《輪臺寄隱集》，《清代西域詩研究》，第 221 頁。

〔註13〕 （清）邱德生：《奈何》，《輪臺寄隱集》，《清代西域詩研究》，第 221 頁。

〔註14〕 《清史稿》卷 358《顏檢傳》，第 11352 頁。

〔註15〕 《新疆圖志》卷 113，《地方志人物傳記資料叢刊》第 20 冊，北京圖書館編，北京：北京圖書館出版社，2001 年，第 482 頁。

〔註16〕 《清仁宗實錄》卷 170，嘉慶十一年十一月丁巳條。

　　著有《堅白石齋集》16 卷，詩 1262 首。其中卷 8、卷 9、卷 10 爲《荷戈集》(《荷戈詩草》)，載詩凡 256 首，係謫烏魯木齊時往返沿途和在戍的詩作。李鑾宣自幼遭家變，備極艱難困苦之況，故詩中多思親的愁緒和蒙冤自憐。陽湖派代表人物惲敬爲之作序云：「其爲詩清而不浮，堅而不劌，不求肆於意之外，不求異於辭之中，反覆以發其腴，揉摩以去其滓。何也？性之至者體自正，情之至者音自餘也。」〔註 17〕以此評價來衡量李鑾宣的詩作，可以說是非常確切的。

　　史善長（1768～1830），字春林，浙江山陰（今屬紹興）人。少孤家貧，長有異才，曾應童子試，不中。捐納爲知縣，選江西餘干縣。嘉慶二十一年（1816），因事捕捉「妖賊」不獲，奪職，戍烏魯木齊。史善長爲官體恤愛民，「後坐失察褫職遣戍。縣民相率醵金，謀納贖，叩巡撫轅門，乞留俱格於例。總督百齡閱兵江右，官民復遮道泣訴百齡，因入觀以聞未幾」〔註 18〕。嘉慶二十四年（1819）釋歸。善爲詩。有《味根山房詩鈔》、《味根山房文集》及《春林詩鈔》、《雜文》、《輪臺雜紀》、《東還紀略》等。

　　史善長著《味根山房詩鈔》9 卷，其中，作於西域境內者有 50 首。另有《輪臺雜紀》、《東還紀略》。史善長生性豪邁，在他流放詩作中較少失意的苦悶和不平的悲憤，反而體現一種平和從容的處事態度。其流放詩善於捕捉西域四季景致的特點，所描寫的往返途中風景各有獨到之處。流放詩充滿了奇異的色彩和神奇的活力，主要描述了西域的自然風光及民族風俗。他的詩如同一幅完整的行旅圖，有著紀行的意義。清代西域詩人中，史善長從地位、政績、聲望等方面來看很難引人注意，但其詩作有其自己的特點，亦可謂獨樹一幟，應在清代西域詩壇上占一席之地。

（二）道光至宣統年間，烏魯木齊文人的創作

　　在道光、咸豐、同治、光緒、宣統五朝，烏魯木齊的代表性的文人有：黃濬、金德榮、楊炳堃、袁潔、朱錕、張蔭桓、裴景福、周廣生等人。

　　黃濬（1779～？），字睿人，號壺舟，又號古樵道人、四素老人，台州太平（今浙江溫嶺）人。卒年不詳。道光二年（1822）進士，歷任江西萍鄉、雩都等地知縣。道光十年冬，調彭澤知縣。次年，彭澤客舟遭風失銀，有人

───────────────

〔註 17〕　（清）惲敬：《堅白石齋詩集・序》，《清代詩文集彙編》第 453 冊，第 389 頁。
〔註 18〕　《味根山房文集》附《番禺縣志本傳》，《清代詩文集彙編》第 488 冊，第 757
　　　　　頁。

誣以民間行劫，黃濬因此落職。與其有隙者，乘機誣以他事。道光十七年，黃濬下南昌獄，定罪流放 10 年。道光十八年（1838），謫戍烏魯木齊。道光二十二（1942），受命管理鐵廠，按清律例，10 年之戍減去 3 年。道光二十三年（1943）夏，巴里坤地震，城圮，黃濬奉命督修。竣工後，因功，得以釋回。

著有《壺舟詩存》14 卷。其西域詩存於《倚劍集》。《倚劍集》卷 8 存詩 165 首，詞 3 首，均作於烏魯木齊。黃濬詩作最引人注目的是「和詩」。西域詩記載了他的流放經歷，對西域風情的吟詠以及他的交往活動。

金德榮，字桐軒，清江蘇上元（今南京）人。嘉慶三年（1798 年）舉人，歷官安徽歙縣知縣、湖南江華知縣。生卒年不詳。道光初年，因受徵漕米不利，引起百姓鬧事，被革職流放新疆巴里坤三年之久。金德榮被知府圖勒炳額（字毅堂）聘為塾師。流放伊犁的前湖州知府方士淦釋歸，途經巴里坤時，結識了金德榮。方士淦評價金德榮，極風雅，能詩。詩人袁枚也讚其落筆清妙。

金德榮的流放詩文有《塞外遊草》。在清代流放文人之中，金德榮寂寂無聞，但他的《巴里坤冰燈歌》卻獨放異彩，令人讚歎。這首獨一無二的長詩歌詠了新疆的冰燈奇觀。《清詩紀事》中收入他的組詩《巴里坤雜詠》，這組詩形象地反映了當時巴里坤的荒涼和沈寂景象。

楊炳堃（1787～1858），字蕉雨，浙江歸安人。嘉慶十七年（1813）拔貢。官至湖南布政使。道光二十九年（1849），楊炳堃隨湖南巡撫馮德馨圍城鎮壓李沅發起義。收復縣城後，因馮德馨奏報失實，進剿不力，被湖廣總督裕泰彈劾，楊炳堃也隨之一併發往新疆。咸豐三年（1851）十月，釋回。

楊炳堃有《中議公自定年譜》，後附有《吹蘆小草》詩 1 卷，皆為遣戍西域時的詩作，其中作於西域境內者有 50 餘首。自編年譜記有西北地區里程、物產及風情等，均甚詳盡。詩卷比較詳細記錄了西北流人和官員階層的生活，對元宵節等節慶的生活也有詳細記載。楊炳堃被遣戍新疆時，年已 67 歲。年近古稀的人生經歷造就了他平和的心態。

袁潔，號蠹莊，又號玉堂居士，湖南桃源人。生卒年不詳。因嘉慶末，清查山東虧空案落職。道光二年（1822）夏，謫烏魯木齊。道光七年（1827）春，釋回。著有《出戍詩話》4 卷，其自作西域詩亦載其中。詩作內容多為詩酒風流，鮮有佳作。《出戍詩話》的目的在於自我吹噓，格局甚小。袁潔

的詩集《出戍詩話》中記載有戍客、幕僚和當地詩人詩作。《出戍詩話》是現知唯一的一部專記西域詩人的詩話，有些不見經傳的小人物的詩作，由此得以保存。從此意義看，袁潔是有功勞的。

周先檀（1827～1904），字菉珊，湖南衡陽人。周先檀多次進京應考，屢次不中。同治十三年（1874），為建功立業，從軍西征。他離京西行，謁見辦理西徵糧臺的袁保恒，又拜見了督辦新疆軍務的左宗棠，以其才能贏得資助與推薦。他入烏魯木齊都統金順軍營為幕僚。周先檀在軍中主持文墨，襄理籌糧，深受重用。周先檀善於詩文，頗為時人所推重，工部尚書景廉稱他為「一代詩才」，內閣大學士袁保恒贊他「精於古文」。

周先檀有《味道軒集》12卷，其中包括《湖海吟》8卷、《西征草》3卷、《味道軒文鈔》1卷。巨篇則恢弘豪邁，長達百韻，小品則玲瓏雋永，僅二十餘字。惜未梓行。《西征草》中近300首紀事詩，是周先檀從離京西行到新疆戰事結束的從軍紀實。尤其清軍收復北疆各軍事重鎮的歷史大事件，皆有詩作歌詠之。《西征草》堪稱一部史詩，與史書記載互證或互補，為研究近代史所必不可少。

張蔭桓（1837～1900），字皓巒，號樵野，別號紅棉主人，廣東南海（今屬佛山）人。性豪俊，有膽略，屢試不遇，遂棄舉業，研西學，納貲為知縣。張蔭桓通達聰慧，受到山東巡撫閻敬銘、丁寶楨器重，歷官安徽徽寧池太廣道、安徽按察使等。因通英文，知外務，入總理各國事務衙門行走。光緒十一年（1885），「命充出使美、日、秘三國大臣」〔註19〕，歷遷至戶部左侍郎，主京師礦務、鐵路總局等。張蔭桓與康有為交厚，力挺新政，變法失敗後獲罪，謫戍新疆。光緒二十六年（1900），被清廷處死於戍所。通經史，諳外交，頗負文譽，書畫超逸，尤長於山水，喜收藏。著有《鐵畫樓詩鈔》、《鐵畫樓詩續鈔》、《鐵畫樓駢文》，輯有《西學富強叢書》等。

張蔭桓的《鐵畫樓詩續鈔》（又名《荷戈集》）2卷，主要收流放之作，共收各體詩237首，作於新疆境內者80餘首。《荷戈集》以應酬唱和之作居多，其中寫給時任陝西布政使趙爾巽的詩作，多達25首。張蔭桓的戍途紀行詩，濃墨重彩描繪出了一幅西行圖畫長卷，在《荷戈集》中也佔有較大的比重。張蔭桓的一生較其他流放新疆的文人更特殊，他具有通英文、擅外交

〔註19〕 《清史稿》卷442《張蔭桓傳》，第12435頁。此處「日」指日斯巴尼亞，即今西班牙。

的才能，出使多國，主張維新變法，從他的詩句中，可以感受到他獨特的人生經歷和豐富的內心世界。

劉鶚（1857～1909），原名孟鵬，字雲摶、公約。後更名鶚，字鐵雲，號老殘。江蘇丹徒（今鎮江）人。劉鶚出生官宦之家，但不喜考取功名，劉鶚一生從事實業，致力於醫學、數學、水利等自然科學。以鑒藏書畫碑帖、金石甲骨，名揚海內。《鐵雲藏龜》一書，最早將甲骨卜辭公之於世，爲後世治學所用。

劉鶚是最後一批清代新疆流人。光緒三十四年（1908），清政府以「私售倉粟」的罪名將劉鶚流放新疆，「革員劉鶚違法罔利，怙惡不悛，著發往新疆，永遠監禁。該犯所有產業，著兩江總督查明充公」〔註20〕。劉鶚抵烏魯木齊後，上命永遠監禁。據裴景福所言，他與劉鶚一見如故，相談甚歡，可知他並未眞的被監禁。因劉鶚精通醫學，在烏魯木齊時，行醫治病，患者紛至。宣統元年（1909），因中風卒。

朱錕（1868～？），字念陶，又字硯濤、研濤，安徽涇縣人。卒年不詳。齋堂名亦愛廬。於篆刻夙有深嗜，存世有《亦愛廬印存》。《西行紀遊草》有劉炳照所作序，序中云：「朱生念陶，隨宦浙中，從予學詩，每當春秋佳日，選湖山勝處，載酒尋詩，致足樂也。無何，因事誣陷，荷戈新疆，久不通問，逾五載遇赦南歸。」〔註21〕所謂「因事誣陷」，出於不便明言，故避諱言之。但從劉炳照的序中可知朱錕謫戌新疆是因爲小人誣陷。朱錕著有《西行紀遊草》存世，載詩約 170 首，作於西域境內者 50 餘首。在戌地詩作的內容大致有兩方面：一是思念故鄉，盼望早日賜環；二是掛心國事，抒發報國的心情。

二、伊犁文人：「閒裏生忙爲著書」

（一）乾嘉時期伊犁文人的創作

乾隆、嘉慶兩朝，伊犁代表性文人有：徐步雲、莊肇奎、陳庭學、趙鈞彤、王大樞、舒敏、舒其紹、洪亮吉、韋佩金、陳寅、祁韻士。清代新疆流人，在這一時期、這一地區最爲集中，詩人接踵而至，詩作前後輝映，形成

〔註20〕　張昉：《〈老殘遊記〉的作者在烏魯木齊》，烏魯木齊文史資料研究委員會編：
　　　　　《烏魯木齊文史資料》第 6 輯，新疆青年出版社，1983 年，第 35～36 頁。
〔註21〕　（清）劉炳照：《西行紀遊草・序》，清抄本，第 1 頁。

了清代新疆文學創作的高潮。這些人中，除舒敏是因父犯罪，受連坐被發遣外，其餘均是遣員。

莊肇奎（1728～1798），字星堂，號胥園，祖籍江蘇武進（今屬常州），後遷居浙江秀水（今屬嘉興）。乾隆十八年（1753）舉人。官至廣東布政使。雲貴總督李侍堯以其才名，檄令入幕。乾隆四十五年（1780），李侍堯以貪縱受賄罪被拿問，押解入京，肇奎受其牽連，被遣戍伊犁。四十九年，補伊犁撫民同知。五十四年，期滿回京，起任惠州同知，後官至廣東布政使。嘉慶三年（1798），卒於任。嘉慶十七年，顧曾將其遺稿匯爲《胥園詩鈔》10 卷刊行。另有《詩餘》1 卷，《塞外紀實》、《黔滇雜記》。

《胥園詩鈔》分《浙西稿》、《黔滇稿》、《塞外稿》、《嶺南稿》等，其中《塞外稿》載西域詩近 200 首。莊肇奎的西域詩作，最有特色也最能代表其藝術成就的是七律《出嘉峪關紀行二十首》。這組詩風格較沉鬱，但「才力雄放」〔註22〕。從其內容和注釋來看，作於西域境內者有 12 首。莊肇奎善於敘事，《伊犁紀事二十首，仿竹枝詞》將日常生活之物納入竹枝詞，生活氣息濃厚。

王大樞（1731～1818），字澹明，號白沙，又號天山漁者，空谷子等。安徽太湖縣人。少孤獨，勤讀書，築室於司空山下，購書萬卷，朝夕寢讀其間。乾隆三十六年（1771）舉人，揀選知縣。生性耿直，愛抱不平，爲權貴所惡。乾隆五十三年（1788），因忤觸官府被流戍伊犁。嘉慶四年（1799），蒙赦回鄉，已年逾古稀，兩鬢皤然，猶手不釋卷。王大樞刑期是 10 年。他在伊犁流放地生活 11 年。著作豐厚，有抄本《西征錄》7 卷、《古史綜》14 卷等書。

王大樞著《西征錄》7 卷，另附《東旋草》1 卷。《西征錄》的卷 1、卷 2 屬於赴戍日記；卷 3《新疆》是爲官修《伊犁志》所撰的新疆概述；卷 4《雜撰》（即《還讀齋雜述》）是流放伊犁的筆記；卷 5、卷 6《存草》是謫戍伊犁期間所作的詩文；卷 7《跫音》收錄了友人的詩文；卷 8《東旋草》收錄了幾篇詩文與還鄉紀事詩。《西征錄》資料豐富，考察詳實，撰述井井有條。另有抄本《天山集》2 卷。名篇《天山賦》被吳豐培收入《新疆四賦》。

徐步雲（1733～1824），字蒸遠，號禮華，江蘇興化人。乾隆二十七年（1762）舉人，授內閣中書，軍機處行走。徐步雲與盧見曾有師生之誼。乾

隆三十三年（1968），兩淮鹽引案發，因向盧見曾透漏消息，以致獲罪。此案中走漏風聲的紀昀、徐步雲分別被遣戍烏魯木齊、伊犁。戍邊伊犁期間，徐步雲爲時任伊犁將軍的舒赫德所器重，留掌印房，凡奏稿及受土爾扈特降書之類的文牘，皆出其手。於乾隆三十七年（1772 年）賜還，旋被薦入四庫全書館分校，復以舒赫德子之罪受牽連落職。遂絕意仕途，移家泰州，閉門吟詠，博覽群書。「製辭賦並工，善詩古文」〔註 23〕，工詩古文，邃於史，熟知清代掌故。書尤精妙，小楷似《樂毅論》，行書似《聖教序》。有《爨餘詩鈔》、《爨餘文鈔》。

徐步雲的西域詩以《新疆紀勝詩》36 首爲主，另包括作於赴戍途中的《壯遊》、《題嘉峪關驛壁》、《寄內》3 首，作於伊犁的《贈喬東齋》、《望南山》、《瘦馬行》、《伊犁江》、《即事》5 首，等，共計 45 首，收於詩集《爨餘詩鈔》。乾隆三十八年（1773），徐步雲將這組《新疆紀勝詩》獻給乾隆帝。徐步雲的伊犁邊塞詩或謳歌一統、頌讚屯田，或歌詠西域雄美山水，或追述土爾扈特東歸等重大歷史事件，或讚頌伊犁物產豐美、摹畫風物，給伊犁的歷史添上了濃墨重彩的一筆。

陳庭學（1739～1803），字景魚，號尊浧，晚號蓮東逸叟，江蘇吳江人，寄籍順天宛平（今屬北京）。乾隆三十一年（1766）進士，授刑部主事，擢奉天司郎中。歷官山西潞府知府，甘肅驛傳道署按察使司事，後調入陝西漢興道。四十六年（1781），甘肅災賑貪腐案發，陳庭學原在甘肅作官，亦陷案中，株連奪職。次年，謫戍伊犁。乾隆五十二年（1786），補管糧主事，掌惠寧城倉務。六十年，歸京。至戍所益肆力於古詩文。歸，以訓課生徒爲業。尤工制舉文，所教士多高捷。嘉慶八年（1803），卒於宛平。著有《蛾術集》、《塞垣吟草》存世。

《塞垣吟草》4 卷，附有《東歸途詠》1 卷，凡 523 首，其中，作於西域境內的詩約 500 首。陳庭學居塞外伊犁十四載。遣戍六年後，乾隆五十二年（1786），補管糧主事，掌惠寧城倉務。陳庭學與戍客文人相比，居塞外時間長，戍客間步韻唱酬之作很多，關於屯墾戍邊的詩作皆爲上乘之作。

陳寅（1740～1814），字心田，浙江海寧人。乾隆三十六年（1771）舉人，授廣東英德知縣，盡心民事。因戇直，忤上官罷職遣戍伊犁。嘉慶十九

〔註23〕《中國地方志集成·江蘇府縣志》第 48 輯，《咸豐重修興化縣志·文苑傳》，南京：江蘇古籍出版社，1991 年，第 251 頁。

年（1814）卒於戍所，遣戍伊犁達十五年。陳寅是清代新疆詩人中唯一客死塞外的戍客。好古能詩，風格淳樸。道光二年（1822），其子陳崇禮將其詩整理爲《向日堂詩集》16 卷付梓。

《向日堂詩集》卷 11 至卷 16 爲遣戍邊塞紀程之作，凡 979 首。其數量爲歷代西域詩人之冠。詩集作序者地位高，題跋者皆爲名流，這在西域戍客詩人中是絕無僅有的。爲其詩集題跋者有：龔景瀚、劉星煒、盛復初、吳樹本、徐大容、王寬、王錫奎、王鑣、吳熊光、鄭光坼等人。爲之作序四人分別是：時年八十六高齡加刑部尚書銜的錢陳群，四川總督蔣攸銛，曾兩任伊犁將軍，後爲左都御史的松筠，體仁閣大學士的盧蔭溥。這些人爲陳寅作序跋，一是因爲其家學淵源，且其子陳崇禮頗有前途。另一點原因，陳寅並無大過，卻流放塞外十五年，孤獨客死異鄉，另仕官文人們深爲同情。「尤爲難者，塞外十五年，處境艱虞，所吐屬皆中正和平、絕無牢騷抑鬱之氣。蓋其所遇不一，閱歷益深，而性情之眞，則未嘗少有更易也。」〔註 24〕陳寅的詩作中可看出他至眞、淳樸、豁達。

趙鈞彤（1741～1805），字絜平，號澹園，又號雪山衲子。山東萊陽人。乾隆四十年（1775）進士，授河南盧氏知縣，後改補直隸唐山知縣。乾隆四十八年（1783），因遭人誣陷貪贓，被逮入保定獄。次年三月，謫戍伊犁。乾隆五十六（1791），釋回，在戍七年。嘉慶十年（1805），卒於鄉。

趙鈞彤有《止止軒詩稿》6 卷行世，此書無序、無跋、無總目錄。其西域詩在 4 卷、卷 5 中，約 150 首。戍客文人出關後最常見的詩作是描繪沿途風光之雄奇，大漠之廣袤。趙鈞彤的詩作除了描摹西域風土外，更有價值的是展現了新疆當時都市的繁華。當時天山北路重要的城市，如哈密、巴里坤、惠遠等，在趙鈞彤的詩作中都有所涉及。趙鈞彤的《西行日記》3 卷，記事詳明了，尤其對山川形勢，按圖考察，記述尤爲準確。

舒其紹（1742～1812），字衣堂，號春林，又號味禪，直隸任邱（今屬河北任邱）人。乾隆四十四年（1779）恩科舉人。官浙江長興知縣。嘉慶二年（1797），以事遣戍伊犁，歷八年始獲赦歸。工詩文。

《聽雪集》4 卷，全部作於西域，凡 388 首。另有《歸鶴集》2 卷、《東歸日程記》1 卷。其紹的西域詩數量不少，但絕大部分是飲酒、賞花、應酬、唱和、送別、題畫的內容。單是同舒敏的應酬唱和之作竟有 63 首之多，且一

〔註24〕 （清）蔣攸銛：《向日堂詩集・序》，《清代詩文集彙編》398 冊，第 483 頁。

題多首，揮筆即來，故而難出佳作。舒其紹的《聽雪集》中的一組五律《消夏吟》，凡 25 首，「拈題分詠」，在清代西域詩中開拓題材方面應占一席之地。這組詩句句扣題，雄奇蒼莽，氣韻沉雄，形象地表現出新疆城鎮、建築、名勝的風貌。

洪亮吉（1746～1809），字君直，又字稚存，號北江，陽湖人，乾隆五十五年（1790）進士，殿試一甲第二名，授編修。嘉慶四年（1799），洪亮吉因向嘉慶皇帝進諫，針砭時政，被定罪「大不敬」。嘉慶四年八月二十七日（1799 年 9 月 26 日）諭內閣：「洪亮吉著從寬免死，發往伊犁，交與將軍保寧，嚴行管束。」〔註 25〕「亮吉至戍甫百日而赦還，自號更生居士」〔註 26〕，曾「長身火色，性豪邁，喜論當世事」的洪亮吉經此磨難後〔註 27〕，從此過著深居簡出的生活。洪亮吉學識宏博，一生著述頗豐，著有《卷施閣文甲集》10 卷、《補遺》1 卷、《文乙集》8 卷、《更生齋文甲集》4 卷、《文乙集》4 卷、《續集》2 卷、《北江詩話》6 卷等，共 222 卷。

謫戍新疆期間作《伊犁日記》、《天山客話》、《萬里荷戈集》、《百日賜環集》。《伊犁日記》附《出塞紀聞》〔註 28〕。謫戍新疆百日，亦有四部著作，但記錄的僅是新疆的物產、自然風光及戍地見聞，詩文中未曾涉及個人情感，更不敢言及國事。洪亮吉在《出塞紀聞》中自言：「至保定甫知，有廷寄與伊犁將軍，有不許作詩、不許飲酒之諭。是以自國門及嘉峪關，凡四匝月，不敢涉筆……遂偶一舉筆，然要皆描摹山水，決不敢及餘事也。」又曰：「余抵伊犁後，連得竹初居士及盧庵刺史書，詞極懇摯，皆以語言文字為戒。盧庵並引前人贈東坡二語相比例云：『北客若來休問訊，西湖雖好莫題詩。』不知余自經憂患後，夙有戒心，斷除筆墨已久。終日危坐，惟效陸忠州檢校經驗良方，及偶觀一二說部而已」〔註 29〕，即為明證。洪亮吉的幾本著作並沒有被追究並得以流傳，大抵也是因詩文僅記述風土地貌，未曾抒發個人情感，更未涉及時政的緣故。洪亮吉的西域詩風格雄奇豪放，是他一生詩作的頂峰。

〔註 25〕《清仁宗實錄》卷 50，第 29739 頁。

〔註 26〕（清）呂培編：《洪北江先生年譜》，《北圖館藏珍本・年譜叢刊》第 116 冊，第 419 頁。

〔註 27〕《清史稿》卷 356《洪亮吉》，第 11309 頁。

〔註 28〕《北京圖書館館藏珍本・年譜叢刊》第 116 冊，第 343 頁。

〔註 29〕（清）洪亮吉撰：《洪北江全集》，《伊犁日記》卷附《出塞紀聞》，授經堂家藏本。

韋佩金（1752～1808），字友山，又字書城，號酉山，江蘇江都人。乾隆四十三年（1778）進士，官至凌雲知縣。嘉慶二年（1997），因運軍糧辦事不利被革職。軍務完成之後，嘉慶四年（1799），遭謫戍伊犁。韋佩金抵戍後，被派往冊房辦事，並教授新疆子弟之優秀者。嘉慶八年（1803），釋歸。教授生徒以終。為鄉賢李道南高徒，於地理學造詣尤深。《經遺堂全集》外，還有《唐藩鎮考》、《伊犁總志纂略》2卷、《地理指掌》20卷、《西戎紀程》3卷、又有《世系》2卷、《舊治錄》1卷，但是「今多散失」〔註30〕。韋佩金的西域詩分寫景抒情詩、即事感懷詩、懷古詠史詩、詠物言志詩。韋佩金的西域詩多為戍邊唱和之作，題材略窄。

祁韻士（1751～1815），原名庶翹，字諧庭，號鶴皋，又號筠淥，晚號訪山，山西壽陽人。乾隆四十三年（1778）進士。選翰林院庶吉士，散館授編修。官至寶泉局監督。「乙丑，以事謫赴伊江，長途萬里。」〔註31〕嘉慶九年局庫虧銅案發，祁韻士「僅憑冊造出結相沿致誤」，沒有清點庫存，被假造冊蒙蔽，受牽連遭戍伊犁。十三年七月期滿，蒙恩釋令回籍。赦還後，著述授經，主講甘肅蘭山、保定蓮池等書院以終。善治史，博識強記，著述頗豐。有史地著作《蒙古王公表》、《皇朝藩部要略》、《西陲要略》4卷，《西域釋地》2卷，遊記《萬里行程記》1卷，詩詞《西陲竹枝詞》、《濛池行稿》等。

祁韻士是清代西北史地學的重要開創者。祁韻士「幼喜治史，於疆域山川形勝、古人爵里名氏，靡不記覽」〔註32〕。祁韻士在戍地受到伊犁將軍松筠的賞識和重用，受命潛心研究西域史地，在伊犁期間完成了《西陲要略》、《西域釋地》和《萬里行程記》。「十二年丁卯，五十七歲，創纂《伊犁總統事略》12卷，別摘山川疆域為《西域釋地》2卷。」〔註33〕這些著述皆考證古今，有較高的學術價值，他被後世尊為西域史地學的開拓者和奠基人。另有《西陲竹枝詞》，「首列十六城，次鳥獸蟲魚，次草木瓜果，次服食器用，而終之以邊防夷落」〔註34〕，詳細敘述了西陲風土之大略。萬里行程記》是祁韻士在行程中，沿途所見山川城堡、名勝古蹟、人物風俗及塞外奇景，隨

〔註30〕　《中國地方志集成·江蘇府縣志輯》第41輯《嘉慶重修揚州府志一》。
〔註31〕　（清）祁韻士：《濛池行稿·自序》，《清代詩文集彙編》第429冊，第721頁。
〔註32〕　《清史稿》卷485《祁韻士傳》，第13399頁。
〔註33〕　（清）祁韻士：《鶴皋年譜》，《北京圖書館藏珍本年譜叢刊》第118冊，北京：北京圖書館出版社影印本，1999年，第300頁。
〔註34〕　《濛池行稿·自序》，《清代詩文集彙編》第429冊，第721頁。

手書記。抵戍後，「暇日無事，或愁風苦雨，獨坐無聊，偶撿零縑碎片，集而省閱，以寄情懷。略加編綴，遂爾成篇」〔註35〕。

（二）道光至宣統年間伊犁地區文人的創作

清代後期，伊犁代表性的文人有：方士淦、鄧廷楨、林則徐、錢江、雷以諴。特別需要提出的是，道光年間遭流放的兩位民族英雄鄧廷楨和林則徐。在清代西域流放的詩人中，他們既無「私罪」，也無「公罪」，完全是道光帝對鴉片戰爭求和態度下的政治犧牲品。

周珠生（1747～？），字小白，吳縣人。室名瓣香閣。博涉經書，稍長，工篆，善丹青、星學，騎射兼擅。肆力於詩古文辭。歷遊秦、楚、燕、齊、滇、黔、閩、粵，南抵眞臘、緬甸，西北出伊犁，過叭噠，入俄羅斯，故詩作佳句迭出，雄健而富神韻。有《出塞吟》、《瓣香閣詩鈔》各 1 卷。《出塞吟》自序云：「《出塞吟》者，予弱冠時佐平涼司馬許靖岩（鍼）護送戍卒，赴邊途中紀行而作也。是時自哈密而東，穆壘以西，極伊犁而止。」周珠生的詩作主題，別具一格，注重抒發華夷一家的思想感情和新疆各民族之間的融洽和睦。周珠生的西域詩明快曉暢，意氣風發，以西域的雄渾蒼茫的景色襯托報效國家的雄心壯志。

鄧廷楨（1776～1846）字維周，號嶰筠，晚號妙吉祥室老人，又號剛木老人，江蘇江寧（今南京）人。嘉慶六年（1801）進士，選翰林院庶吉士，散館授編修。政聲卓著，爲時所稱。嘗佐林則徐禁煙抗英。道光帝因廣東戰敗，以辦理夷務未妥，歸咎罪責，下旨「鄧廷楨業經革職，林則徐著革去四品卿銜，均從重發往伊犁，效力贖罪。即由各該處起解，以爲廢弛營務者戒」〔註36〕。道光二十三年釋還，起授甘肅布政使，擢陝西巡撫，署陝甘總督，卒於任。鄧廷楨「績學好士，幕府多名流。論學不輟，尤精於音韻之學。所著詩詞，並行於世」〔註37〕。著有《雙硯齋詩鈔》16 卷、《雙硯齋詞鈔》2 卷、《雙硯齋筆記》、《詩雙聲疊韻譜》、《說文解字雙聲疊韻譜》、《青嶰堂文集》、《金陵詩證》、《金陵詞鈔》、《妙吉祥室詞》等。

鄧廷楨的西域詩作集中於《雙硯齋詩鈔》卷 16，作於西域境內者 30 餘首。鄧廷楨的西域詩詞多爲與林則徐的唱和之作。雖蒙冤受貶，但他們詩詞

〔註35〕　《濛池行稿》，《清代詩文集彙編》第 429 冊，第 723 頁。
〔註36〕　《道光朝籌辦夷務始末》卷 29，第 1056 頁。
〔註37〕　《清史稿》卷 369《鄧廷楨》，第 11496 頁。

唱和仍關乎國事，愛國之情令人敬仰。鄧、林借詩詞唱和，互相關懷、互相勉勵、互相慰藉。在相知相伴中度過謫戍的歲月，也豐富了他們的詩情。在虎門銷煙之前，鄧廷楨的人生軌跡是一帆風順的，世家出身，少年得志，仕途通達，在安徽等地任職政績斐然，廣交文友，文學創作已達到一個高度。因莫須有的重罪謫戍伊犁，人生的起落使鄧廷楨的詩詞更成熟，觸動人心。

林則徐（1785～1850）字少穆，一字符撫、石麟，晚號竢村老人、竢村退叟等，室名雲左山房，陪建侯官（今屬福州）人。嘉慶十六年（1811）進士，選翰林院庶吉士，散館授編修。歷任江蘇按察使、江寧布政使、河東河道總督、江蘇巡撫、湖廣總督等。道光十九年（1839），作為欽差大臣赴廣東禁煙，公開銷毀鴉片 237 萬餘斤，又組織譯西書，編《四洲志》。授兩廣總督，嚴密設防。旋以英艦北上施壓，謫戍新疆，二十五年（1845）召還。二十七年（1847）授雲貴總督，二十九年（1849）以病辭歸。咸豐帝即位後，授欽差大臣，赴廣西鎮壓太平軍，卒於途。諡號文忠。為官勤能，才識過人，以經世自勵，所蒞治績卓著。工於詩文、擅長書法，有《林文忠公政書》、《荷戈紀程》、《雲左山房詩鈔》、《雲左山房文鈔》、《使滇吟草》和《林文忠公政書》傳世。

林則徐著作頗豐，其詩作《雲左山房詩鈔》8 卷，附 1 卷。赴戍途中詩載於卷 6，作於西域境內者有 80 餘首，載於卷 7 和附卷中。林則徐西域詩文中最引人注目的是抒發愛國主義思想的詩章，這在西域詩中是首屈一指的。林則徐的禁煙抗英，在關係到民族生存的時候，林則徐注重的是國家命運，對朝廷決不盲從，堅守信念。禁煙抗英的英雄反被斥為罪臣，遭遣戍新疆，然而在他的詩作中不見「悲憤」之詞，詩句中仍然流露對國家命運的關切。凜然正氣和不屈的精神，確有名臣風範。林則徐在伊犁和南疆發展屯墾事業，「周歷南八城，濬水源，闢溝渠，墾田三萬七千餘頃，請給回民耕種，改屯兵衛操防」〔註38〕，為開發新疆做出了卓著貢獻。道光二十五年（1845），在南疆勘察地畝期間，林則徐作《回疆竹枝詞三十首》。詩集音調和諧，文筆輕快，通俗詼諧、妙趣橫生，富有濃鬱的民族生活氣息。此竹枝詞與和詩疊韻之作相比，風格迥異，若出自二人之手。

方士淦（1787～1848），字蓮舫，安徽定遠人。嘉慶十二年（1807）舉人，官至浙江湖州知府。道光六年（1826），方士淦因事被遣戍伊犁，兩年

之後釋歸。方士淦的歸途行記《東歸日記》，記錄了道光八年（1828）3 月
15 日至 6 月 30 日，從伊犁惠遠城到西安的見聞，歷時百餘天。書中記錄沿
途各地的風土人情、山川形勢、回漢地名、名賢軼事等內容，對於研究西北
史地提供了較豐富的資料。

　　錢江（1800～1853），字沛然，又字秋屏，後改字東屏，浙江長興人。
錢江南下廣東，正逢林則徐督察廣東。隨後林則徐因禁煙抗英被革職遣戍，
錢江集眾，倡議拒敵，發表《全粵義士義民公檄》，參加火燒洋館的鬥爭。
道光二十三年（1843），被清廷逮捕，流放至新疆。林則徐《乙巳日記》提
及，「錢在廣東領鄉勇，欲與夷戰，當局罪之，發遣伊犁」〔註 39〕。約道光
三十年獲釋。咸豐三年（1853）太平軍攻陷南京，錢江投奔江北大營幫辦軍
務大臣雷以諴處為其幕僚，初受重用，後因恃才放曠招致殺生之禍。今所見
錢江西域僅兩首七律，在西域詩中堪稱佳作。對仗之精，無以復加，易一字
不可。由這兩首七律，可以看出錢江經世致用、一展抱負的志向。

　　雷以諴（1806～1884）字春霆，號鶴皐、藿郊，湖北咸寧人。道光三年
（1823）進士，授刑部主事。歷官內閣侍讀學士、太常寺少卿、奉天府丞、
刑部侍郎。咸豐六年（1856）太平軍克揚州，江寧將軍託明阿諉過於雷以諴
援軍不至，雷被革職查辦，遣戍伊犁。咸豐八年十二月，復起用授陝西按察
使，後遷布政使，繼為光祿寺卿、署刑部右侍郎。同治元年（1862）休致。
晚歲主講河東、江漢書院十餘年。有《雨香書屋詩鈔》、《雨香書屋詩續鈔》
行世。

　　雷以諴的西域詩收於《雨香書屋詩續鈔》卷 2 中，共計八十餘首。他雖
遣戍新疆，仍然心繫國家的經濟發展。在雷以諴的西域詩作涉及新疆主要的
經濟來源農業、畜牧業和礦業，突出體現了西域財政治理的思想。尤為關注
新疆籌集錢糧與後勤供應的問題。

　　蕭雄（？～1893）字皋謨，號聽園居士，湖南益陽人。平生倜儻多大志，
困頓場屋，一衿未得。清同治末年西域用兵。雄發奮走回疆二萬里。從同治
末年到光緒初年，三次出塞，歷十數年。曾參佐都統金順提督、張曜戎幕。
清軍掃平阿古柏入侵軍以後，蕭雄「裁以花翎直隸州了虎頭封侯之願」。回鄉
三年後，以家貧，又至哈密，在哈密辦事大臣明春處充當幕友。晚年旅居長
沙，專意著述《西疆雜述詩》。光緒十八年（1892）書成，客死長沙。其遺稿

〔註 39〕 《林則徐全集》第 9 冊《乙巳日記》，第 534 頁。

刻入《靈鶼閣叢書》中。

《西疆雜述詩》4卷，每詩都有詳注。《西疆雜述詩》的詩與注二者不可或缺，如無注釋，詩便難通，並且詩的價值遠大於詩。《西疆雜述詩》各卷之中都有小標題。第 1 卷總括新疆全貌，描摹疆域山川，地理形勢；第 2 卷分述全疆 26 個重要城鎮的政治、經濟、文化狀況。第 3 卷敘述以維吾爾族為主的各少數民族的風俗人事。卷 3 包括人物狀貌、性情、文字、服飾、屋宇、婦女、倫理、婚嫁、錢制、歌舞、樂器、嬉樂、飲食、瓜果、園蔬、花卉等，門類齊全，敘述纂詳。第 4 卷介紹了氣候物產、歷史古蹟、文化名勝等。

施補華（1836～1890）字均甫，一作均父，浙江烏程（今屬湖州）人。同治九年（1870）舉人，屢應會試不第。後入左宗棠幕，至肅州。所在出力，以同知用，賞孔雀翎。調嵩武軍張曜部赴南疆，於軍事多有謀劃。後曾以鹽運使銜參俄羅斯劃界。光緒十六年（1890）以道員改發山東，以軍功官至山東候補道，未就任而卒。平生博識好思，其文簡潔而氣象雄闊，詩亦俊秀。有《澤雅堂詩集》6卷、《澤雅堂詩二集》18卷、《澤雅堂文集》行世。

作於西域境內者約 250 首，集中在《澤雅堂詩二集》卷 7 至卷 13 中。從《澤雅堂詩二集》中的詩的題目和正文看，可知施補華於同治十三年（1874）到達蘭州佐左宗棠戎幕，於光緒二年（1876）隨左宗棠到達肅州，於光緒四年（1878）冬在肅州作《復位新疆紀功詩》。全詩為四言長詩，共 280 句，凡 1120 字。此詩雖然不是作於西域境內，但是卻記述了西征軍收復新疆的全過程，是一首具有重大歷史價值的史詩。

嚴金清（1837～1909），字紫卿，號閒閒堂老人，江蘇金匱（今無錫）人。以在浙參與鎮壓太平軍起家，入左宗棠幕參辦稅釐及營務，又參與鎮壓甘肅回民起義。歷任浙江溫州通判，臺灣淡水同知，新疆迪化知州，陝西道員及按察使等官。嚴金清兩次入疆：光緒二年（1876），左宗棠於肅州大營委派嚴金清辦理湘軍行營營務。四年（1878），獎知府留待補用。五年（1879），因與鎮迪道周崇傅不合，請假回籍。光緒七年（1881年），受劉錦棠委託，由上海押運軍裝再至新疆。後在劉錦棠幕府辦理營務，八年（1882），赴南疆開辦蠶桑礦務等事。十五年（1889），交卸局務回籍。後輾轉多地，宣統元年（1909）卒於鄉。有《嚴廉訪遺稿》10卷，卷8、卷9為詩集，有西域詩 80 餘首。其卷 10 為自訂年譜。嚴金清的西域詩作，給人印象最深的是強烈的愛國情感。《嚴廉訪遺稿》中西域詩作，大都作於光緒七年（1881），第

二次進疆以後，第二次進疆後的詩作大都與易壽崧的唱和有關。

方希孟（1839～1913）字小泉，亦作筱泉，號嶧民，晚號天山逸民，安徽壽州（今壽縣）人。清同治五年（1866）補生員。後連試於鄉不中，因以教職試用。歷任太湖、霍山兩縣，補鹽運同知。方希孟曾兩次入疆，歷時較長。第一次是光緒二年（1876），為平定阿古柏匪幫，「卓勝軍」將領金運昌率軍出關，方希孟由京入其幕，光緒八年方返鄉。再次入疆是光緒三十二年（1906），應伊犁將軍長庚召入疆。宣統元年（1909），長庚升為陝甘總督，方希孟東歸。著述甚富，多未刊行。著有《息園詩存》、《讀史隨筆》、《朝野舊聞》、《新疆日記》等，因迭遭兵燹，現僅《息園詩存》行於世。《息園詩存》8卷。其西域詩主要在卷2、卷3、卷8中，約140首。詩作均有編年。方希孟兩次入疆創作了不少邊塞詩，其詩歌內容豐富，藝術成就在清代入疆詩人中較為突出。

宋伯魯（1854～1932），字子鈍，號芝田，陝西醴泉人。光緒十二年（1886）進士。翰林院編修。官至山東道監察御史。後參與戊戌變法被清廷革職並通緝，被迫避居上海、日本等地，光緒二十八年（1902）回陝西，被監禁三年。出獄後成為流寓之人。伊犁將軍長庚因慕其名，請赴新疆參與治理機宜，協助其處理事務。宋隨長庚行至迪化時，被王樹枏墾留，主持新疆通志局，纂修新疆省志。三十四年（1908），參與編纂《新疆圖志》，寫成《新疆建置志》、《新疆山脈志》各4卷〔註40〕。宣統元年（1909），長庚調任陝甘總督，宋又隨長庚東返。嗣後，見長庚因循守舊，難以施展抱負，辛亥年（1911）夏返鄉。致力於詩詞、書畫。山水專攻王時敏，頗存矩矱，用筆在著力不著力之間，憑空取神，蒼潤中更富靈秀。花卉具陳淳、徐渭風韻。書法糅合柳公權、趙孟頫。目力至佳，年逾七十，猶能寫蠅頭小楷。卒年七十九。著有《西輯瑣記》、《海棠仙館詩集》15卷。

裴景福（1854～1926）字伯謙，號睫合，安徽霍邱人。光緒十二年（1886）進士，歷刑部、戶部主事，十八年（1892）外任，分往廣東，歷諸縣知縣，皆有聲績，又開敏有智略，為所任督撫所倚重。光緒二十九年（1905），兩廣總督岑春煊控其貪贓。三十年（1906）慈禧下旨，罰金並革職流放烏魯木齊，充當苦差，永不釋回。到戍所後，應新疆巡撫聯魁之召，為其幕賓。居撫署

〔註40〕　無名氏：《清史列傳》卷72，王鍾翰點校，北京：中華書局，1987年，第5943頁。

西廳之南屋，直至赦歸。裴景福在戍時，同年進士王樹柟爲新疆布政使，因此頗受優待。到宣統元年（1909）經事中李灼華鳴冤，新任兩廣總督張人駿覆查，七月下旨釋回。民國三年（1914），裴景福出任安徽省公署秘書長，擢政務廳長。著有《睫合詩鈔》6 卷，輯有《壯陶閣書畫錄》22 卷，鐫有《壯陶閣字帖》64 冊，爲世所珍。

裴景福赴戍歷時一年，跋涉萬里，「道途之所經歷，耳目之所遭逢，心思之所接斗，逐日爲記，悉納之囊中」〔註41〕，寫成 20 萬字的《河海崑崙錄》。《河海崑崙錄》6 卷，遊記、雜感、詩文貫穿其中，所記山川道里、歷史沿革、風物特產，都簡潔明瞭。書中紀行、敘事、寫景、言志、抒情，詩文相映，情事互補；自然風光、民情風俗、時事、歷史、輿地、軍事、外交、繪畫、書法、古玩鑒賞，無所不包。《河海崑崙錄》中還收錄了一個特殊的文人李芬的詩。李芬（？～1909），四川南部人。原本爲士家子弟，因家道敗落，流落秦隴間。恰逢裴景福遭流放赴戍途經陝西，他自願以僕人的身份相跟隨。宣統元年（1909）病死，葬紅山嘴四川義地。雖是文人中的無名小人物，但他的詩篇清新質樸，頗有文采。

清代新疆，不單是西域詩歌及西行遊記的創作呈現繁榮，辭賦創作也頗引人注目。比較著名的是紀昀的《烏魯木齊賦》、王大樞的《天山賦》、徐松的《新疆賦》（《新疆賦》分南路、北路二賦），被贊爲「新疆四賦」。「沒有休閒就難有眞正的藝術、文學、哲學、科學與宗教，社會文明程度越高，休閒的內涵也就越豐富。」〔註42〕文人以詩詞歌賦的文學形式，獲得了精神的寄託和心靈的休閒。

第二節　藝術休閒

一、琴棋書畫，玩物適情

文士以琴、棋、書、畫作爲適情之物，在「玩物」的過程中獲得藝術創造和審美享受。清代新疆文人也喜歡選擇此類具有藝術審美的方式，撫琴弈棋，吟詩作畫，臨風把酒，體現了邊塞文人悠然獨樂的雅趣。

〔註41〕　（清）王樹柟：《河海崑崙錄·序》，第 6 頁。
〔註42〕　于光遠、馬惠娣：《于光遠、馬惠娣十年對話》，重慶大學出版社，2008 年，第 76 頁。

（一）琴：「靜坐焚香調古琴」

　　早在先秦，琴已是文人士大夫賦詩絃歌的風流之器。文士以琴消解閑暇，在琴聲雅韻中自娛、自樂、自適、自得。孔子、顏回、莊子、屈原、宋玉皆以琴爲修身養性之物，藉以抒發高潔的心志。孔子無論清居於陋室，抑或受困於陳蔡，然操琴絃歌之聲不絕。「左琴右書」是古代文人寄託情懷和表達處世態度的重要載體。最具代表性的人物當推白居易，他的《船夜援琴》云：「鳥棲魚不動，月照夜江深，身外都無事，舟中只有琴。七絃爲益友，兩耳是知音，心靜即聲淡，其間無古今。」〔註43〕揭示文人撫琴自遣的精要不在於技法本身，在於弦外之音，重在獲得內心的淡雅寧靜，步入超脫世俗的境界，體悟清微幽遠的意境。

　　塞外孤寂，新疆文人以琴爲寄，抒發本心，申舒性靈。遣戍至伊犁的顏檢於清幽之居，月夜賞花，撫琴飲酒，風雅自遣。有詩《栽花》云：「地僻無過客，門通一徑斜。夜來還佇月，庭隙且栽花。疏影得秋色，清陰凝露華。琴尊相與伴，何處不爲家。」〔註44〕紀昀《烏魯木齊雜詩》云：「廛肆鱗鱗兩面分，門前官柳綠如雲。夜深燈火人歸後，幾處琵琶月下聞。」詩下注：「富商大賈居舊城。南北二關夜市既罷，往往吹竹彈絲，雲息勞苦，土俗然也。」〔註45〕廛肆，泛指街市。烏魯木齊夜市喧囂之後，富商大賈意猶未盡，入夜，家中仍在彈奏琴瑟娛樂。清代新疆文人詩作中雖然少提及「撫琴」，但仍有通樂律好琴音之人。黃濬到戍地迪化第二首詩，「檢點琴書理畫叉，暫安臥具即爲家」〔註46〕。文士書齋之中，往往以琴爲擺設，以增風雅。閑暇時，撫琴遐思，可謂風雅之至。充軍新疆的傳奇人物劉鶚，作爲廣陵派的傳人更是精通樂律，曾爲其琴師張瑞珊先生刊刻了「十一弦館琴譜」，還刻有「抱殘守缺齋手抄琴譜」（現存殘稿），他所藏的唐琴「九霄環佩」，琴面有黃庭堅題記，後來歸入故宮博物院收藏的近世四大名琴之中。《老老恒言》談及養生，云「幽窗邃室，觀弈聽琴，亦足以消永晝」〔註47〕，琴與棋的確「琴可養性」，「棋可遣閒」〔註48〕。

〔註43〕　（唐）白居易：《全唐詩》，上海：上海古籍出版社，1986年，第1121頁。
〔註44〕　《清代西域詩研究》，第229頁。
〔註45〕　《歷代西域詩鈔》，第95頁。
〔註46〕　黃濬：《掃室口號》，《清代西域詩研究》，239頁。
〔註47〕　（清）曹庭棟：《老老恒言·消遣》，王振棟，劉瑞霞整理，北京：人民衛生出版社，2006年，第33頁。
〔註48〕　同上。

（二）棋：「閒對楸枰傾一壺」

孔子曰：「飽食終日，無所用心，難矣哉！不有博棄者乎？爲之猶賢乎已。」〔註49〕可見孔子也以弈棋作爲賢士消閒之舉。清代新疆文人有較多閑暇時間，於是，同仁相約，閒敲棋子，切搓技藝是常見的益智娛情方式。林則徐的日記中多次記載弈棋，「初六日，庚辰（1月6日）晴。午後諸同人來寓弈棋，即在寓中晚飯，一席共八人，花毓堂、常晴〔靖〕亭、文一飛、皂樂亭、開子捷五人皆好弈者，技藝相埒。旗營中有滿筆帖式音登額，字菊圃。即此間之弈秋也，是日亦來對局，饒諸同人各四子。余不意此地好弈者之多，故未帶棋子來，開子捷、音菊圃各假以弈具。惟嶰翁竟不知弈，亦邀來同飯。二鼓後始散。」〔註50〕從林則徐的記錄可知伊犁官員文人中好弈者居多，開子捷、皂樂亭等人相約來徐公處下棋，從午後直到二鼓才盡興而歸。第二日，諸人又至將軍居所會弈，「初七日，辛巳（1月7日）。晴。子謙將軍聞昨日之局，似覺技癢，約昨日諸人至署會弈。一屋中設兩局，將軍棋雖不及菊圃，而比諸同人皆高兩子。晚飯亦八人一席」〔註51〕。同時設兩局，有下棋者，有觀棋者，滿漢同聚，熱鬧有趣。新疆的冬日天寒地凍，不適宜出遊，文人常相聚室內，邀約一處，以棋遣閒。林則徐《壬寅日記》中多處提到弈棋，幾乎是連日會弈：

> 初九日，癸未（1月9日）。晴。將軍送木棋盤來。
>
> 二十九日，癸酉（12月30日）陰。晨起霜封樹條，滿目瑤林，甚可玩賞。飯後赴將軍、參贊處晤談。晚至開子捷處觀弈，三鼓始回。
>
> 初二日，丙子（1月2日）。晴。下午花毓堂招往觀弈，在彼晚飯，二鼓歸。
>
> 初四日，戊寅（1月4日）。晴。常開子捷邀往觀弈，赴之，在彼晚飯，二鼓歸。
>
> 十一日，乙酉（1月11日）。晴。布將軍來晤談，並送棋譜二本。常靖亭邀觀弈，午後赴之，在彼晚飯。
>
> 十二日，丙戌（1月12日）。陰。早音菊圃亦來，與兩兒弈。

〔註49〕楊伯峻：《論語譯注》，第189頁。
〔註50〕《林則徐全集》第9冊《壬寅日記》，第501頁。
〔註51〕同上。

十三日，丁亥（1 月 13 日。陰，微雪。文一飛邀諸同人會弈，借余寓中備飯，八人同席。〔註52〕

林則徐赴烏魯木齊還觀看過「南坡與秋帆對弈」的情景。南坡是黃冕的號，秋帆是海枚的字。黃冕曾任知府，因事發遣新疆，時隨林則徐赴吐魯番辦水利屯田。海枚是滿族官員，時任吐魯番領隊大臣。「送春唯有酒，銷日不過棋」，弈棋不僅僅是消遣之物，更是一種靜養工夫的修煉。博弈時，心神專一、意守棋局、謀定而動，也有助於練就縝密的思維與榮辱不驚的心性。正所謂人生如棋。借下棋，觀天地之深廣，思人生之淺狹。棋中有棋，棋中養生，拋卻勝負，無心則勝，無心則樂，無心則壽。

（三）書：「淋漓醉墨自成行」

琴、棋的休閒往往有音律或規則的局限，書法，尤其草書，是追逐個性、表達自我的獨創空間，個性、功力、學養、審美等等，都能在作者獨特的創造中得到反映。新疆文人中有不少人擅長書法：李鑾宣善書法，楷、行均秀健有體，與前觀察秦小峴瀛有「前秦後李」之稱；徐步雲書法尤為精妙，小楷似《樂毅》，行書似《聖教序》；裴景福喜書畫，輯有《壯陶閣書畫錄》22卷，鐫有《壯陶閣字帖》64 冊，為世所珍；朱錕對篆刻書法情有獨鍾，留有《亦愛廬印存》4 冊，輯趙仲穆、謝梅石、吳昌碩及童大年四人之刻印數十方；林則徐的行書章法勻稱，筆劃勁健，氣勢流暢，許多傳世墨跡均堪稱佳作林氏小楷精絕，雅好抄經。

文人在新疆的詩文雖然繁複但多以描摹風景為主，較少涉及自身的閒暇生活。林則徐日記對戍地生活記載較詳細，除了與友人互訪傾談或相約會弈之外，最多的就是以書法自娛，揮灑筆墨，行雲流水。信手摘錄壬寅日記可見：

初二日，乙亥（5 月 1 日）。晴。為人作字。517 頁

初三日，丙子（5 月 2 日）。晨起雨雨陣即晴。竟日作字。517 頁

初五日，戊寅（5 月 4 日）。晴。書扇子。午後鄧嶰翁、劉養雲煜來。517 頁

二十四日，丙申（7 月 21 日）。晴。將軍祀武聖，邀吃肉，與兩兒俱赴之，午後回寓。書扇子數柄。夜半微雨。528 頁

〔註52〕《林則徐全集》第 9 冊《壬寅日記》，第 502 頁。

十八日，庚子（7 月 25 日）。晴。前數日天涼，今日復熱。書匾對。

初二日，癸卯（7 月 28 日）。陰晴相間。書掛屏十餘幅。

初七日，戊申（8 月 2 日）。晨起陰，旋晴。書對聯、屏幅。

在徐公甲戌（4 月 30 日）的日記中提及「爲慶參贊作園亭聯額，並爲書之」〔註53〕，可知林則徐爲慶參贊的園林與亭臺作對聯、匾額。在庚〔己〕寅〔丑〕（5 月 15 日）日記中記錄與此相呼應，「慶參贊於署中園亭廟宇俱加修整，是日懸掛匾對，招往宴遊」〔註54〕。慶參贊的園林綏園，景色秀麗、百花齊放，爲伊犁風景一勝。論文上一章節曾專門描繪，此處不再贅述。慶參贊修整園林後特意請林則徐爲園林書寫匾額、對聯，特意選擇良辰吉日懸掛匾額，並招同仁宴飲遊園。此舉足見文人雅興。

林則徐素喜書法，是清代名重一時的書法大家。在伊犁的遺墨極多，應邀爲人書寫的有條幅、掛屏、扇面、匾額、楹聯、中堂。《國朝先正事略》記載：「公書具體歐陽，詩宗白傅。」在伊犁，「求題詠者雖踵接，不暇應也……伊犁爲塞外大都會，不數月縑楮一空，公手跡遍冰天雪海中矣。」徐公日記載：「二十九日，辛丑（7 月 26 日）。晴。富容之遣人送到第十八號家信，並對箋十卷、策卷陸本、摺扇八十五把……俱收訖。」〔註55〕家中特捎來摺扇八十五把，可知「求題詠者雖踵接，不暇應也」所言不虛。二十七日，己丑（3 月 5 日）林則徐抵迪化特在托克遜行館小住兩日，因「過烏魯木齊時求書紙幅甚多，俱許以到此寫就交南坡分致。故須小停以踐前諾。茲窮兩日之力，所書不五十餘紙矣」，說明塞外雖荒遐之地，但喜好書法，仰慕徐公之雅士頗多。林則徐喜愛練書法，也喜歡賞書法。林則徐日記中記載，「初二日，癸巳（3 月 9 日）。晴。三十里至河色爾臺，又名榆樹溝，此處有榆樹數株，井水可飲，軍臺潔淨，較前數臺俱勝。臺之東亦有武聖廟，乃肅州鎮軍珠爾登所修者，與庫木什臺之廟俱覺煥然一新。其匾額皆喀城書識趙廷璧，不軟俗」〔註56〕。

劉鶚志趣廣泛，不但精通琴譜，他還喜好舞文弄墨。劉鶚在自己戍所房

〔註53〕《林則徐全集》第 9 冊《壬寅日記》，第 517 頁。
〔註54〕同上，第 518 頁。
〔註55〕《林則徐全集》第 9 冊《癸卯日記》，第 528 頁。
〔註56〕《林則徐全集》第 9 冊《乙巳日記》，第 540 頁。

門上書有海瑞所撰的對聯，上聯「人莫心高，自有生成造化」，下聯「事由前定，何須巧用機關」。劉鶚的筆墨一時風行，前來小屋造訪者，不僅有診病的患者，還有慕筆的文人。據說他爲很多人撰寫過對聯，但大多失傳，其中有一副是爲李文謹理髮店所寫，上聯「流水小橋催約影」，下聯「春風深巷賣花聲」。劉鶚的文學素養，對他身邊的人也起到了很大影響〔註57〕。

（四）畫：「抑流競、養怡素」

琴的閒淡，棋的閒適，書的閒逸，畫的閒遠，成爲中國傳統休閒的典型。自古便有「書畫同源」之說，繪畫與文學、書法，在意境、神韻上頗具相通之處，便可以互相影響，相扶相長。中國畫的清幽淡逸符合傳統文人的審美追求，帶給人高遠、深遠、空靈、超脫、飄逸的意境。遣戍新疆的文人有擅長筆墨丹青者。張蔭桓書畫超逸，尤長於山水，喜收藏。他的書齋命名爲鐵畫樓，將個人詩文集命名《鐵畫樓詩鈔》、《鐵畫樓駢文》、《鐵畫樓詩續鈔》；曹麟開也擅工山水，長於巨幅畫作，得吳鎮遺意；周珠生才華橫溢，工篆，善丹青、星學，騎射兼擅。作畫與品畫同樣給人心曠神怡、內心愉悅的審美享受。欣賞書畫會令人心曠神怡，達到精神上的享受。最具有美學境界的莫過於南北朝時宗炳提出「臥遊」。即使不作畫，以「臥遊」欣賞山水畫代替遊覽而體悟山水，是一種至高的哲學思想。以「畫」消閒，無論作畫與品畫，都蘊含著文人特有的閒雅趣味，最能體現文士藝術休閒的精髓。學畫能以畫寓意，窗明几淨，描寫景物，或觀佳山水處，胸中便生景象；或觀名花折枝，想其態度綽約，枝梗轉折，向日舒笑，迎風欹斜，含煙弄雨，初開殘落，布置筆端，不覺妙合天趣，自是一樂。

二、品曲藝：「地近山南估客多，偷來番曲演鴦哥」

百戲是古代民間樂舞雜技的總稱，主要包括雜技、歌舞戲和俳優表演（優戲）等。文人的休閒生活不僅僅局限於自我、友人的小圈子，也會融入社會大眾生活，與民同樂。隨著大批漢人移居新疆，除節日風俗，內地各類戲曲、說書、馬戲等也移植到新疆，大大豐富了新疆各階層人士的休閒文化生活。作爲新疆大都市的烏魯木齊更是絲竹之聲不絕於耳，城南城北「酒樓

〔註57〕以上引自張昉：《〈老殘遊記〉的作者在烏魯木齊》，中國人民政治協商會議烏魯木齊市委員會文史資料研究委員會編：《烏魯木齊文史資料》第6輯，新疆青年山版社，1983年，第36頁。

數處，日日演劇，數錢買座，略似京師」〔註58〕。

　　紀昀學識淵博、興趣廣泛、生性詼諧，遣戍烏魯木齊期間，紀曉嵐置身在「玉笛銀箏夜不休」的邊城烏魯木齊，遊樂於「城南城北酒家樓」，聽「春明門外梨園部」的戲曲，彷彿又回到了京師，「風景依稀憶舊遊」〔註59〕。「聽戲」是紀昀在烏魯木齊的消閒方式，從《烏魯木齊雜詩》記載來看，紀昀所聽的戲曲有京戲、雜劇、崑曲、越劇、楚調等多種。

　　烏魯木齊集梨園數部，紀昀遍聽新疆的戲曲，尤爲欣賞幾位藝人，特在《烏魯木齊雜詩》中逐一記之：遣戶中有唱崑曲者，又自集爲一部，以杭州程四爲冠；遣戶何奇，以楚聲爲豔曲，所演唱的《紅綾褲》，聽者動人心魄、催人淚下。「老去何勘出玉門，一聲楚調最銷魂。低徊唱煞紅綾褲，四座衣裳浣酒痕」〔註60〕；劉木匠以旦角擅場（長），年愈三旬，姿致尚在，「彷彿徐娘風韻在，廬陵莫笑老劉郎」〔註61〕；鱉羔子以生角聞名，「烏巾墊角短衫紅，度曲誰如鱉相公」〔註62〕；藝人簡大頭以丑角擅場，演技絕佳，觀者傾倒，「半面眞能各笑啼，四筵絕倒碎玻璃」〔註63〕，民間藝人簡大頭半邊臉笑，半邊臉哭的絕技讓紀昀歎爲觀止，「雖京師名部不能出其上也」。紀昀還聽過多個梨園班子歌童的表演，並將這幾部歌童做比較，認爲昌吉遣戶的子弟演唱僅次於冠首，「歌童數部，初以佩玉、佩金二部爲冠，近昌吉遣戶子弟新教一部，亦與之相亞」〔註64〕。並且提到「元夕各屯十歲內外小童，扮竹馬燈，演昭君琵琶雜劇，亦頗可觀」〔註65〕。雖然邊塞，戲曲表演者中亦不乏藝壓群芳，色藝絕佳的民間藝人。紀昀的休閒生活，出入勾欄瓦舍，聽戲評角。通過《烏魯木齊雜詩》生動的描述，讓人如身臨其境。黃濬也是戲迷，雖然他在文集《紅山碎葉》中沒有直接寫聽戲，但詳細生動地記載了清代盛行於邊城的戲曲樂舞班社、藝人、稱謂、曲目與沿革歷史。對新疆的戲曲藝術可謂瞭解至深。清代新疆官員宴請往往會請戲班助興演戲。清室鎮國公愛新覺羅·載瀾在烏魯木齊時喜歡宴飲聽戲，一時間湘軍花鼓戲風靡一

〔註58〕《歷代西域詩鈔》，第 120 頁。
〔註59〕同上。
〔註60〕同上，第 121 頁。
〔註61〕同上。
〔註62〕同上，120 頁。
〔註63〕同上。
〔註64〕同上，121 頁。
〔註65〕同上，120 頁。

時。烏魯木齊「到處歌樓到處花，塞垣此地擅繁華」〔註66〕。繁華的烏魯木齊自然不會缺少歌舞曲藝。劇種多樣的戲曲極大豐富了文人的休閒生活。

　　酒樓梨園多是官宦達人雲集之所，布衣文人可以在廟會看戲。每逢重要節日，廟宇前會有「廣闊之地搭臺演出」，酬謝神靈庇祐。林則徐的日記載：「十五日，戊子（3月15日）。晴。早飯後一飛、子期、吟仙俱來，即同出北關，見大神廟中演劇，亦在茶棚小坐折回。」〔註67〕大神廟演戲，在茶棚買碗茶就可以喝茶聽戲，此為平民百姓喜愛的消費方式。惠遠城廟中演戲不止一處，林則徐與友人去大士廟上香，再次觀劇，「十九日，壬辰（3月19日）。晴。晨起詣大士廟行香，順拜各客而回。吟仙、子期來寓早飯，並與兩兒同赴大士廟觀劇，晡時仍來同飯」〔註68〕。

三、聽說書：「地爐松火消長夜，且喚詼諧柳敬亭」

　　說書又稱「評話」，多以歷史故事或傳說為依據，進行一定的藝術加工，由說書人說唱。說書可以隨時隨地進行，深受大眾喜愛。邊塞的文人閒暇時也以聽評書遣閒。紀昀讚歎說書人何七詼諧幽默，特意將當時說書、聽書的情景賦詩一首：「神史荒唐半不經，漁樵閒話野人聽，地爐松火消長夜，且喚詼諧柳敬亭。」〔註69〕遣戶孫七說書如稗官，野史閒話，逸聞瑣事，娓娓道來，「掀髯抵掌，聲音笑貌，一一點綴如生」〔註70〕，就像張岱筆下的柳敬亭一樣，說書人說書生動傳神，聽客們圍坐在火爐旁聽歷史故事，消磨著塞外長夜，其樂融融。

四、觀雜技：「尋橦度索巧無雙，傳自花門遠部降」

　　「塞外豐盈，游子鬻技者麇至」〔註71〕。紀昀曾觀看趙地來的女子表演馬戲，觀者見到如此精彩的表演，紛紛向場內投錢，「不惜黃金拋作埒，風流且喜見邯鄲」〔註72〕。祁韻士觀看維吾爾族藝人表演繩技達瓦孜，特作詩描

〔註66〕《歷代西域詩鈔》，103頁。
〔註67〕《林則徐全集》第9冊《癸卯日記》，第511頁。
〔註68〕同上。
〔註69〕《歷代西域詩鈔》，第121頁。
〔註70〕同上。
〔註71〕同上。
〔註72〕同上。

述藝人踏繩之技的靈巧無雙,「尋橦度索巧無雙,傳自花門遠部降。子子於於多少態,熟能矯捷力能扛。」注:「回人善為踏繩之技。」〔註73〕廟會也是全民休閒的活動場所。每逢廟會日,男女老少不分貴賤,都會去遊廟會,文人也不例外。從林則徐日記可知,林則徐等人在伊犁時,曾多次相約一同去廟會觀劇。廟會的雜技曲藝可謂豐富多彩。從描摹廟會的唱詞,可感受到廟會熱鬧的情景:「廟會過了十來天,大人娃娃擠成山。西安人敲梆子唱亂彈,天津人又唱又跳拉洋片。河南人耍猴買藥圈圈圈,拳把式耍的刀槍矛子三節鞭,吹嗩吶鼓敲的歡,喀什噶爾的珠彎繩太驚險。」〔註74〕

第三節　節慶休閒

　　清代節日基本沿襲宋明,傳統節日眾多,節慶活動更是豐富多彩。「長城外的漢族人無論在家、出門,在生活中仍然保持著祖先們一直遵循的老規矩、老習慣,這些東西相沿成俗,大約已不止千年了。按舊風俗仍然要過大年和其他漢族節日,仍然拜年,送節禮。」〔註75〕新疆的漢人也過四時八節,最隆重的節日要屬新春元旦(春節)、元宵節、端午節、中秋節和冬至節等等。同時,新疆多民族聚集,節慶休閒又注入新的文化因素形成了地域特色的休閒。新疆文人日常的休閒基本局限在文人階層之間的互動,慶祝佳節的時候,會更多地融入市井生活,與大眾同樂。元旦佳節賀年拜神,元宵節觀冰燈,清明節已是春和景明,更是踏青賞花的時節。除此之外,重陽節約友人品菊,中秋節飲酒賞月等等,都為文士所喜愛。

一、年節:「酒果新年對客陳,鵝黃寒具薦燒春」

　　年節即農曆正月塑日,謂之元旦,俗呼為新年。它是一年當中的第一個節日,也是漢族傳統節日中最古老、最傳統的節日之一。當時也稱元旦,今稱春節。節慶的休閒方式亦同內地,如年節吃餃子、放鞭炮、穿新衣、殺豬、貼春聯、拜年、祝福。春節的節慶時間較長,傳統意義上是從臘月初八的祭臘開始,包括臘月二十三的祭灶等,一直到正月十五,其中以除夕和正月初一為高潮。春節作為漢族隆重的節日,必不可少的是焚香叩拜神靈祖宗。林

〔註73〕《繩技》,《清代詩文集彙編》第429冊,第719頁。
〔註74〕仲高《西域藝術通論》,烏魯木齊:新疆人民出版社,2004年,第70頁。
〔註75〕《長城外的中國西部地區》,第78頁。

則徐日記載：「元旦，甲辰（1843 年 1 月 30 日）。晴。五鼓焚香，望闕叩頭，又拜迎諸神。」〔註76〕年節拜神之後還要親友相互拜賀，據《哈密志》記載，元旦佳節，「男女登堂拜賀新年，富者盛設筵宴款待，彼此治酒，互相請答，人情頗爲醇厚」〔註77〕。看出，新春拜年在塞外成爲漢民族聯絡感情的主要方式。文人也不例外，一般是地位低的給地位高的拜年，年輕的向年長者拜年。林則徐日記載：「黎明，嶰翁前輩來，遂與同至福澤軒、文一飛寓中，並邀一飛赴將軍、參贊處賀年，俱晤談。又於同城內，互相答拜者二十餘處，惟花毓堂一處得晤。午後文一飛來。是晚，嶰翁及子期、吟仙俱來同飯，二鼓散去。」〔註78〕文人之間尤爲重視新年禮節，出門相拜賀友人，以至於相互錯過，彼此不得相見。即使道光二十五年（1845），林則徐奉命赴南疆勘田，途瑪納斯正逢年節，城中文武官員俱前來向林則徐賀年。林則徐生病未康復，所以派人拿著請束向友朋送上祝賀。漢族官員文人無論宴請或拜賀新年都襲用內地的拜帖禮，賀年時可派人持賀束傳達祝福。新春拜年是文人之間聯絡感情自發自願的方式，至於官員「朝服齊集萬壽宮，行三跪九叩首禮」〔註79〕，平民「自設香案，望闕叩頭」〔註80〕。祭拜屬於必須遵循的禮制，不屬於休閒活動。

　　即使在塞外，年節仍然是漢族的隆重節日。莊肇奎有詩形容年節的熱鬧：「除夕不能寐，爆竹滿耳衢。」〔註81〕紀昀描述烏魯木齊漢人年節的情形，「酒果新年對客陳，鵝黃寒具薦燒春。近來漸解中原味，浮盞牢丸一色勻」〔註82〕。家家注重待客之禮，「新年客至，必陳饊餌四器，佐以燒酒，比戶類然。近能以糯米作元夕粉團和其他糕餅」〔註83〕，紀昀稱讚糕點口味「亦略同京師之制」〔註84〕。洪亮吉遣戍途中經吉木薩城，「縣丞長洲蔣君錦成來謁談至上燈乃去並饋春餅、牢丸及南茱數種」〔註85〕。

〔註76〕《林則徐全集》第 9 冊《癸卯日記》，第 505 頁。
〔註77〕《哈密志》卷 17《風俗》。
〔註78〕《林則徐全集》第 9 冊《癸卯日記》，第 505 頁。
〔註79〕（清）和瑛：《三州輯略》卷 6《禮儀門》。
〔註80〕同上。
〔註81〕《甲辰元旦即事書懷》，《清代詩文集彙編》第 363 冊，第 37 頁。
〔註82〕《烏魯木齊雜詩》，《歷代西域詩鈔》，第 105 頁。
〔註83〕同上。
〔註84〕同上。
〔註85〕《洪北江全集》第 8 冊《伊犁日記》，第 15 頁。

二、元宵節:「朔風一夜結作冰,裁雪妙手搏爲燈」

元宵節在農曆的正月十五,道教稱正月十五爲上元,又稱上元節。因爲元宵之夜,張燈結綵,也稱「燈節」。新疆的元宵節異常熱鬧,除了吃元宵也有鬧花燈。

許多文人作詩描述元宵節的情景,紀昀生性喜熱鬧,自然不會錯過元宵佳節。他用詩句「犢車轣轆滿長街,火樹銀花對對排。無數紅裙亂招手,遊人拾得鳳凰鞋」〔註86〕,描述了烏魯木齊燈節火樹銀花,遊人如織,摩肩接踵的繁榮。道光二十五年(1845)正月十三日,林則徐從伊犁到達烏魯木齊。恰逢元宵節將近,友人挽留,盛情難卻,特推遲行程,留烏魯木齊賞燈。《乙巳日記》中記載,「紅廟元夕燈市頗盛,自城內至關外,通衢多豎牌坊,燃燈數夜」〔註87〕。趙鈞彤元宵節路過鎮西府(今巴里坤),讚歎深山雪嶺之中的邊城竟然如此別開生面的熱鬧。「六鼇雙鳳頌聲興,火樹銀花麗句稱。爭意元宵有生面,雪山坳裏看春燈。塡城簫鼓縱奇觀,客邸行沽亦盡歡。試聽連天喧爆竹,投荒更破一春寒。」〔註88〕詩中「六鼇雙鳳」,指的是元宵佳節眾多鼇、鳳形的彩燈。還有「塡城簫鼓」,「連天爆竹」,衝破料峭春寒。過路戍客也被熱鬧氣氛感染,興高采烈。元宵節,伊犁文人也是在熱鬧非凡的中度過,趙鈞彤《庚戌元夕五絕句》,其二和其四云:

> 百日勤勞一夕歡,長街如筍起燈竿。
> 擬將春夜千條燭,照破邊沙萬古寒。
>
> 千尾金蛇萬個雷,柳營深閉錦雲堆。
> 遙看賴有攻梯法,男婦喧闐上屋來。

前一首寫街道上的彩燈「春夜千條燭」,遊人瞻燈,盈街塞巷。後一首寫庭院的鞭炮「千尾金蛇萬個雷」。男男女女甚至登上房頂遠觀煙火,足見伊犁元宵佳節的繁華。

除了賞花燈、放煙火,另有猜燈謎、耍社火、跑旱船等活動助興。燈謎是明清時代元宵節的重要節目,十分吸引人。謎語涉及內容廣博,上自經文,下至詞曲,學問不深的人也猜不中。製燈謎、猜燈謎的過程考驗才華和思維,也是一項樂趣無窮、雅俗共賞的休閒娛樂活動。新疆「元宵燈謎,亦同內地

〔註86〕《烏魯木齊雜詩》,《歷代西域詩鈔》,第119頁。
〔註87〕《林則徐全集》第9冊《乙巳日記》,第446頁。
〔註88〕趙鈞彤《元宵次鎮西府題二絕句》,《清代西域詩研究》,第287頁。

之風」，但謎面「其詞怪俚荒唐，百不解一」〔註89〕。連飽讀詩書的紀大學士也猜不出燈謎，自嘲「迷離不解春燈謎，一笑中朝舊講官」〔註90〕。能否猜中謎底並不重要，只爲節日助興。元宵節看社火也是文人們喜歡的娛樂項目。黃濬觀看烏魯木齊的社火，並作長詩《紅山燈市秧歌行》云：「秧歌之會盛閩粵，紅山元夜今殊科」〔註91〕。從詩中可以想像到紅山腳下，烏魯木齊的居民共度元宵節的盛況：火樹銀花，載歌載舞，喬莊裝扮的人物競相亮相，歡聲如潮，作者亦融入其中，歡天喜地。紀昀在《烏魯木齊雜詩》中，有多首詩描述元宵節的休閒娛樂生活，「燈船之戲，亦與內地彷彿」〔註92〕。「元夕各屯十歲內外小童，扮竹馬燈，演昭君琵琶雜劇，亦頗可觀」〔註93〕。元宵節不但有歌舞表演，舞獅比賽更是博彩。紀昀也不甘寂寞，在街頭隨人潮觀舞獅，並作詩記之，「簫鼓分曹社火齊，燈場相賽舞狻猊。一聲唱道西屯勝，飛舞紅箋錦字題」。詩下注：「孤木地屯（今米泉）與昌吉頭屯以舞獅相賽，不相下也。昌吉人舞酣之時，獅忽噴出紅箋五六尺，金書『天下太平』字，隨風飛舞，眾目喧觀，遂爲擅勝。」〔註94〕

　　林則徐日記中詳細記錄了在惠遠的節慶休閒生活。癸卯丙辰（2月11日）十三日，「將軍、參贊俱送湯糰。將軍又送煙火，綏定鎮亦送花炮來。」〔註95〕十四日，丁巳（2月12日），「夜觀燈火，二鼓歸」。「十五日，戊午（2月13日），遣人赴各處賀節。午後憪翁來，遂留晚飯，並邀吟仙、子期俱來，食畢放煙火。月色如晝，復與嶰翁諸人踏月出遊。市上有演臺閣、唱秧歌者，二鼓歸。」〔註96〕從觀花燈、食湯圓、放煙火、看社火，可知伊犁文人對元宵節也是非常重視的。不但伊犁的元宵節連續多日喧鬧，烏魯木齊等地也是普天同慶，燃燈數夜，鑼鼓齊鳴，煙花炮竹，精彩紛呈。《哈密志》記載：「元宵佳節，張燈五夜，各鋪戶中均有燈棚，大店懸燈尤多，並佐以鐃鈸喧天，煙火花炮，熱鬧非常。」〔註97〕

〔註89〕　《烏魯木齊雜詩》，《歷代西域詩鈔》，第119頁。
〔註90〕　同上。
〔註91〕　楊麗：《黃濬流放新疆期間的詩作》，新疆大學學報（社會科學版），2000年第3期，第68頁。
〔註92〕　《歷代西域詩鈔》，第120頁。
〔註93〕　同上。
〔註94〕　同上，第101頁。
〔註95〕　《林則徐全集》第9冊《癸卯日記》，第506頁。
〔註96〕　同上，第507頁。
〔註97〕　《哈密志》卷17《風俗》。

　　新疆的元宵節的風俗與內地大同，雖然煙火、花燈、社火無法與京都相媲美，唯獨巴里坤的冰燈為塞外奇觀，精美獨具一格。巴里坤縣，其地居雪山之陰，六月西北風起，即雨雪，為塞外極寒之地。清代，大量漢族軍民遷入與定居鎮西，形成濃鬱的漢文化區域。入疆的官員文人路過巴里坤時多有詩文記載或吟詠。江華知縣金德榮遣戍巴里坤時，在知府圖勒炳額家中任幕僚和私塾。金德榮在戍三年，連續三次觀賞元宵節冰燈，金德榮認為自己「平生足跡幾半天下，從未見此奇製。」應知府圖勒炳額（字毅堂）之邀作長詩《巴里坤冰燈歌》。全詩如下：

> 雪山高與天山接，上有萬古不化雪。
> 朔風一夜結作冰，裁雪妙手摶為燈。
> 以礬入冰冰不化，以燭照冰光四射。
> 五里以內盡通明，半月能教天不夜。
> 元夕冰輪照碧空，大千人入水精宮。
> 鰲山拔地一千尺，飛閣層樓跨其脊。
> 其下殿宇鬱嵯峨，其上浮圖耀金碧。
> 長橋臥波何蜿蜒，西接清虛小洞天。
> 有佛皤腹踞石坐，有獅弭耳當門臥。
> 琪樹花開四照明，絳霄雲擁群仙過。
> 北張六六頗黎屏，映帶左右光熒熒。
> 搖窗的礫金荷小，長廊一桁晶球繞。
> 火樹銀花匼匝開，絕無風信起黃埃。
> 川原夜色明如畫，士女車聲響若雷。
> 笙歌嘈雜南樓底，鐵板銅弦間宮徵。
> 迤東小閣賓筵張，葡萄美酒琥珀光。
> 清瑩照坐肌生粟，熱客都變冰心腸。
> 此是塞外一奇景，憑虛幻出玲瓏境。
> 珠宮貝闕窈而深，不似蜃樓空現影。
> 羌餘遷謫萬無狀，興酣欲與寒威抗。
> 滿浮大白和月吞，不信冰山堪倚傍。
> 月支留滯歷三春，三見冰花鏤刻新。

世間創格乃有此，不枉隻身行萬里。〔註98〕

《十朝詩乘》卷12有《巴里坤冰燈》條：「有典商鄭姓者，晉人也。每多寒，疊雪爲冰燈，廣袤各十餘丈，峰巒樓閣，層出不窮，若屏、若壁、若几案人物，悉搏冰爲之，中耀以燭。上元節屆，城鄉士女堵立縱觀，詫爲創製。上元金德榮以江華令謫戍紅山，就圖毅堂太守幕，爲作長歌。」〔註99〕長詩首先介紹了冰燈製作方法：加入明礬使冰凝固不化。把冰塊鑿成中空，將燈燭放入其中。據《巴里坤縣志》記載，觀燈點在東街涼州廟的三層閣樓，此處是巴里坤的最高點。涼州廟閣樓與四周閣門都點燃冰燈，遠看閣樓如同錯落有致的燈塔。燭光的照耀，燈塔明亮，方圓五里都被照亮。遊人彷彿進入了晶瑩剔透的水晶宮。飛閣層樓被裝點得金碧輝煌，冰雕造型各異，有蜿蜒長橋，有坦腹彌勒，有坐臥雄獅，有群仙人物，有多彩屏廊。冰燈營造了不夜城，車馬碾冰踏雪，仕女的歡聲笑語，絲竹彈奏之聲混合，熱鬧如潮。東邊的小閣還有夜宵迎賓，葡萄美酒。金德榮以長詩的形式，對觀冰燈的休閒娛樂做了眞實的記錄和生動的描繪。冰燈是新疆寒冬與冰雪中的極寒之趣，極樂之境。塞外的文人平時沉思寂靜慣了，即便文人雅集也是談詩論道，風雅清淡。文人在元宵節眞正感受了新疆人聲鼎沸，喧鬧喜慶的休閒生活。

三、其他節日：「萬里獨攜東海月，崑崙山下做中秋」

中秋節。農曆八月十五日在秋季的中間，故這天稱爲中秋節，是漢人傳統的重要節日之一。每逢中秋佳節，奇臺各商號與迪化的商號一樣，並經營時令、節日商品，門市鋪面設專櫃銷售月餅和水果〔註100〕。文人在這天也要賞月慶祝，更多的是賦詩抒懷。李鑾宣作《疏勒中秋》：「嫦娥應一笑，佳節今不孤」〔註101〕；施補華作《己卯中秋》：「萬里獨攜東海月，崑崙山下做中秋」〔註102〕；鄧廷楨作《伊江中秋》：「天半悲風波萬里，杯中明月影

〔註98〕該詩後被朱緒曾的《國朝金陵詩徵》卷30全詩收錄。
〔註99〕參見龍顧山人纂：《十朝詩乘》卷12《巴里坤冰燈》，卞孝萱、姚松點校，福州：福建人民出版社，2000年。
〔註100〕劉卓：《新疆內地商人──晚清至民國》，復旦大學博士論文，2006年，第84頁。
〔註101〕《歷代西域詩鈔》第202頁。
〔註102〕同上，第199頁。

三人」〔註103〕；陳庭學作《中秋夕胥園招飲，未赴，明日柬意》：「誰借好風天上去，縱觀仙桂嶺頭飄。」〔註104〕雷以諴《伊犁中秋月夜》：「今秋月滿照伊垣，月下人來偕笑言。」〔註105〕把酒對月常是詩人的一種雅興，美酒盈樽，獨自一人，仰望夜空，遐想無窮。中秋節是漢族家人團聚的傳統節日，而獨在異鄉的文人難免思鄉，中秋往往借賦詩遣閒，但往往風格沉鬱。新疆漢人對中秋節也是比較重視的。《清文觀止》的《記新疆邊防》篇記載：乾隆三十三年（1768）的中秋，昌吉的屯官在中秋節犒勞屯田遣犯，遣犯以及家眷集體過節，置酒山坡，男女雜坐。屯官醉酒後逼流婦唱歌，導致遣犯的反抗，引發了清代新疆歷史上規模最大的遣犯暴動。

端午節。原稱「端五節」。新疆的漢人的端午節雖然不及內地隆重，但仍然會舉行一些紀念活動，互相拜訪也是慶賀方式之一。道光二十五年（1845）林則徐奉命赴阿克蘇勘察地畝，林則徐日記中記載，這天恰逢端午節，他受到當地漢族官員和百姓的拜見和祝賀。說明新疆的漢族官員和百姓仍然保持著內地端午節的「賀節」的節日習俗。

土地節。傳說土地節是為紀念土地神的生辰。新疆漢人「自初一日夜，亦張燈起，至初三日止，白晝間各鋪戶，作抬歌數十，獻於土地神前，遊街穿巷」〔註106〕，對此節日的紀念還是比較隆重的。文人們歡度佳節，一方面是因在節日的氣氛受到感染，另一方面因塞外佳節，漢族的風俗與內地相仿，融入其中，如在故里，暫時忘卻「獨在異鄉為異客」，以此慰藉思鄉之情。

第四節　觀賞休閒

遊賞性休閒與觀賞性休閒同為賞心悅目，遊賞性休閒趣在於「動」，觀賞性休閒韻味在於「靜」，兩種方式一靜一動。觀賞性休閒是一種靜態休閒觀，休閒方式的柔和。也許正是由於這種柔和、舒緩的休閒方式，才使之成為調適心靈，精神慰藉的生命之歌。文人清雅，朝吟風雅頌，暮唱賦比興，秋看魚蟲樂，春觀草木情。

〔註103〕《歷代西域詩鈔》，第 226 頁。
〔註104〕《塞垣吟草》，《清代詩文集彙編》第 395 冊，第 385 頁。
〔註105〕《雨香書屋詩續鈔》卷 2，《清代詩文集彙編》第 589 冊，781 頁。
〔註106〕《哈密志》卷 17《風俗》。

一、豢養動物

（一）飛禽：「野人知我閒，遺我一鶴子」

鶴，因其形貌俊逸，鳴聲清麗，翩然飛舞，被視爲祥瑞之鳥。鶴姿態優美，性情雅致，自古以來一直爲世人關注與喜愛。歷代文人常以鶴自喻，以象徵君子與隱士，寄託高遠的志向與脫俗的人格追求。鶴既有音色羽翼之美，又具隱士君子之韻，加之舞姿翩躚，因此文人愛鶴、詠鶴、養鶴成爲風尙。新疆的文人亦不例外。陳庭學曾受人饋贈，「野人知我閒，遺我一鶴子」〔註107〕，鶴初被豢養，局促不安，「有時入虛室，逕自上床幾。尋鶴鶴邊出，踏翻硯池水」，詩人不以爲怪，以鶴類比，「意頗與我似」，借詠鶴寄託自己的志向「神澹寄高遐，翩弱肯卑彌」，如同詩人被戍伊犁但仍心懷雄心壯志「養待翅如輪，青宵盤更起。」〔註108〕放鶴飛舞，直入雲霄，無論是歸隱山林還是胸有凌雲壯志都能借鶴神遊一番遐想。雷以諴遣戍伊犁時曾蓄養仙鶴，在《痊鶴》詩下自注：「園中鶴忽一夜驚叫，次日一白者左翅被傷，流血而萎，即命深痊，並爲詩弗之。」從注可知雷公養鶴不止一隻，鶴受傷立刻醫治，並作詩記之，足見對鶴愛之深切。對鶴的飼養也是精心，「兼飼方沼鮮，古楡蔭可倚，小喔幽堪眠，波潔資滌刷，院敞舞翩躚」，當鶴受傷，萎靡厭食，「委命雖怛化，倘或登飛仙，塵網那可攖，落落陵九天，念之詎用慼，所惜違周旋，清霜明月宵，獨鳥迴池邊，以茲覺惆悵，未免情爲牽，痊之並作詩，聊復當銘傳」〔註109〕，擔憂鶴化仙歸天，有自感世間塵網無力挽留，爲鶴逝去感到惆悵，情爲此牽掛，待鶴痊癒後欣喜作詩，權當爲鶴作銘傳。鄧廷楨在伊犁曾養鶴，獲釋東歸時將鶴貽贈給好友林則徐〔註110〕。林則徐作詩，「鄧公畜此鶴，隔歲還贈余」〔註111〕，林則徐憶起二十年前，曾在西湖放鶴，「誰知萬里身，墜落崑崙墟」〔註112〕，似說此鶴轉世與自己相遇崑崙，又似以鶴借自指人生跌宕起伏。林公有鶴相伴，閑暇時，爲鶴拂毛羽，弄琴相與娛，眞是一番閒情雅致。莊肇奎戍滿歸鄉時將所養的鶴贈給

〔註107〕《鶴子》，《清代詩文集彙編》第395冊，第396頁。

〔註108〕同上。

〔註109〕《雨香書屋詩鈔》卷下，《清代詩文集彙編》，第712頁。

〔註110〕《贈鶴和少穆》，《清代詩文集彙編》520冊，第561頁。

〔註111〕《林則徐全集》第6冊《詩詞·調鶴》，來新夏等編，楊國楨點校，福州：海峽文藝出版社整理本，2002年，第91頁。

〔註112〕同上。

友人，作詩《別鶴一首》：「尋來琴軫伴，獨立訟庭間，未放山頭去，難攜馬上還。剩糧留客飼，鶴已贈施太守。引頸向轅攀，如遇傳書便，休辭訪故山」〔註113〕。從詩中可見，莊肇奎在戍地的生活以琴鶴相伴排憂解愁。歸鄉之時不忍放鶴歸山野，將鶴託付給友人。

烏魯木齊鳥類眾多，「山禽滿樹不知名，五色毛衣百種聲」〔註114〕。鳥兒五彩羽毛，百聲鳴唱。雖「山禽可愛者多，率不知名，畜養者亦少」〔註115〕。其中黃鶯是比較多見的，「穿簾瞥見是鶯鶯」〔註116〕。「鶯鶯」指黃鶯，又名黃鸝、黃鳥。因羽毛豔麗，鳴聲悅耳，性情溫順，適宜被蓄養。林則徐在伊犁時，得友人贈黃鸝，「十二日，癸丑（8月7日）。晴。書扇子，皂樂亭送黃鸝來」〔註117〕。

新疆水土適宜鴿子繁殖，畜養家禽中最尋常見的是鴿子。林則徐路過格子煙墩時所見，「此地民居二十餘家，水尚可飲，鴿子頗多」〔註118〕。紀昀記述烏魯木齊城中養鴿達成千上百隻，「徹耳金鈴個個圓，簷牙屋角影翩翩。春雲澹宕春風軟，正是城中放鴿天」〔註119〕，風和日麗，鴿哨琅琅，為邊城岑寂的生活增添了生活情趣。

鴿子在南疆曾被奉為「神鴿」。據斯坦因記載，在和田紅柳叢中，有一個被稱為「鴿子塘」的寺廟。當斯坦因的尋寶隊伍不止一次經過此地，他親自去給「神鴿」餵食物。按照年老的嚮導的看法，對「神鴿」的敬奉會帶來旅程的好運。「已經是鴿子築窩孵卵的時候了，看護人沒有吹哨，母鳥還沒有離開鳥蛋，所以，我自己不得不鑽進小屋，看看數量是否還有過去那麼多。地面是密密麻麻的鴿子窩，我必須小心翼翼，以防踩碎鳥蛋。」〔註120〕當地人們信仰「神鴿」，尤其遠行的人祈求神鳥來保祐平安，鴿子廟安排了專人看護。

（二）走獸：「只怪深更齊吠影，不容好夢到南柯」

烏魯木齊「人喜畜犬，家家有之。至暮，多升屋而蹲，一犬吠則眾犬和，

〔註113〕《塞外稿》，《清代詩文集彙編》第363冊，第50頁。
〔註114〕《烏魯木齊雜詩》，《歷代西域詩鈔》，第115頁。
〔註115〕同上。
〔註116〕同上。
〔註117〕《林則徐全集》第9冊《癸卯日記》，第530頁。皂樂亭是人名，在林則徐日記中多次出現。
〔註118〕《林則徐全集》第9冊《壬寅日記》，第485頁。
〔註119〕《烏魯木齊雜詩》，《歷代西域詩鈔》，第115頁。
〔註120〕《斯坦因中國探險手記》卷1，第161頁。

滿城響答，猖猖然徹夜不休，頗聒入睡」〔註121〕。犬是一種極富靈性的動物，是主人忠誠的陪伴，可以為主人看家護院，誓死效忠主人。蕭雄在南疆所見：「南疆狗數種，大者高二尺餘，兇猛若狼敖也。極小僅長數寸，腳短毛深，尾大如獅。好潔而性甚靈，能識話……尚有更小者，名袖狗，能出入袖中。又有犬毛淺而緊，身軀適中，輕捷善獵，多靈性。」〔註122〕從蕭雄的記述可悉，南疆豢養犬的人也不少，有的是看家護院，有的僅為賞玩。文人之中，數紀昀最喜養犬，「余在烏魯木齊，畜數犬」〔註123〕。辛卯年賜環東歸時，其中一隻名叫四兒的黑狗，戀戀不捨地跟隨，驅趕也不肯走。回京途中，此犬忠心護主，紀昀為犬賦詩二首曰：「歸路無煩汝寄書，風餐露宿且隨予；夜深奴子酣眠後，為守東行數輛車。」「空山日日忍饑行，冰雪崎嶇百廿程。我已無官何所戀，可憐汝亦太癡生。」回京一年，一晚，犬中毒死。紀昀疑是家奴做手腳毒死了狗。紀昀對此犬感情甚篤，收葬了犬的屍骨，並打算為犬起墳，題字「義犬四兒墓」，雕琢四個家奴的石像跪在墓前。有人規勸此舉非犬所願，「或曰：『以此四奴置犬旁，恐犬不屑。』余乃止。僅題額諸奴所居室，曰『師犬堂』而已。」〔註124〕紀昀在《閱微草堂筆記》中多次提到犬忠於主人的故事，在《忠犬》一則云：「余謂犬之為物，不煩驅策而警夜不失職，寧忍寒餓而戀主不他往，天下為僮僕者，實萬萬不能及。其足使人愧，正不在能語不能語耳。」〔註125〕紀昀視狗為義物，不用驅使，忠於職守，寧可忍饑受凍也留戀主人不肯離去，比奴僕更忠實，家犬的行為足以使人慚愧。從紀昀養犬、詠犬、葬犬，可以看出紀昀的遣戍生活中，犬不僅僅是「玩賞」，更是一種主僕之間的「信任」與「陪伴」。

（三）蟲魚：「秦人不解金籠戲，一任籬根徹曉吟」

文人園林造景，注重動靜結合，往往會鑿渠引水，蓄池養魚，增添景致的靈動。文人歸景照是雅閒之人，喜歡花鳥蟲魚，他在院中鑿池引渠，渠水與洪亮吉所居環碧軒渠水相通，「環碧軒下溝水四周，朝增夕減有如潮汐比鄰歸。方伯沼中，蓄魚百頭每逆水而上游泳堂下」〔註126〕。洪亮吉赦還前

〔註121〕《烏魯木齊雜詩》，《歷代西域詩鈔》，第 104 頁。
〔註122〕《西疆雜述詩》，《歷代西域詩鈔》，第 292 頁。
〔註123〕《閱微草堂筆記》卷 5《灤陽消夏錄五》，第 318 頁。
〔註124〕同上。
〔註125〕《閱微草堂筆記》卷 9《如是我聞三》，第 562 頁。
〔註126〕《洪北江全集》第 8 冊《天山客話》，第 11 頁。

日，「坐紅闌橋，忽見群魚畢集，時梁間燕巢新構，亦皆縈舞簷間」〔註127〕。養魚百尾，群魚畢集的景象定是頗為壯觀的。林則徐獲贈伊犁鱸魚，不忍食之，於是在「庭前鑿方池，土厚苦乏水。引泉借轆轤，一勺亦清泚。放此四腮鯽，鯽有四腮為鱸者，為伊江魚之上品。間似一尺鯉」。並作詩《放魚》，慨歎魚兒無須理塵事，悠閒自在，「欹枕一聽泉，洗滌塵土耳。江湖渺相忘，風波或不起。」〔註128〕

新疆多蟋蟀，但無鬥蟋蟀之風。紀昀有詩提及此事，「窅窅西風院落深，夜涼是處有蛩音。秦人不解金籠戲，一任籬根徹曉吟」〔註129〕。微風帶著涼意，深夜牆角下傳來陣陣蟋蟀的鳴叫聲。當地人不懂得籠養蟋蟀鬥戲為樂，任隨它們在籬笆下徹夜吟唱。文人詩文集中也未見提及飼養蟋蟀。文士的休閒注重風雅，除了品鑒琴棋書畫之外，文人以賞山水、觀花鳥為雅趣，對於鬥蟋蟀之流的市井庸俗閒戲，是不屑的。歷代文人作畫也以著意描繪山水、人物、花鳥的神韻，畫蟋蟀格局太小。傳世的宋元明清書畫，幾乎沒有一張畫蟋蟀的名畫。

二、蒔花賞卉

文人雅士素愛花草，陶潛鍾菊，林逋妻梅，周敦頤獨愛蓮之「出淤泥而不染」，皆是寄情於花。清代才子李漁更是視花如命，自言「予有四命，各司一時，春以水仙、蘭花為命，夏以蓮為命，秋以海棠為命，冬以臘梅為命，無此四花，是無命也。一節缺予一花，是奪予一季之命也。」養花是文人休閒生活的方式之一，移居新疆的漢人將生活情趣帶入新疆。尤其是流放新疆的文士階層，謫戍新疆，文人們避而求閒，寄情於花草。

（一）蒔花：「攜得百花洲畔法，種來罌粟大如盤」

洪亮吉遣戍伊犁，曾概括遣員們的生活：「此地遷客其賢者則種花、養魚、讀書、靜坐，余則亦無事不為矣。」〔註130〕陳庭學的戍邊生活表現出一種清新閒淡的素雅。他在院落開闢出一片田地，種花、種菜，偶而會友，豆棚閒話。《贈於梅谷》一詩可見：「荒區手自闢蒿萊，小築仍餘半圃開。潑

〔註127〕 《洪北江全集》第8冊《天山客話》，第11頁。
〔註128〕 《林則徐全集·放魚》第6冊《詩詞·調鶴》，第94頁。
〔註129〕 《烏魯木齊雜詩》，《歷代西域詩鈔》，第118頁。
〔註130〕 《洪北江全集》第8冊《天山客話》，第7頁。

淨龍沙塵萬斛，種成鶯粟錦千堆。春風羌笛尋常度，舊雨南關沼遞來。觴詠幾經雲聚散，虛齋又見主人回。」〔註131〕到了秋天收穫的季節，便在享受「小院徘徊天一涯，秋懷幾倍昔年加。「蔓縈晚架分懸瓠，豆綴寒籬疏放花。」〔註132〕顏檢的生活幽靜閒適，「地僻無過客，門通一徑斜。夜來還佇月，庭隙且栽花。疏影得秋色，清陰凝露華。琴尊相與伴，何處不爲家。」廣南知府莊肇奎於署之西「偏闢荒蕪，以蒔花，甚茂。築屋如舫，暇時每以小憩」。〔註133〕莊肇奎遣戍伊犁八年，漫長的邊塞生活他在自己構築的花草田園，「春水劃分花柳界，雨窗採煮豆蔬香。常憑薄醉消羈況，恰倚孤篷看夕陽」〔註134〕，體會文人的清雅生活。莊肇奎形容惠遠城，「家家院落有深溝，一道山泉到處流」〔註135〕。所以養花是很便利的。《伊江匯覽》載新疆的花卉有：菊、蘭、鳳仙、雞冠、玫瑰、芍藥、罌粟、野蓮、金錢、野芍藥、濕死幹活（俗花名）。文人愛花與花的意象有關，文人常栽種的花有以下幾種：

菊花　江西蠟又作江西臘，實爲翠菊的別名，夏秋之間開花，筒狀花瓣，花頭玲瓏剔透，有紅、紫、藍、白、黃等色。「烏魯木齊，泉甘土沃，雖花草亦皆繁盛。江西蠟五色畢備，朵若巨杯，瓣葳蕤如洋菊。虞美人花大如芍藥。」〔註136〕烏魯木齊泉水甘甜，土地豐沃，即便是花草，也都很繁茂。諸花載種也不分季節氣候，「開畦不問種花辰，早晚參差各自新。還憶年前木司馬，手栽小盎四時春」〔註137〕。迪化同知木金泰盆栽四季旺盛，「歲除尚有盆種江西蠟」〔註138〕。新疆文人養菊者亦頗多。洪亮吉有詩「累臣百計遣秋光，學圃年來浸有方。蒔得菊花三百本，歸家亨子宴重陽」〔註139〕；歸景照善藝菊，種菊幾百株，每年重陽時節，宴請文人一同賞菊；舒其紹也曾受邀前去賞菊，第二日特作詩《同人集余寓賞菊再疊前韻》，可知他也是愛菊之人；莊肇奎「去年曾賞菊花回，分種移將處處栽。」〔註140〕待到菊花盛開之時，他因公事外

〔註131〕《塞垣吟草》，《清代詩文集彙編》第 395 冊，第 401 頁。
〔註132〕同上。
〔註133〕《塞外稿》，《清代詩文集彙編》第 363 冊，第 51 頁。
〔註134〕同上，第 39 頁。
〔註135〕同上，第 51 頁。
〔註136〕《閱微草堂筆記》卷 8《如是我聞二》，第 507 頁。
〔註137〕《烏魯木齊雜詩》，《歷代西域詩鈔》，第 98 頁。
〔註138〕同上。
〔註139〕《伊犁紀事詩四十二首》，《清代詩文集彙編》第 414 冊，第 116 頁。
〔註140〕《對菊有感》，《清代詩文集彙編》第 363 冊，第 42 頁。

出，錯過了花期，心有遺憾，特作詩《余於會寧城寓中藝菊數十株，因公赴惠遠城，旬月而返，花已盡槁，慨然作歌》；舒其紹也是種菊高手，「余所藝菊有一本四萼而紅黃各二者」〔註141〕，謬太史稱爲合歡菊，舒其紹特作詩《詠合歡菊四首》。

芍藥花　惠遠城內的達官貴人和文人注重庭院建設。錫雲亭家的花園是當地的名園。花園四周青翠，白楊高數丈者周列如堵牆，此園以遍植各色芍藥聞名。如此大規模的花園，在惠遠是首屈一指的。錫家園林有兩處：「其一距城三里餘……一則距城十有餘里，地名紅山嘴……其園匾曰綠雲村，又曰紅杏山房，座落凡十餘處，共有芍藥數千本，其他花木亦多。」〔註142〕城東三里外的花園稱爲錫氏藥圃，林則徐遊紅山嘴處紅杏山房後，「遂折而至近城之錫氏藥圃。湘帆、雲亭俱在此相候，園中芍藥盛發」，可見惠遠氣候適合芍藥生長，喜愛花草的富甲之家，大面積種植芍藥。園主錫雲亭曾慷慨饋贈林則徐，瓶插觀賞芍藥及含苞待放的數株，並派園丁指導栽種，「十九日，壬辰（5月18日）。晴。晨起作字。錫雲亭送芍藥花兩瓶，又含蕊者數叢，並遣園丁來代種。飯後嶰翁來，遂與余及兩兒並吟仙、子期同出東門至錫家園亭觀芍藥。所種約千餘本，含苞未開者多，誠大觀也」〔註143〕。

荷花　蓮花本是生長於內地的花卉，因其清麗脫俗、生性高潔而受到世人的喜愛。清代新疆已引進此花，多地都有栽種。施補華在疏勒城見到蓮花，「疏勒城東官道斜，芙蓉一池初吐葩。纏頭百歲眼未見，但驚水面浮紅霞。老夫來看日將出，煙光露氣秋無涯。銀塘玉井嗟何處，萬里飄零君子花」〔註144〕。疏勒城東芙蓉初綻，維吾爾老人生平未見過此花，對出水芙蓉大感驚奇。詩人將蓮花爲命名爲「萬里飄零的君子花」。

伊犁將軍孫筠的官署後院也種有荷花，林則徐赴將軍官署坐客，「初四日，丙子（7月1日）。晴。午後赴將軍之約，其署後小池荷花已盛開矣」〔註145〕。第二日，林則徐應邀赴慶參贊官署晚飯，觀賞了參贊官署後院，這裡的花草更茂盛，「其署中荷花比將軍署內更盛，又見後園蘆葦叢生，鮮碧娟秀，此地無

〔註141〕《聽雪集》，《清代詩文集彙編》第403冊，第321頁。
〔註142〕《林則徐全集》第9冊《癸卯日記》，第520頁。
〔註143〕同上，第519頁。
〔註144〕（清）施補華：《疏勒城外人家栽蓮開花》，《清代詩文集彙編》731冊，第541頁。
〔註145〕《林則徐全集》第9冊《癸卯日記》，第525頁。

竹，只可以此代之。晚飯亦七人同席」〔註146〕。

　　虞美人　虞美人姿態蔥秀，嫋嫋娉娉，因風搖曳，儼然彩蝶展翅，頗引人遐思。莊肇奎在院中種虞美人，「虞美人開偏小園，千層五色彩雲屯。」自注：「虞美人花鄂高三寸，色濃豔，中原所不及。」〔註147〕紀昀《閱微草堂筆記》載，大學士溫公鎮守此地時，臺階前有一叢虞美人花，忽而花瓣深紅如朱砂，花心則呈鸚鵡綠，在陽光照射下熠熠生輝，似乎金星閃爍，忽隱忽現，畫工也難繪出如此顏色。不久溫公升任福建巡撫。紀昀自述，「余以彩線繫花梗，秋收其籽，次歲種之，仍常花耳。乃知此花爲瑞兆，如揚州芍藥偶開金帶圍也」〔註148〕，可遇不可求。以虞美人有瑞兆固不可信，但「虞美人花巨如芍藥，五色具備」〔註149〕，有人將它與虞姬類比，足以贏得文人對它的喜愛。

　　罌粟花　罌粟花朵嬌豔欲滴，色彩絢爛，可謂豔麗至極。文人在庭院中栽種此花，主要供閑暇時觀賞。莊肇奎在居所西花圃種罌粟，「罌粟大於紅芍藥，好花笑被舫亭收」自注：「余於署之西偏開荒蕪，以蒔花甚茂，築屋如舫，暇時每以小憩焉。」〔註150〕莊肇奎另作詩《西圃罌粟花有大紅及純白色者，大如牡丹，鮮麗可愛，詩以美之》。烏魯木齊適合生長罌粟，「花圍六寸圍，雪泥漬出勝澆肥。階除開遍無人惜，小吏時時插帽歸」〔註151〕，罌粟不用精心栽種，院落臺階旁到處開放，小吏們隨手採擷插在帽子上作裝飾。紀昀詩下注明了罌粟的種植方法「其子冬入土中，臘雪壓之，較春蒔者尤暢茂。」〔註152〕洪亮吉《天山客話》記載，陳巡撫院中栽種罌粟花尤爲繁盛，陳巡撫官寓，種植罌粟也很多，而且品種齊全「鸎粟數畝，大者如盤，或有一花具五色者皆內地所無有也。巡撫欲以端五前後分燕客於此，惜余已前二日行矣。」〔註153〕「攜得百花洲畔法，種來鸎粟大如盤。」〔註154〕詩下自注：「陳巡撫寓齋鸎粟獨盛，有五色如盤者。葢江西所攜來之種。擬分

〔註146〕《林則徐全集》第9冊《癸卯日記》，第526頁。
〔註147〕《胥園詩鈔》卷6，《清代詩文集彙編》第363冊，第37頁。
〔註148〕《閱微草堂筆記》卷8《如是我聞二》，第507頁。
〔註149〕同上。
〔註150〕《塞外稿》，《清代詩文集彙編》第363冊，第51頁。
〔註151〕《烏魯木齊雜詩》，《歷代西域詩鈔》，第112頁。
〔註152〕同上。
〔註153〕《洪北江全集》第8冊《天山客話》，第5頁。
〔註154〕同上。

五色，宴客。」「鶯粟」與「罌粟」實爲同一物。清代新疆，罌粟曾在新疆大面積種植，製作大量鴉片，極大地危害了新疆的發展。文人種植罌粟僅爲觀賞，尚美之心仍可稱道。

文人落筆描述蒔花的還很多，莊肇奎種佛茄花「偏向黃昏放，別種幽香欲斷魂」〔註155〕；栽種香絨花「香氣襲人清齋之佳供」〔註156〕；有綏園所植「牡丹嫩葉才舒紫，楊柳新梢少帶青」〔註157〕；有土產玫瑰「四五月盛開，香氣沁人」〔註158〕。蒔花不在於花的多寡，重在蒔花的閒情，哪怕只一株花，也透著文人對美的追求，對生活的熱愛。

（二）賞卉：「纏頭百歲眼未見，但驚水面浮紅霞」

生活相對富有、文化修養較高的文人有著獨特的性靈生活的追求，鮮花鑒賞即是其中之一。新疆文人多在小院親自栽種花卉，達官貴人的花圃面積大，往往派園丁侍弄花草，文人無論親自蒔花或閑暇賞花，皆爲愛花之舉。

明人陳繼儒強調賞花的物候與時空要相宜。「賞花有地有時，不得其時而漫然命客，皆爲唐突。」他認爲：「寒花宜初雪，宜雨霽，宜新月，宜暖房；溫花宜晴日，宜輕寒，宜華堂；暑花宜雨後，宜風，宜佳木濃陰，宜竹下，宜水閣；涼花宜爽月，宜夕陽，宜空階，宜苔徑，宜古藤巉石邊。」〔註159〕賞花要講究時間和地點，對於寒冷季節開發的花，最好是在瑞雪剛剛降落，或者雨後天晴，新月剛剛升起的時候，邀請友人來溫暖的室中觀賞；對於那些在溫暖的春季開放的花，最好的觀賞時間是在晴天麗日、氣味微暖的時候，在寬敞的廳堂邀請友人來賞花；對於在夏天開放的花，最好的賞花時間是大雨過後，強有力的風吹拂的時候，在綠樹濃蔭、翠林竹下或者是在水中的臺閣上進行觀賞；對於那些在涼爽季節開放的花，應該是在清涼的月夜，或者在還沒有落下餘暉的時刻進行觀賞。觀賞的地點應該在空曠的階梯前，或者是長滿苔蘚的幽靜小道上，或選擇古石嶙峋、古藤纏繞的旁邊觀賞。如果不顧時間和地點，隨時想到賞花，那麼盛開的花的顏色就會減少而遜色，

〔註155〕《伊犁紀事二十首，效竹枝體》，《清代詩文集彙編》第363冊，第51頁。
〔註156〕同上。
〔註157〕（清）雷以諴：《宿綏定鎭園亭》，《雨香書屋詩續鈔》卷2，《清代詩文集彙編》第589冊，785頁。
〔註158〕（清）蕭雄：《西疆雜述詩》，《歷代西域詩鈔》，第299頁。
〔註159〕（明）陳繼儒：《小窗幽記》《集倩篇》，陳橋生評注，北京：中華書局，2008年，第138頁。

神韻全無。

　　莊肇奎、林則徐、洪亮吉等人以詩文表達愛花之情：莊肇奎作的《西圃罌粟花有大紅及純白色者，大如牡丹，鮮麗可愛，詩以美之》〔註160〕：

> 曾無國色與天香，塞上無牡丹如此名花亦可王。纔一昂頭標獨豔，果然脫穎壓群芳。花蕊皆折而向下，欲放則自昂脫殼而出。緋袍列等朝天拱，粉靨成行鬥月妝。萬里客來掠乍見，小園日涉散愁腸。唐雍陶詩萬里客愁今日散，馬前初見米囊花即罌粟也

　　莊肇奎推罌粟花為花中之王，見此花遣散了思鄉的愁緒。林則徐受邀與鄧廷楨等人去綏園看花，「日來桃杏已謝，梨花正盛，其密者如關內繡球；平婆果花亦正開，紅白相間，似西府海棠」〔註161〕，並作詞《金縷曲‧春暮和嶰筠綏定城看花》：

> 絕塞春猶媚。看芳鄰、清漪漾碧，新蕪鋪翠。一騎穿塵鞭影瘦，夾道綠楊煙膩。聽陌上、黃鸝聲碎。杏雨梨雲紛滿樹，更頻婆新染朝霞醉。聯袂去，漫遊戲。謫居杠作探花使。忍輕拋韶光九十，番風廿四。寒玉未消冰嶺雪，氊幕偏聞花氣。算修了、邊城春禊。怨綠愁紅成底事，任花開花謝皆天意。休問訊，春歸未？〔註162〕

　　雷以諴的西域詩亦有佳者，對仗大都工整，七律《宿綏定鎮園亭》：「鎮名綏定最嚴局，東去依然此處經。水美田肥歡士馬，池深木茂好園亭。牡丹嫩葉才舒紫，楊柳新梢少帶青。為謝主人通款洽，得容歸騎一宵停。」〔註163〕此詩咸豐九年（1859）由伊犁赴西安途中作。「園亭」，指會芳園，亦名綏園。此詩實際上寫的是綏定的初春景色。詩人蒙赦起用，所見一切必然會充滿生機。此詩寫得舒緩、優美、清新，與初春景色相得益彰。林則徐和鄧廷楨多次去錫家花園賞芍藥。「二十八日辛丑（5月27日）。早晨大雨兩氣變寒。前日慶湘帆辰約余與兩兒於今日赴錫雲亭園中同賞芍藥，亦約嶰翁、毓堂諸人。是日巳刻，天已開晴。早飯罷，即與嶰翁諸人連轡出城。」〔註164〕

　　施補華在阿克蘇見到俄羅斯菊，形容此花葉同竹，花似菊，五色皆備，內地所未有。當地維吾爾人稱此花為「俄羅斯花」，施補華認為花名不雅，特

〔註160〕《胥園詩鈔》卷6，《清代詩文集彙編》第363冊，第37頁。
〔註161〕《林則徐全集》第9冊《癸卯日記》，第515頁。
〔註162〕《林則徐全集》第6冊《詩詞》，第291頁。
〔註163〕《雨香書屋詩續鈔》卷2，《清代詩文集彙編》第589冊，785頁。
〔註164〕《林則徐全集》第9冊《癸卯日記》，第520頁。

爲此花命名爲「邊城菊」，並作詩記之：「塞外幽花雲錦色。佳種遠傳羅刹國。秋來偶旁野庭開。應爲羈人慰蕭瑟。任是無香也有情，懷風抱露態橫生。從余喚作邊城菊，頗似孤寒始得名。」〔註165〕

　　古人對花卉的觀賞，體現了對生命的感悟方式。梅令人高，蘭令人幽，菊令人野，蓮令人淡。中國傳統哲學思想是講求「天人合一」，反對將人與自然割裂起來，認爲人與自然、天道與人道、天性與人性是相類相通的。因此主張人與自然協調，注目自然，以自然爲師，進而修身養性。正是在「天人合一」觀念的支配下，人與自然才達到了某種契合，自然客觀性與人的感情、心靈建立起一種相互呼應的同構關係。首先表現爲人通過「依類象形」的方式找出兩者之間存在的類同性，花開花謝、草木枯榮所體現出的生命不斷流動變化的時間性特徵與人類個體生命的必然終結都具有本質意義上的屬性，這些有生命力的花木是與動物、人類在本質上相同的自然之物，都是天地孕育出來的，與人類同源、同類的生命體。古人云，「人生一世，草木一秋」，其所體現的個體生命與花草的生命動態意義上的一致性早已深如到文人的精神理念中去了。

〔註165〕《歷代西域詩鈔》，第 200 頁。

第六章　清代新疆文人休閒之境域趣捨

第一節　修養身心：逸出塵俗之境

　　文人對休閒的追求其實是一種「境界」的追尋。文人的休閒方式多樣，琴棋書畫是文人修身養性、陶冶情操的閑暇消遣，詩書吟詠是他們更高的藝術審美追求。文人無論是遊山澤、蒔花卉、賞魚鳥，總是能怡然自樂，在優雅閒適的情趣中思考，進行人與自我心靈的對話。

一、官場之縛與方外之想

　　瀟灑超逸的生活固然是文人的理想與追求。但是，思想與現實中的種種矛盾卻是難以逃避的。如何在繁冗紛雜的人生欲望與超脫的理想中做出平衡，是當時文人心中莫大的困擾。清代新疆文人通過文學以及閒適生活情致的刻意追求與描述去回應現實的無奈。

　　清代新疆的文人群體以流放名人為主。清代新疆的流人，不乏碩學之儒、將相名臣，因過失甚至枉屈之罪，被流放到新疆，雖免除死罪但流放邊塞，吉凶未卜，生死難料。風雲莫測的宦海沉浮讓這些文人感到政治的嚴酷，更感到朝雲覆雨隨時招來殺生之禍的危險。清朝入關以後，為了維護君主專制統治，在加強軍事力量的同時，推行重刑高壓政策，從思想、文化、輿論，嚴厲控制漢族知識分子。許多文人因文字獄慘遭殺頭、戮屍，株連到九族，這種思想的桎梏不免讓流放文人心有餘悸。在思想文化高壓的政治環境之

下，流放文人因是戴罪之身，更是謹小慎微，但求避禍自保。

文人遭遇到人生的重大變故，「遣戍新疆，效力贖罪」，經歷了種種艱難。首先，不少流放文人已經年過半百甚至已是垂暮之年，劉鶚被流放時 52 歲〔註 1〕，洪亮吉被流放時 54 歲〔註 2〕，祁韻士被流放時 55 歲〔註 3〕，林則徐被流放時 58 歲〔註 4〕，鐵保被流放時 58 歲〔註 5〕，鄧廷楨被流放時 66 歲〔註 6〕，楊炳堃流放到新疆時已 67 歲〔註 7〕。年老體衰卻遭受此等人生變故，背井離鄉，妻離子散，飽受孤寂淒涼之苦。「漫漫戍途，萬里荷戈」，「卻歎衰病身，何日歸去來」是每一個流人謫戍生活的寫照。但是，官場的失意，環境的懸殊，思鄉的苦悶，沒有使流人們沉淪下去，他們調適心態，振作精神，以豁達的心胸面對挫折。流放文人將才華投入西域，紛紛在新疆著書立說：紀昀作《烏魯木齊雜詩》，「韻節和雅，無愁苦之音，尤可徵其蘊福之厚」〔註 8〕。隨著時代推移，這組詩的歷史文化價值越來越顯著；洪亮吉作為清代頗有聲望與成就的學者，流放伊犁期間有四部著作《伊犁日記》、《天山客話》、《萬里荷戈集》、《百日賜環集》，以自身赴戍、在戍、赦歸的經歷詳細地記錄了西域見聞；祁韻士在伊犁期間，完成了《西陲要略》、《西域釋地》、《西陲竹枝詞》和《萬里行程記》，這些著述「皆考證古今，簡而能核」，有較高的學術價值，他被後人稱為西域史地學的開拓者和奠基人；徐松的《西域水道記》，詳實記載了新疆河道流向、地理地勢、歷史概況、名勝古蹟、駐兵屯墾、風物礦產；林則徐在伊犁和南疆發展屯墾事業，途經南疆八城，勘察地畝三萬七千餘頃，奏請由回民耕種，為開發新疆做出了卓著貢獻。

除個人著述外，流放文人延續性的著述也很有學術意義。汪廷楷流放伊

〔註 1〕　（清）朱壽朋：《光緒朝東華錄》，張靜廬等校點，中華書局，1958 年，第 4091 頁。

〔註 2〕　（清）呂培：《洪北江先生年譜》，光緒三年刻本，《北京圖書館館藏珍本・年譜叢刊》116 冊，第 419 頁。

〔註 3〕　（清）祁韻士：《鶴皋年譜》，民國間鉛印本，《北京圖書館館藏珍本・年譜叢刊》，118 冊，第 300 頁。

〔註 4〕　（清）王樹枏：《新疆圖志》卷 140《人物二・流寓》，民國十二年東方學會校訂鉛印本。

〔註 5〕　（清）鐵保：《梅庵自編年譜》，清道光間刻本，《北京圖書館館藏珍本・年譜叢刊》119 冊，第 197 頁。

〔註 6〕　宋志英等：《清文海》卷 50，北京：中華書局，2010 年，第 1134 頁。

〔註 7〕　（清）楊炳堃：《中議公自定義年譜》，第 387 頁。

〔註 8〕　徐世昌：《晚晴簃詩匯》卷 82，閣石點校，北京：中華書局，1990 年。

犁時纂寫了《伊犁總統事略》。祁韻士在此稿本的基礎上，修改增纂成《西陲總統事略》一書。之後，徐松在伊犁將軍松筠支持下，親赴天山南北實地考察，對《西陲總統事略》再次充實完善，歷經三人，歷時數年，終成全疆第二部通志，道光賜名《欽定新疆識略》。不少流放文人在新疆效力期間都有著述或詩文留存於世。例如：史善長、鄧廷楨、李鑾宣、吳熊光、張蔭桓、劉鶚等等，流放文人著述總量可觀，不但具有文學價值，而且具有重要史料價值。

　　正如司馬遷《報任安書》中的感慨：「西伯拘，而演《周易》；仲尼厄，而作《春秋》；屈原放逐，乃賦《離騷》；左秋失明，厥有《國語》；孫子臏腳，《兵法》修列；不韋遷蜀，世傳《呂覽》；韓非囚秦，《說難》、《孤憤》；《詩》三百篇，大抵聖賢發憤之所爲作也」〔註9〕。同樣，身處逆境，可以說被流放的特殊經歷，爲流放文人創作提供了特殊的素材和獨特的生命體驗。西域獨特的自然風光、民族風俗，影響流放文人的感情、心靈和精神。流放新疆的文人卸去官場之束縛，萌生方外之想。失意文人縱情於詩詞歌賦，吟風賞月，其實也是一種排遣鬱憤，尋求灑脫的人生姿態。流人的特殊經歷最終成就了他們另一種人生，他們著書立說的斐然成就，也映像出他們自強不息、堅韌豁達的民族氣節。

二、隱逸之性與棲隱之舉

　　「隱逸」是一種隱而不仕，遁匿山林，遠離塵囂的生活方式。中國文人素有「歸隱」的情結，功名利祿終被看做虛幻浮雲，以淡泊自如的「歸田園居」爲人生的終極意義，代表了一種更高的人生境界。對文人而言，隱而不仕不再是宣洩與政治對抗的情緒，或是宣揚一種崇高的民族氣節，抑或只爲「高尚其事」，獨善其身。棲隱的生活是「漁樵耕讀」式的田園生活，是對休閒生活方式、休閒人生觀的鋪張與回歸。

　　「中國的隱士文化自宋代起就越來越休閒化了。就是說隱逸並不主要是達到一種政治的目的，而更是一種生活模式的選擇，是從對勞形怵心到閒情逸致的轉化。」〔註10〕蘇軾的人生態度爲後代文人所景仰，後世的文人往往

〔註9〕　（清）吳楚才、吳調侯：《古文觀止》，鍾基等注，北京：中華書局，2011 年，第 363～364 頁。
〔註10〕　陸慶祥：《蘇拭休閒審美研究》，浙江大學博士論文，2010 年，第 144～145 頁。

以蘇軾爲人生典範。清代新疆的文人更是對蘇軾推崇有加。以鄧庭楨、林則徐爲首的伊犁文人曾在蘇軾誕辰雅集，紛紛作詩紀念蘇軾。清代新疆文人對蘇軾的懷念還有一層含義，因爲蘇軾的貶謫流放的人生經歷和諸多在新疆的文人經歷相同。蘇軾遭受坎坷之時，處變不驚，無往而不可。這爲新疆文人指向了一種即堅持操守又修身養性的人生境界。蘇軾詩詞的對新疆文人帶來一定的影響。從《行香子》看蘇軾的貶官心態：

> 清夜無塵，月色如銀。酒斟時，須滿十分。浮名浮利，虛苦勞
> 神。歎隙中駒，石中火，夢中身。雖抱文章，開口誰親。且陶陶，
> 樂盡天眞。幾時歸去，作個閒人。對一張琴，一壺酒，一溪雲〔註11〕。

蘇軾的《行香子》是對人生的感歎，詞中流露出渴望擺脫世俗困擾的隱退、出世之意。詞中歎息人生如浮光掠影般匆忙，如同「隙中駒，石中火，夢中身」，看破了人間紅塵，功名利祿皆爲身外之物，不值得爲之勞神。倒不如遠離喧囂煩亂的塵世，轉入灑脫悠閒的境界，「一張琴，一壺酒，一溪雲」。蘇東坡表現的不是消極遁世的人生態度，也並非怨天尤人的哀歎，而是在經歷人生起落後達觀是人生觀，產生放下世俗浮名，轉而對休閒人生的憧憬。

所謂大隱隱於市，小隱隱於野。清代新疆的文人，尤其是流放文人，遭遇此番人生變故，對官場之縛感到負累，不乏有人萌生歸隱之意。在戍地文人索性拋卻世俗煩惱，「作個閒人」，面對行雲流水，彈琴飲酒，寵辱不驚。從文人在新疆所作的詩文中，隨處可見「隱逸之性」：

> 半生苦羈綫，欲縱不得騁。十步九回顧，猶虞折腰領。一自輪
> 臺謫，乃得參靜境。室小火常溫，簾垂香自永。有味古爲徒，無能
> 假許請。山光忽已暝，清磬時一警。好風從東來，獨立衣裳冷。引
> 觴樂芝蕨，放歌傲箕穎。——史善長《半生》

詩人回顧自己的人生，感慨半生受羈絆於官場。如今遣戍烏魯木齊，難得清幽靜思的機會，體會「室小火常溫，簾垂香自永」的生活，在平淡中感受生活的眞諦。

邱德生因皂孫冒考案罷官謫戍新疆。邱德生將戍所居室命名爲「睫巢寄隱山房」。日以奉佛誦經爲事，或吟詩作字，閉門不出，人罕識其面。嘉慶十一年（1804）丙寅正月，謫戍三年期滿，奏奉恩旨准其釋回。嘉慶十年（1805），

〔註11〕《清代西域詩研究》，第 235 頁。

他寄給哈密幫辦大臣成書《與誤庵談禪二首》的七律，佛理頗深：

> 學道應須慧業身，初禪難擬斷根塵。敢云願大將圖佛，縱使生
> 天已後人。六度無生成法忍，三生有漏是前因。妄言妄聽君須恕，
> 一點寒香天地春。

> 西來大意究如何，不「住佛兮不住魔。緣斷才知諸法妄，心空
> 翻厭一身多。風來枝上花初放，月到潭中水不波。堪破無生微妙旨，
> 辦香何必問彌陀。

顏檢赴戍，在濟木薩見到原任湖北應山知縣、謫戍六年尚未放回的同鄉莫子捷。同爲天涯淪落人，顏檢頗有感觸：「康莊汗馬還多蹶，宦海風帆不易收。」〔註 12〕出嘉峪關後，顏檢作詩「回思卅年事，悔不著耕蓑」〔註 13〕。詩句中流露出對官場的失望，對隱逸生活的讚賞。在烏魯木齊「閒居」的顏檢，有多首詩作記述戍地生活的閒適自得。從顏檢的兩首五律，可見其在初夏時節的清幽與獨樂的棲隱生活：

《晨坐》：

> 曉起一無事，清光殊可人。雲低天欲雨，庭碧樹留春。但覺露
> 花潤，時同禽語親。靜觀成獨賞，吾不負斯晨。

繼而，承接前詩的第二首爲《午坐》：

> 首夏晴和候，亭亭日午時。門無當路客，榻有古人詩。獨坐自
> 相契，同心將共誰。微吟託深致，一與好風期。

詩人從清晨到午時，「清光殊可人」，「門無當路客」，於是「靜觀成獨賞」感受消閒自適的生活。這些文人因官場受挫，在新疆的生活可謂「棲隱」之舉，更有文人因爲對官場徹底失去信心，生性嚮往個性的自由和恬淡的生活，餘生歸隱，不復出仕。

徐步雲經歷兩度宦海浮沉，自此絕意仕進，移家泰州，杜門吟誦，甘爲布衣；翰林院編修洪亮吉，戍伊犁，尋赦還，自號更生居士，從此，過著深居簡出生活；雲南建水知縣周恭先遣戍烏魯木齊，在戍吟詠自適。「十年始釋歸，歸後躬耕自給，足跡不履城市，學者稱平山先生。」〔註 14〕君子之行，

〔註 12〕《濟木薩晤同鄉莫遠崖明府》，《清代西域詩研究》，第 224 頁。「濟」現用「吉」。
〔註 13〕《馬上偶成》，同上。
〔註 14〕北京圖書館編：《地方志人物傳記資料叢刊》第 20 冊，北京：北京圖書館出
　　　　版社，2001 年，第 482 頁。

靜以修身，儉以養德，非淡泊無以明志，非寧靜無以致遠。文人在悠閒、恬淡、安詳、平和、寬適的閑暇生活中，調適內心，激發了創造力，做出了傑出的文化貢獻。

第二節　步入自然：遊賞審美之境

新疆的四季風景各異，「夏季泉水淙淙，碧澗千層，濃碧嫣紅，沿山松樹重疊千層，不可計數；冬季漫山遍野白雪皚皚，松柏蒼翠，天然畫景；且山徑幽折，泉溜清冷，風景引人入勝」〔註15〕。李澤厚斷言：「中國智慧是審美型的。是審美而非宗教，成爲中國哲學的最高境界。」〔註16〕皮朝綱也稱「中國傳統思想中人生哲學的最高境界便是一種超然寧靜的審美態度。」〔註17〕西域風景正是以其恢弘大氣、豪邁奔放給人遼闊的美、博大的美、寂靜的美，給人審美的享受，激發文人創作的才情。

一、漫遊山水之勝

文人休閒的山水之境呈現給我們的是「天人合一」的思想。「天人合一」就其精神實質而言，是人與自然和諧統一的問題，「其最基本的含義，就是充分肯定自然界和精神的統一，關注人類行爲與自然界的協調」〔註18〕。看古人對「休」與「閒」的理解：「休」的字意是人倚木而憩，說明人與自然和諧統一，自然是人身心休憩和回歸的家園。在登山臨水的遊賞中，人步入自然，與自然融爲一體，在休閒中身心得到釋放。總之，文人休閒的山水之境是「順應、自適」，即順應自然，滿足天性。文人閑暇休沐之時，徜徉於山林之中，或聆聽鳥鳴，或俯視流水，或靜賞落花，大自然從視覺、聽覺、嗅覺給人以審美的享受，滿足文人對審美的精神需求。

當遠居邊塞的文人，置身於清幽的山林，漫步於清新的田野，駐足於山澗小溪，塞外風光滌蕩了文人的心靈，內心得到撫慰和平靜，獲得了樸素、淡泊與悠然的美好感受。方希孟初入邊塞，邊塞雄奇壯麗的景觀讓他陶醉其中，內心豁然開朗。《三臺道中》是一首描寫塞外明麗溫潤的寫景詩：

〔註15〕《林則徐全集》第9冊《壬寅日記》，第497頁。
〔註16〕李澤厚：《中國古代思想史論》，合肥：安徽文藝出版社，1994年，第10頁。
〔註17〕皮朝綱：《中國美學沉思錄》，成都：四川民族出版社，1997年，第17頁。
〔註18〕尹菲：《中國傳統休閒價值觀》，《安徽文學》，2009年第1期，第324頁。

　　　　五月輪臺路，花香蝶滿衣。樹深山鵲喜，沙暖雪雞肥。霞鳥連
　　江落，嵐虹夾翠飛。結廬好煙景，漠外欲忘歸。

　　這首詩讚美的是吉木薩爾三臺鄉山路的夏日景色。詩中有動有靜，有聲有色，描繪了三臺鄉鳥語花香、彩蝶飛舞、嵐虹夾翠的明媚春光。面對如此美麗的景致，詩人不禁萌生結廬歸隱、怡然忘歸的想法。西域不僅有大漠孤煙、飛沙走石的遼闊雄渾之景觀，也有秀麗優美的塞外春光。流水之聲可以養耳，青禾綠草可以養目，觀書繹理可以養心，彈琴寫字可以養腦，逍遙杖履可以養足，靜坐調息可以養筋。文人徜徉於松林萬樹之間，呼吸著清新的空氣，漫步青山秀水之地，釋放內心的愁苦，在審美的精神盛宴中感知生命的美好、自然的美好、萬物的美好。

　　漫遊山水之勝使激發了文人們詩情，觸景生情，寄情於景。祁韻士曾感慨西域「山川城保之雄闊，風土物產之瑰奇，雲煙寒暑之變幻，一切可駭可鄂之狀，」令人「有所觸之外，輒有所感於中。」〔註19〕在審美的享受之餘，自然總是給人們留下空間與時間，讓人靜默慎思，借由山水景物的觸動，引發內心的感情，真切體會生命存在的意義，這就是休閒審美的思想內涵。文人對塞外的景致，「悱惻忠愛，腸迴日久，無一不寄之於詩。吟嘯偶成，吮筆書之」〔註20〕。乾嘉詩人洪亮吉作為清代頗有聲望與成就的學者，以存詩總數 5000 餘首，在清代詩人中名列前茅。洪亮吉的西域詩風格雄奇豪放，是他一生詩作的頂峰。他的代表詩作《天山歌》和《松樹塘萬松歌》，風格恢宏大氣，描述了天山雄偉奇特的景色：《天山歌》敘述了天山巍峨雄壯，銀裝素裹，石綠如玉，雪映青碧。《松樹塘萬松歌》描繪了千峰萬峰，千松萬松，構成一幅氣象萬千的天山萬松圖。詩中既有景物的白描，也有色彩的渲染，還有人生哲理的思考，更有直抒胸臆的人生感慨。林則徐記述伊犁「山峽中蜿蜒旋轉，雖路徑高低，且多小石，車行不無顛簸，而松雪清泉，處處動人玩賞。所過木橋數十道，橋下泉聲若琴築然。」〔註21〕塞外風景之優美，環境之清靜和案牘勞形之間形成明顯對比，令人心曠神怡，寵辱皆忘。

　　成瑞在道光十六年（1836），作長題古詩《博克達山之麓，有溪出焉，迤邐北流，越烏垣鄙人峽，俗名水磨溝是也。峽左有泉，湧穿石隙，會小泉數

〔註19〕《濛池行稿‧自序》，《清代詩文集彙編》第 429 冊，第 721 頁。
〔註20〕同上，721 頁。
〔註21〕《林則徐全集》第 9 冊《壬寅日記》，第 497 頁。

十道，下注大溪，溪岸嘉樹蘢蔥，野花錯雜，橋堤樓榭，位置天然。不意荒陬得此佳境，因賦詩以紀之》，詩為：

> 臺東北隅，佳境暢遊矚。峽路杳且深，溪流繚而曲。盈陂野卉香，繞屋疏林綠。禽聲和泉聲，琮琤似鳴玉。當此秋氣清，身心澹無欲。十年苦塵氛，今朝幸免俗。不費買山錢，暫息凌雲躅。他日探春來，鶯花緣焉續。

成瑞的繼任朱朝玠也在水磨溝飲酒賦詩，楊炳堃有和詩《孟秋三日，迪化州朱介石刺史同年朝玢招集同人暢詠水磨溝，流連竟日，詩以紀之。用成輯軒〈薜荔山莊集〉中韻》：

> 城東有奧區，經年動逅矚。忽枉折簡招，言尋曲水曲。迴翔入深林，鬢眉蒼以綠。一觴一詠間，共詡人如玉。況有飛泉鳴，秋心澹無欲。供養盡煙雲，清虛遠塵俗。繫馬戀斜暉，聯裾邁芳躅。選勝待重來，歸夢吾猶續。

二、營造園林之秀

漫遊山水之勝固然是極妙的休閒，但賞玩山水常常需經過一番舟車勞頓才能到達風景絕佳之地。在居所構園造景，將自己置身於審美之境，時時能體會到山水之境的閒情逸致。

首先，文人入園則隱，在幽雅清爽的宅園中覓得短暫的安寧，返歸到自己的內心世界中。新疆的文人大多為幕僚、派遣官吏、更多的是遭受遣戍的流變之士。這些文人遠離故土，難免時常因孤寂而倍感思鄉。即使身處邊塞，文人仍然保留著對自然的熱愛和嚮往，甚至在居所營造故鄉的景致，以慰藉思鄉之情。文人對庭院之鋪陳、空間之建構、氣氛之營造，都經過一番匠心獨運。一方面是為了遠離世俗喧囂，無世事紛擾，靜享的一方淨土。另一方面當他們遭遇現實的困惑和背井離鄉之苦，心靈能得到安撫與慰藉。文人們直接參與構園布局，憑藉他們對塞外風景的深刻印象和對山石花草的審美理解來進行私人林園的規劃，同時也將對人生哲理的體驗、宦海浮沉的感懷融注於造園藝術中。莊肇奎在庭院西治圃藝花卉並修築船室，「常憑薄醉消羈況，恰倚孤篷看夕陽。便擬浮槎漢天上，凌風直下到江鄉。」〔註22〕在私人園林中莊肇奎將思鄉的情緒，人生的起落寄託於私人園林，借池塘、船室想

〔註22〕《胥園詩鈔》卷 6，《清代詩文集彙編》第 363 冊，第 7 頁。

像泛舟直下回到故鄉。「私家園林的最大的特點是,善於把有限的空間,巧妙地組合成千變萬化的園林景色,利用咫尺山林,再現大自然的美景……園雖小,但建造之精細、構景之豐富,使遊人在小園中看到廣大的世界,看到豐富多彩的自然美。」〔註23〕文人的庭院或許簡單質樸不算精美,甚至僅僅方尺空地,稱不上園林。但是以雅致的生活情趣營造園林的秀美,不必山川廣遠,一池碧水便蕩漾著無盡的春意;不必留戀山巒雄偉,一片綠葉中也包含著生命的可貴;不必在意世事喧囂,一枝秋菊盛開就道盡了世間的繁華。新疆文人的園林雖然無法與京城達官顯貴精美絕倫的私家園林相提並論,但新疆文人的園林,「於精微處追求廣大,更成了文士們的自覺追求……園中獲得了樂趣,獲得了性靈的提升」〔註24〕。對文人而言,即便陋室,惟吾德馨,以平和愉悅之心,擁有美的品格和美的嚮往,追尋理想美的境界。蔣業晉在《曹氏水雄溪堂》云:「桃源靈異淵明記,盤谷幽深李愿居。有客徘徊思獨往,高山流水結吾廬。」他將烏魯木齊紅山腳下的生活比作桃花源和盤谷。寂靜的冥想。文人在注重園景布置賞心悅目的同時,更側重於寄託理想、陶冶情操,流露出「隱逸」情結,「以近追遠,以小見大」,這使得文人園林的格調清新雅致並且文化品質進一步得到提升。

其次,文人的園林所展現的不僅是山石花木、亭臺樓閣的人工雕琢之美,透過表層的浮華,它蘊含著耐人品味的深邃的文化之美。園林不但承載著文人日常遮陰避暑的生活需求,更是文人賦詩賞景、品藻詞章、詩酒唱和的精神棲息之地。從文人的詩文集得知,伊犁文人幾次雅集地點就在伊犁的名園——綏園。林則徐、鄧廷楨曾數次赴綏園看花,舒其紹等人應邀至歸方伯園中賞菊,自然少不了借花木的寓意來吟詩抒懷。文人的園林從園名、書齋名、匾額、楹聯、掛屏處處可見文人文采韻致的匠心獨運。林則徐日記中記載:「朔日,甲戌(4月30日)晴。爲慶參贊作園亭聯額,並爲書之。福總戎、鄧嶰翁俱來。」〔註25〕「十六日,庚〔己〕寅〔丑〕(5月15日)。上半日晴。慶參贊於署中園亭廟宇俱加修整,是日懸掛匾對,招往宴遊。午後與嶰翁同赴之。將軍及諸領隊、總戎皆在座。」〔註26〕官員士紳的園林同樣

〔註23〕 吳攀升等:《旅遊美學》,杭州:浙江大學出版社,2006年,第122頁。
〔註24〕 朱良志:《中國藝術論十講——曲院荷風》,合肥:安徽教育出版社,2003年,第86頁。
〔註25〕 《林則徐全集》第九冊《癸卯日記》,第517頁。
〔註26〕 同上,第518頁。

注重文墨雅韻，園林規模較大，能更全面觀賞建築、書法、繪畫、詩文等文化藝術。

「中國的園林藝術，它就是中國文化傳統中的士人們給自己營造出來的最休閒的小天地：這裡有自然天趣，也有人文蘊涵，有返樸歸真的境界，也有孤芳自賞的幽情，在這個精神小天地裏，士人們既可以遁世避俗，也可以休閒和思考——隱逸傳統和高雅文化都在這兒得到了成全和延續。還有哪一種人工環境，能比中國的園林藝術更給人輕鬆優雅的休閒生活的享受呢？」〔註27〕文人營造園林之秀，漫步庭院，落葉無聲，時光靜好。文人構園體現了文人對休閒生活情趣追求的私人化、生活化、境界化。

第三節　文化交融：融入和諧之境

一、交遊之樂，仁禮相成，雅集之趣

清代新疆文人的休閒生活，體現了文人的生活情趣及其藝術鑒賞力，這些方面也使得新疆文人形成一個個品味相投、聲氣相通的文人群體。文人的休閒不僅是自我與自然的溝通，許多時候的休閒是文人之間的雅集和交遊。

新疆的文人有的是舊識，還有的一見如故。有的文人是科場上的同年；也有的師承同一門派，有著學術上的淵源關係；還有的之前是同僚，緣事被一起流放到新疆。同是仕途中人，有著相同或相近的社會地位，尤其是被流放的文人，雖流放背景各有不同，但「同是天涯淪落人」的人生際遇，讓這些流放文人的情感世界與精神特質存在共有的特徵。出於文獻所限，可考的僅是社會地位較高的官員和名士的交遊。這類文人與普通流人不同，他們中許多人出身名門世家，文化修養深厚，普遍能詩善文，許多人還精通音律、書法、圍棋、金石，甚至園藝，他們大多交遊廣泛，進而形成比較固定的文人群體。

鄧廷楨與林則徐相交甚厚，雖然兩人年齡相差九歲，入仕相隔十年，他們共同經歷了虎門銷煙，謫戍伊犁，賜環東歸，面對人生的起落，他們患難與共，兩人情同手足。在塞外兩人往來唱和，不僅相互安慰勉勵，而且心繫

〔註27〕吳小龍：《試論中國隱逸傳統對現代休閒文化的啟示》，《浙江社會科學》，2005年第 6 期，第 172 頁。

彼此安危，同悲同喜。

同為翰林出身的林鄧二人文學創作方面均有建樹，從鄧、林唱和的詩題可見二人惺惺相惜之情。林則徐有七律《元夕與嶰筠飲，遂出步月，口占一律》，鄧廷楨和詩《奉和少穆尚書元夕步月原韻》；林則徐有七律《嶰筠贈鶴》，鄧廷楨有《贈鶴和少穆》；鄧廷楨有詞《金縷曲，偕少穆同遊綏園》，林則徐有《金縷曲‧春暮和嶰筠綏定城看花》等。二人謫居都有兒子隨戍，他們為對方的兒子贈詩、和詩，言語中多有褒獎和鼓勵。如林則徐七律《嶰筠以詩贈樞兒，樞兒有和，余亦次韻奉謝》（樞兒即林則徐四子林拱樞），七律《又次鄧子期坡公生日原韻，時有他感》（鄧子期即鄧廷楨次子鄧爾頤），五言古詩《送鄧子期隨侍人關》等。伊犁期間，鄧、林互相關心，也留千秋佳話。林則徐《癸卯日記》中有「聞嶰翁有感冒，往視之，「往視嶰翁疾」，「赴嶰翁處，其疾已大瘥矣」等記載。林則徐給夫人寫信說：「此翁今夏大病，幾於不起，我日日視之，其本底極結實，是以尚支得住。」〔註 28〕病癒後鄧廷楨賦詩《病起》一律，林則徐作《又次病起原韻》。後來二人先後東歸，分別至兩省任地方官，雖然各自事務繁忙，交往卻從未中斷。許多的詩中二人不但經常憶起同甘共苦的情誼，更是對彼此的飲食局處頗為關心，以尋常語娓娓道來，似在耳畔叮嚀囑咐，反而彰顯了二人知交密友的情誼。

道光二十二年（1842 年）冬，林則徐流放伊犁，途經烏魯木齊時與流放在此的黃濬相識，倆人一見如故，可惜聚散匆匆。林則徐極為欣賞黃濬，賦詞《金縷曲‧寄黃壺舟》，上闋云：「淪落誰知己？記相逢，一鞍風塵，題襟烏壘。同作羈臣猶間隔，斜月魂銷千里。愛尺素，傳來雙鯉。為道玉壺春買盡，任狂歌，醉臥紅山嘴。風勁處，酒鱗起」。「記相逢」，「淪落誰知己」抒發了對友人黃濬的思念之情。林則徐還有《壺舟以前後放言詩寄示，奉次二首》，詩中即有對國家時運的慨歎，也有對民族前途的擔憂，憂國憂民的愛國志士的一片丹心躍然紙上。林則徐如此暢所欲言，可見他將黃濬視為知己。道光二十四年（1844 年）底，黃濬接旨獲釋，林則徐寫詩《乙巳正月送黃壺舟入關》：「謫居已是六旬人，歸去依然顰鑢身。天意終憐清白吏，使君長作太平民。」〔註 29〕據林則徐《乙巳日記》，在道光二十五年正月初五日這一天林則徐到南疆勘察地畝路過昌吉，「錢東屏專丁齎書來迎。」其下注

〔註 28〕《林則徐全集》第 8 冊《書信》，第 346 頁。
〔註 29〕周軒：《林則徐詩選注》，烏魯木齊：新疆大學出版社，1997 年，第 233 頁。

釋為：「江，字沛然，歸安人。錢在廣東領鄉勇，欲與夷戰，當局罪之，發遣伊犁。」〔註30〕兩天後，林則徐到迪化，「邀錢東屏諸人來共飯」。在正月十三日的日記中，林則徐記為「壺舟贈詩四首，是日和之」，而「錢東屏亦各有詩。則未及和也」。言詞之間，流露出一種遺憾的情感。正月十六日，錢江將林則徐送到柴窩堡，「沛然仍俱同飯同宿」。到了正月十七日，「在店中吃麵，錢沛然別去」〔註31〕。林則徐獲釋入關，在肅城（今酒泉）行館為黃濬的《壺舟詩存》作序，回憶往事說：「壺舟遷謫烏垣時，余亦屏逐伊江，往來相逢戍所，輒剪燭論文，連宵不息。」〔註32〕黃濬打算與林則徐一同返回西安，「約與同行，蓋一居浙，一居閩，雖終歧路分馳，尚可聯鑣同至章門也」（林則徐《壺舟詩存・序》）。

舒其紹與舒敏感情深厚，舒敏赦免回到京都後，舒其紹將戍地所作《消夏吟》寄去。舒敏特作《題舒春林消夏吟後二首》，序中云：回想昔日在邊塞，兩人「朝夕過從，未嘗一日少離」，如今自己已經被赦歸，舒其紹更孤獨寂寥，唯有舞文弄墨消遣時光，午夜讀著友人的詩，「不覺悄然以思，潸然以泣也」〔註33〕。足見兩人感情深厚。遣員洪亮吉有《松樹塘萬松歌》，與韋佩金此詩同題。韋佩金的《松樹塘萬松歌》未必是過了松樹塘就殺青定稿，很可能是在伊犁見到「齠齔交」的老友洪亮吉的《松樹塘萬松歌》之後，有意作同名詩，以示敬仰。顏檢與貢楚克札布、遇昌、李鑾宣三人同時遇赦，返回關內，顏檢有《自烏魯木齊起程，留別諸同好，並呈貢果齋、遇曉亭、李石農三先生》七律四首〔註34〕，其一的尾聯為：「抽身此去談何易，追憶翻教涕淚傾。其二的尾聯為：「戍鼓邊笳聞已熟，躊躇攬轡別遐荒。」儘管是「絕徼四人同拜命，一時佳話可流傳」（同題其四尾聯），顏檢和來到烏魯木齊的其他戍客一樣，臨行之時，念及同仁情深，難捨難分。

文士的休閒生活與賦詩唱酬密不可分，不管是讀書寫作、藝術欣賞，還是集會宴飲，禮佛坐禪，都能夠創作出內涵豐富、各具特色的詩歌。新疆的文人時常互相投獻詩文，或詩文切磋，或互相勉勵，或彼此牽掛。文人之間的交遊表現在很多方面，有一見如故的投緣賦詩；有遣戍期滿，升遷調遣者，

〔註30〕《林則徐全集》第9冊《乙巳日記》，第534頁。
〔註31〕同上，第535頁。
〔註32〕林則徐《壺舟詩存・序》，轉引自《清代西域詩研究》，第244頁。
〔註33〕《清代西域詩研究》，第308頁。
〔註34〕《清代西域詩研究》，第225頁。

為友人踐行；相約同遊，觀花賞月，宴飲唱和；有友朋之間贈答，互相奉和，總之，文人交遊之樂，仁禮相成，別是一番雅集之趣。

二、兼容之美，民族相生，融合之境

吳樹波指出：「休閒本應是帶有民族與地域特色的文化現象，能起到維持民族認同和民族凝聚的作用。」〔註35〕新疆自古就是多民族繁衍生息、匯集聚和之地。各民族在日常休閒生活中相互借鑒、相互促進、相互滲透，形成了新疆多元的休閒文化。清代新疆，民漢在燕居服飾、宴飲美撰、閒適居所、戲曲文藝、文人交遊等方面已有諸多交融。

清代新疆的少數民族在服飾裝扮與漢族相融合。裴景福經過哈密，所見「市商賈均漢人，纏民往來其間，凡留髮結辮如漢民者皆應役於官。」〔註36〕1906 年，馬達漢在喀什噶爾見到兩位身著漢族服裝的維吾爾族婦女，據他描述這兩位婦女的丈夫是漢族人（如圖 6-1-1）。馬達漢在葉爾羌參觀當地衙門為維吾爾兒童辦的學校，見到「全體學生都身著黑色鍛子套衫，上衣中間綴小銅扣，頭戴黑色小瓜皮帽，腦後拖著一根傳統的小辮」（如圖 6-1-2），不僅學生的著裝仿照漢族，該學堂還有「兩位漢族打扮的維吾爾老師」〔註37〕。

維吾爾族的建築了滲透了漢族的建築藝術，哈密回王府經過幾代回王修繕擴建到七世回王伯錫爾時，已成為一座融合中原和伊斯蘭建築藝術的王府。哈密王府內的「萬壽宮」、回王府正面的門樓都是漢族古典建築藝術式樣。哈密的歷史名勝回王陵即哈密第九世維吾爾王沙木胡索特的陵墓。它是新疆目前僅存的融合多元文化為一體的清代建築。回王的陵墓外面套築一座四角飛簷起脊的木亭，亭的上部為滿蒙式盔頂建築，中部為漢式八角攢尖頂，下部為伊斯蘭天圓地方的傳統建築風格（如圖 6-1-3）。回王沙木胡索特多次進京朝覲，崇尚漢文化。民國年間謝彬曾見到哈密王，評價他「王能操漢語，識漢文，往來官員必周旋盡禮。」〔註38〕這為哈密維吾爾族熟悉接觸漢民族休閒文化提供了條件與可能。回王陵在回王生前就開始修建看來，回王的確有

〔註35〕吳樹波：《宜居城市與休閒文化建設》，《河北科技師範學院學報》（社科版），
　　　　2010 年 6 月，第 8 頁。
〔註36〕（清）裴景福：《河海崑崙錄》，第 446 頁。
〔註37〕〔芬蘭〕馬達漢著王家驥譯：《馬達漢西域考察日記（1906～1908）》，中國民
　　　　族攝影藝術出版社，2004 年，第 62 頁。
〔註38〕謝彬：《新疆遊記》，第 78 頁。

開闊的視野和吸納多元文化的胸懷。

圖 6-1-1　在喀什噶爾乘坐馬車的薩爾特婦女（1906 年攝）

6-1-2　葉爾羌官辦學堂中的維吾爾族學童（1906 年攝）

6-1-3　哈密名勝清代哈密回王陵

　　清代文人被派遣或流放至新疆，感受到邊塞的異域風土人情，記錄了洋溢著生活氣息的生活場景。從傳世的詩文集中可尋見文人讚美民族休閒生活，記錄民族友情的詩篇。

　　洪亮吉在《伊犁紀事詩四十二首》中寫到，「將軍昨日射黃羊，親爲番王進一湯」〔註39〕。哈薩克汗瓦里蘇勒坦遣子伯格里蘇勒坦來伊犁，詩句「親爲番王進一湯」，體現伊犁將軍對哈薩克王子的熱情款待，此詩讚頌了民族間的友好共處。

　　祁韻士作《阿拉占》，「香醪甘液泛瑤觴，美釀憑誰起杜康。淡裏藏濃風趣別，非逢嘉客莫輕嘗」。詩下自注「馬乳爲酒，謂之阿拉占」。「杜康」此處爲美酒的代稱。從「淡裏藏濃風趣別」來看，作者是作爲「嘉賓」品嘗了戍地的蒙古酒，讚美佳釀。

　　張蔭桓謫戍途經哈密時，受到回王沙木胡索特熱情地款待，作詩「天山初霽雪，戈壁尚逢春。逐客行吟澀，名王禮意眞」〔註40〕。另有詩作「九龍老樹尙蟠屈，回部漸喜躬桑麻，名王雅饋頗矜重，窖藏秋蒂斑如花」〔註41〕。

〔註39〕《清代詩文集彙編》第414冊，第116頁。
〔註40〕（清）張蔭桓：《正月晦日常弟堉兒趕至哈密隨戍》，《歷代西域詩鈔》，第346頁。
〔註41〕（清）張蔭桓：《哈密王沙木明索特饋哈密瓜》，《歷代西域詩鈔》，第347頁。
　　　　按：「胡」訛誤爲「明」。

詩中「名王」、「禮意眞」、「饋贈」等詞表達了詩人對九世回王的敬意與謝意。過吐魯番時，吐魯番王瑪木特迓於蘇尼派人沿路護送。張蔭桓抵達烏魯木齊後特寄詩《吐魯番王瑪特木迓於蘇尼，相從至連木齊修謁，乃返魯克沁城，仍遣四臺吉護行至省，寄酬以詩》以表酬謝。裴景福作《哈密》二首「更與偎郎彈一曲，不辭爛醉住伊吾」，伊吾是哈密的古稱，偎郎指維吾爾歌舞，此詩記述了受回王款待，觀看維漢歌舞的歡樂場景。

　　道光二十五年（1845），林則徐在南疆勘察地畝期間，受到各地滿漢官員和維吾爾伯克的支持，時常得到維吾爾民眾的熱心幫助。他沿途投宿於維吾爾村莊，由維吾爾人擔任嚮導、翻譯、車夫。行至窪澤或涉河，幫助林則徐化險爲夷的，也每每是維吾爾人。林則徐學習維吾爾語，作《回疆竹枝詞三十首》。組詩文筆輕快，通俗詼諧，妙趣橫生，富有濃鬱的民族閒暇生活氛圍。詩中採用大量維吾爾語，如描寫維吾爾族節日肉孜節：「把齋須待見星餐，經卷同翻普魯乾。新月始鉤才入則，愛依諦會萬人歡。」〔註42〕詩中的維吾爾詞匯，「普魯乾」即《古蘭經》，「入則」即肉孜節，「愛依諦」指節日。歷經百年，林則徐的詩篇仍然是民族之間珍貴友誼的見證。從清代新疆各民族的衣食住行可以看到，各民族的休閒文化在長期的日常生活中碰撞、融合，民族相生，以兼容之美，走向一種融合之境。

〔註42〕林則徐：《南疆竹枝詞二十四首》，《歷代西域詩鈔》，第 243 頁。

結　語

一、清代新疆文人休閒文化的特點

（一）簡樸雅致，重在心靈世界的豐富

文人的休閒源於一種清雅的生活態度，而非奢靡的生活方式。清代新疆文人的休閒生活情態呈現出高雅的品味與藝術審美。新疆文人的休閒屬於「玩物適情」，將琴、棋、書、畫、吟詩、讀書、焚香、飲酒、品茗等作爲適情之事，體現了文人風雅的審美情趣。文人的休閒生活信手拈來，「春有百花秋有月，夏有涼風冬有雪」，可以「笑看風清雲淡，閒聽花靜鳥喧」，不妨「琴撥幽靜處，茶煮溪橋邊」，文人的休閒於簡約中彌漫著詩意和雅致。雖然休閒形式樸素，內心卻得到了豐富，看似平淡，實則樂在其中。

清代新疆的漢族文人，既有飽讀詩書的碩學名儒，也有委以重任的封疆大吏，更有名垂千古的愛國英雄。清代新疆文人的休閒生活在雅致中融入邊塞的粗獷，成就了邊塞休閒文化的獨特。對於塞外西域的生活，喜樂哀愁，悲歡離合，論古今成敗之理，觀雪山萬松之勝，賞風雲變幻之景，凡此種種，文人都借詩文來抒發。清代新疆文人留有大量記述西域風土的詩文。基於良好的文學素養，當他們把著書立說作爲文學性休閒時，自然在休閒中體現著他們高雅的文化品格。

（二）安然從容，呈現出豁達的生活智慧

閒適是一種優雅，閒適是一種從容，閒適是一種智慧。擁有閒適智慧的人，高而能卑，富而能儉，貴而能謙，博而能淺。「閒」對於清代新疆文人來

說，無論是發自內心的刻意追求，還是迴避現實的無奈之舉，這種「閒」滲透在文人生活中，是現實世界的生活方式，也是理想境界的主要嚮往。文人對休閒的人生訴求，包含了對出仕與政治得失，以及人生性情之道、人生意義與價值的深入思考和體悟。

清代文士的休閒文化體現了文人墨客日常生活的雅趣，也映像出曠達從容的人生態度。休閒首先要能自我釋懷解憂。「漫漫戍途，萬里荷戈」，「卻歎衰病身，何日歸去來」是每一個流放文人生活的眞實寫照。政治的高壓，環境的差異，情感的苦悶，沒有使流放文人沉淪下去，他們調適心態，振作精神，在安然從容中透著生活的智慧。洪亮吉「好奇狂客忽至此，大笑一呼忘九死」，林則徐「出門一笑莫心哀，浩蕩襟懷到處開」，黃濬「此生久已占无妄，來日何須畏大難」，楊炳堃「試問封侯班定遠，可曾愁說路漫漫」等，都表現出一種不以得失爲念的曠達胸懷。面對人生起伏，樂觀的心態躍然紙上。

（三）和諧自適，在閒適中追求人生的境界

文人對休閒的追求其實是一種「境界」的追尋。中國傳統的休閒哲學強調個體生命與心靈的和諧相處之道、人與自然的和諧相處之道、人與人之間的和諧相處之道。清代新疆文人對「閒」的消解無論是寄情山川，徜徉林泉，或是雅集吟誦、琴棋書畫，還是飲酒品茗、鑒花賞月，在文人的舉手投足之間散發著「閒適與從容」，最後都將回歸於內心的淡泊寧靜與生命的融匯和諧。清代新疆文人對於休閒的體認、心態、思想和踐行可以歸納爲「和諧」。清代新疆文人在休閒的境遇趣捨之間，修養身心，逸出塵俗之境；步入自然，遊賞審美之境；民族文化交融，融入和睦之境；最終以「和合生一」體悟到休閒意義與和諧境界。

二、清代新疆文人休閒文化的當代啓示

清代新疆文人追求閒適、清雅的生活，他們以登山臨水、憑欄遠眺、構築園林、詩書吟詠、賞花鑒月的方式展現出灑脫曠達又富有才情的休閒生活。清代新疆文士的休閒境界蘊藉了豐富的生活哲學內涵，這種休閒哲學向當代的休閒生活給予了重要的啓示。

（一）以「和合生一」的休閒觀，實現生命的融匯和諧

在這個人頭攢動，惜時如金的社會，人們總是形色匆匆，步履紛雜；在

這個浮躁功利的時代，人們深感心力交瘁，心靈蒼白。實際上，人們在精神方面的倦怠遠勝於肢體的疲勞。休閒是人類的本能，適當的休閒會讓人處於一種放鬆和自由的精神狀態。雖然人們在呼籲休閒，但許多人並不解休閒。羅素認為，能否聰明地休閒是對文明的最終考驗。

休閒應該是以「和合生一」休閒觀去實現生命的融匯和諧。首先，注重生命與心靈的和諧。休閒不等同於娛樂，休閒需要與修身相結合。休閒需要注重心靈的調適，在人與自我的對話中獲得新的靈感、新的動力、新的精神狀態。其次，注重人與自然的和諧相處。當人融入自然，才是生命真正的回歸，當人接觸大自然，會有更深刻的人生思考。再次，注重人與人之間的和諧相處。新疆是多民族聚集的地區，民族之間彼此融合，和睦共處，和諧統一，對促進各民族多元文化和諧發展，建設新疆和諧社會都有積極的現實意義。「和合生一」強調人與內心和諧；人與自然和諧，人與人和諧，只有如此，才是生命最完整的和諧。當人在休閒中實現對生命價值的哲學體悟時，達到了一種思想境界的昇華。

（二）穿越現實的霧霾，淨化心靈，回歸簡單與本真

從物質性和炫耀性休閒中獲得的快樂是短暫而虛浮的，會讓人更加頹廢。只有真正意義上的休閒才能使人身心得到愉悅。清代新疆文人的閒適生活是中國傳統文化孕育出來的古典生活方式。清代新疆精英階層的休閒方式與休閒智慧，帶給我們正確的閒適心態和心靈的覺醒。休閒生活無須紛繁蕪雜，無論是文人或市井之民，回歸簡單與本真，才是對休閒生活的正確體驗。

古代文人的休閒是農耕時代對田園牧歌式生活的嚮往，以及對抱樸守真精神家園的回歸。精英階層和精英文化對休閒觀念的指引不可忽略。誠然，隨著休閒文化的時代變遷，需要辯證地看待古代文人的休閒。新疆的休閒文化應該展現出追求融匯、和諧、進步、發展的時代精神。

附錄：插圖目錄

1. 圖 4-1-1《烏魯木齊的汪知府和一名下級軍官》，來源：馬達漢《百年前走進中國西部的芬蘭探險家自述》，烏魯木齊：新疆人民出版社，2008 年，第 107 頁。

2. 圖 4-1-2《喀什噶爾道臺》，來源：同上，第 32 頁。

3. 圖 4-1-3《斯坦因西域探險的助手蔣師爺》，來源：《斯坦因中國探險手記》卷 1，瀋陽：春風文藝出版社，2004 年。第 121 頁。

4. 圖 4-1-4《蔣師爺在解讀中文簡牘》，來源：《斯坦因中國探險手記》卷 4，第 986 頁。

5. 圖 4-1-5《清代漢族男子馬褂》，來源：《細說中國服飾》、《中國傳統服飾》網絡圖片。

6. 圖 4-1-6《喀什噶爾漢城一家》，來源：《外交官夫人的回憶錄》，第 82 頁。

7. 圖 4-1-7《和闐統領和他的兩個孩子》，來源：《百年前走進中國西部的芬蘭探險家自述》，第 45 頁。

8. 圖 4-1-8《阿克蘇道臺潘坤身穿便服》，來源：《斯坦因中國探險手記》卷 4，第 973 頁。

9. 圖 4-1-9《阿克蘇道臺潘坤身穿官服》，來源：《百年前走進中國西部的芬蘭探險家自述》，第 64 頁。

10. 圖 4-1-10《清代漢族男子的馬甲》來源：《細說中國服飾》、《中國傳統服飾》網絡圖片。

11. 圖 4-1-11《喀什楊協臺、朱撫臺的副將尤畢廷（音）》，來源：《百年前走進中國西部的芬蘭探險家自述》，第 21 頁。

12. 圖 4-1-12《和闐地方官員》，來源：同上，第 44 頁。

13. 圖 4-2-1《鎮臺一家在打靶》（馬達漢攝於 1906），來源：同上，第 69 頁。

14. 圖 6-1-1《在喀什噶爾乘坐馬車的薩爾特婦女》（1906 年攝），來源：同上，第 63 頁。

15. 圖 6-1-2《葉爾羌官辦學堂中的維吾爾族學童》（1906 年攝）。來源：《1906～1908 年馬達漢西域考察圖片集》，第 31 頁。

16. 圖 6-1-3《哈密名勝清代哈密回王陵》，來源：哈密政府網網絡圖片。

參考文獻

一、著作類

古　籍

1. 《清實錄》，北京：中華書局影印，2008 年。
2. 〔清〕和珅等：《大清一統志》，清光緒二十八年上海寶善齋石印本。
3. 〔清〕錢儀吉等：《清代碑傳全集》，上海古籍出版社影印，1987 年。
4. 〔清〕李桓：《國朝耆獻類徵初編》，光緒十年刻本，湘陰李氏藏版。
5. 〔清〕王錫祺：《小方壺齋輿地叢鈔、補編、再補編》，光緒二十三年，上海著易堂排印本。
6. 〔清〕《清會典事例》，北京：中華書局影印，1991 年。
7. 〔清〕昆岡：《欽定大清會典事例》，臺北：新文豐出版有限公司影印，1976 年。
8. 〔清〕王樹枏等：《新疆圖志》，民國十二年東方學會校訂鉛印本。
9. 〔清〕傅恒等：《欽定皇輿西域圖志》，清乾隆四十七年武英殿刻本。
10. 〔清〕松筠：《欽定新疆識略》，清（1644～1911）刻本。
11. 〔清〕七十一：《西域聞見錄》，國家圖書館藏清刻本。
12. 〔清〕傅恒等：《西域同文志》，國家圖書館藏清刻本。
13. 〔清〕祁韻士：《西陲要略》，清光緒四年刻本。
14. 〔清〕和瑛：《三州輯略》，清嘉慶年間刻本。
15. 〔清〕和瑛：《回疆通志》，民國十四年鉛印本。
16. 〔清〕蘇爾德：《回疆志》，清乾隆三十七年鈔本。

17. 〔清〕汪廷楷：《西陲總統事略》，北京：中國書店出版社影印，2010 年。

18. 〔清〕闕仲韓：《新疆大記》，光緒 33 年鉛印本。

19. 〔清〕永保：《塔爾巴哈臺事宜》，1989 年油印本。

20. 〔清〕汪廷楷：《西陲總統事略》，北京：中國書店出版社影印，2010 年。

21. 〔清〕李雲麟：《西陲事略》，新疆大學圖書館複印抄本。

22. 〔清〕鍾方：《哈密志》，民國二十六年鉛印本。

23. 〔清〕洪亮吉：《洪北江全集》，授經堂家藏本。

24. 〔清〕祁韻士：《西陲竹枝詞》，清嘉慶十六年刻本。

25. 〔清〕祁韻士：《萬里行程記》，民國鉛印山右叢書初編本。

26. 〔清〕祁韻士：《濛池行稿》，民國鉛印山右叢書初編本。

27. 〔清〕紀昀：《閱微草堂筆記》，上海錦章圖書局石印本。

28. 〔清〕林則徐：《林文忠公遺集》，清光緒刻本。

29. 〔清〕林則徐：《雲左山房詩鈔》，清光緒十二年刻本。

30. 〔清〕蕭雄：《西疆雜述詩》，清光緒刊本。

31. 〔清〕劉瑞芬：《養雲山莊遺稿》，清光緒十九年刊本。

32. 〔清〕沈青崖：《寓舟詩集》，清乾隆十三年刻本。

33. 〔清〕王曾翼，《居易堂詩集》，清乾隆王祖武刻本。

34. 〔清〕莊肇奎：《胥園詩鈔》，清嘉慶刻本。

35. 〔清〕袁潔：《出戍詩話》，清嘉慶刻本。

36. 〔清〕趙鈞彤：《止止軒詩稿》，清嘉慶間昌陽趙氏止止軒刻本。

37. 〔清〕蔣業晉：《立厓詩鈔》，嘉慶四年交翠堂刻本。

38. 〔清〕畢沅：《靈巖山人詩集》，《續修四庫全書》影印本，上海：上海古籍出版社，2002 年。

39. 〔清〕陳庭學：《塞垣吟草》，清嘉慶十年宛平陳氏家刻本。

40. 〔清〕紀昀撰：《紀文達公遺集》，《續修四庫全書》影印本，上海：上海古籍出版社，2002 年。

41. 〔清〕岳鍾琪：《容齋詩集》，古棠書屋叢書，清道光年間刻本。

42. 〔清〕和瑛：《易簡齋詩鈔》，清道光間刻本。

43. 〔清〕汪廷楷：《西草行》，清道光間刻本。

44. 〔清〕汪廷楷：《輪臺寄隱集》，清道光間刻本。

45. 〔清〕史善長：《味根山房詩鈔》，清道光間刻本。

46. 〔清〕李鑾宣：《堅白石齋詩集》，嘉慶二十四年廉讓堂刻本。

47. 〔清〕黃濬：《紅山碎葉》，清稿本。

48. 〔清〕陳寅：《向日堂詩集》，清道光二年海寧陳氏刻本。

49. 〔清〕毓奇：《靜怡軒詩草》，清道光五年刻本。

50. 〔清〕楊廷理：《知還書屋詩鈔》，道光十六年金陵楊梁金局刻本。

51. 〔清〕鐵保：《惟清齋全集》，清道光二年石經堂刻本。

52. 〔清〕韋佩金，《經遺堂集》，清道光二十一年江都丁氏刻本。

53. 〔清〕舒敏：《適齋居士集》，道光二十二年吳門臬署刻本。

54. 〔清〕邱德生：《葆光書屋詩集》，道光二十八年郴州直隸州署刻本。

55. 〔清〕黃濬：《壺舟詩存》，清咸豐八年刻本。

56. 〔清〕雷以諴：《雨香書屋續詩鈔》，同治五年武漢江漢書院刊本。

57. 〔清〕許乃毅：《瑞芍軒詩鈔》，清同治七年刻本。

58. 〔清〕楊炳堃：《楊中議公自定年譜》附《吹蘆小草》，清光緒十一年刻本。

59. 〔清〕張蔭桓：《鐵畫樓詩續鈔》，清光緒二十八年刻本。

60. 〔清〕施補華：《澤雅堂詩二集》，清光緒十六年兩研齋刻本。

61. 〔清〕鄧廷楨：《雙硯齋詩鈔》，《續修四庫全書》影印本，上海：上海古籍出版社，2002 年。

62. 〔清〕錫縝：《退復軒詩》，《續修四庫全書》影印本，上海：上海古籍出版社，2002 年。

63. 〔清〕顏檢：《衍慶堂詩稿》，清道光閩浙署刻本。

64. 〔清〕舒其紹：《聽雪集》，清鈔本。

65. 〔清〕朱錕：《西行紀遊草》，清抄本。

66. 〔清〕七十一：《椿園遺詩》，清抄本。

67. 〔清〕福慶，《異域竹枝詞》，《藝海珠塵》。

68. 〔清〕周珠生，《出塞吟》，中國社科院研究所藏本。

69. 〔清〕徐步雲，《爨餘詩鈔》，中國社科院研究所藏本。

70. 〔清〕王樹枏：《陶廬詩續集》，民國間刻本。

71. 〔清〕宋伯魯：《海棠仙館詩集》，民國十三年刻本。

72. 〔清〕方希孟：《息園詩存》，民國二十一年皖江印務所鉛印本。

73. 〔清〕王大樞：《天山集》，清抄本。

74. 〔清〕王大樞：《西征錄》，民國年間抄本。

75. 〔清〕方士淦：《啖蔗軒詩存》，同治十一年兩淮運署刊本。

76. 〔清〕裴景福：《河海崑崙錄》，《中國西北文獻叢書·西北史地文獻》第109 冊，蘭州：蘭州古籍書店影印本，1990 年。

古籍整理本

1. 〔清〕朱壽朋著，張靜廬等點校：《光緒朝東華錄》，北京：中華書局，1958年。

2. 〔清〕趙爾巽：《清史稿》，北京：中華書局點校本，1977年。

3. 無名氏著，王鍾翰點校：《清史列傳》，北京：中華書局，1987年。

4. 徐世昌編，聞石點校：《晚晴簃詩匯》，北京：中華書局，1990年。

5. 〔清〕李鑾宣著，劉澤等點校：《堅白石齋詩》，太原：山西人民出版社，1991年。

6. 〔清〕吳豐培，馬大正等整理：《吳豐培邊事題跋集》，烏魯木齊：新疆人民出版社，1998年。

7. 〔清〕李漁著，江巨榮等校注：《閒情偶寄》，上海：上海古籍出版社，2000年。

8. 〔清〕傅恒纂，鍾興麒等校注：《西域圖志校注》，烏魯木齊：新疆人民出版社，2002年。

9. 〔清〕徐珂：《清稗類鈔》，北京：中華書局點校本，2010年。

10. 〔清〕吳楚才，吳調侯編，鍾基等注：《古文觀止》，北京：中華書局，2011年。

11. 〔清〕紀昀著，韓希明譯注：《閱微草堂筆記》，北京：中華書局，2014年。

當代著作

1. 中國科學院北京天文臺主編，《中國地方志聯合目錄》，北京：中華書局，1985年。

2. 馬大正：《清代新疆稀見史料匯輯》，北京：全國圖書館文獻數據縮微中心，1990年。

3. 馬大正等：《清代新疆稀見奏牘彙編（同治、光緒、宣統朝）》，新疆人民出版社，1997年。

4. 王希隆等：《新疆文獻四種輯注考述》，蘭州：甘肅文化出版社，1995年。

5. 周軒：《〈清實錄〉新疆資料輯錄》，烏魯木齊：新疆大學出版社，2003年。

6. 于維誠：《新疆地名與建制沿革》，烏魯木齊：新疆人民出版社，2005年。

7. 馬大正、黃國政：《新疆鄉土志稿》，烏魯木齊：新疆人民出版社，2010年。

8. 劉萌楠：《烏魯木齊掌故》，烏魯木齊：新疆人民出版社，2001年。

9. 余太山：《西域通史》，中州古籍出版社，2003年。

10. 馬大正：《中國邊疆經略史》，中州古籍出版社，2003 年

11. 葛劍雄：《中國移民史》，福州：福建人民出版社，1997 年。

12. 周軒等：《清代新疆流放研究》，烏魯木齊：新疆大學出版社，2004 年。

13. 貫建飛：《清乾嘉道時期新疆的内地移民社會》，北京：社會科學文獻出版社，2012 年。

14. 蔡冠洛：《清代七百名人傳》，北京：北京中國書店，1984 年。

15. 周軒等：《清代新疆流放名人》，烏魯木齊：新疆人民出版社，1994 年。

16. 北京圖書館編：《北京圖書館藏珍本年譜叢刊》，北京：北京圖書館出版社影印，1999 年。

17. 谷苞：《新疆歷史人物》，烏魯木齊：新疆人民出版社，2006 年。

18. 來新夏：《近三百年人物年譜知見錄》，北京：中華書局，2010 年。

19. 上海古籍出版社編：《清代詩文集彙編總目錄•索引》，上海：上海古籍出版社，2010 年。

20. 顧頡剛：《清代著述考》，北京：中華書局，2011 年。

21. 周偉民：《明清詩歌史論》，長春：吉林教育出版社，2006 年。

22. 薛宗正：《歷代西陲邊塞詩研究》，敦煌：敦煌文藝出版社，1993 年。

23. 星漢：《清代西域詩研究》，上海：上海古籍出版社，2009 年。

24. 沈喜軍等：《烏魯木齊詩話》，烏魯木齊：新疆人民出版社，1999 年。

25. 宋志英等編：《清文海》卷 50，中華書局，2010 年。

26. 錢仲聯，錢學增：《清詩精華錄》，濟南：齊魯書社，1987 年。

27. 陳之任等：《歷代西域詩選注》，烏魯木齊：新疆人民出版社，1981 年。

28. 吳藹宸：《歷代西域詩鈔》，烏魯木齊：新疆人民出版社，1982 年。

29. 星漢點校：《西域風景詩一百首》，烏魯木齊：新疆人民出版社，1992 年。

30. 鍾興麒等：《歷代西域散文選注》，烏魯木齊：新疆人民出版社，1995 年。

31. 星漢：《清代西域詩輯注》，烏魯木齊：新疆人民出版社，1996 年。

32. 星漢等：《歷代西域屯墾戍邊詩詞選注》，烏魯木齊：新疆人民出版社，2001 年。

33. 雷夢水等：《中華竹枝詞》北京：北京古籍出版社，1997 年。

34. 王利器等：《歷代竹枝詞》西安：陝西人民出版社，1999 年

35. 丘良壬等：《歷代竹枝詞全編》北京：北京古籍出版社，2007 年。

36. 來新夏等：《林則徐全集》，福州：海峽文藝出版社整理本，2002 年。

37. 周軒：《林則徐詩選注》，烏魯木齊：新疆大學出版社，1996 年。

38. 周軒等：《林則徐新疆詩文》，烏魯木齊：新疆大學出版社，2006 年。

39. 修仲一等：《祁韻士新疆詩文》，烏魯木齊：新疆大學出版社，2006 年。

40. 周軒等：《紀曉嵐新疆詩文》，烏魯木齊：新疆大學出版社，2006 年。

41. 李忠智：《紀曉嵐烏魯木齊雜詩詳注》，現代教育出版社，2010 年。

42. 楊建新：《古西行記選注》，銀川：寧夏人民出版社，1987 年。

43. 謝彬：《新疆遊記》，烏魯木齊：新疆人民出版社，1990 年。

44. 溫世霖：《崑崙旅行日記》，天津：天津古籍出版社，2005 年。

45. 楊英傑：《清代滿族風俗史》，瀋陽：遼寧人民出版社，1991 年。

46. 楊英傑：《中國清代習俗史》，瀋陽：遼寧人民出版社，1991 年。

47. 余太山：《西域文化史》，北京：中國友誼出版公司，1996 年。

48. 薛宗正：《漢族》，烏魯木齊：新疆美術攝影出版社，1996 年。

49. 薛宗正：《中國新疆：古代社會生活史》，烏魯木齊：新疆人民出版社，1997 年。

50. 馮天瑜，《中國文化史綱》，北京：北京語言文化大學出版社，1998 年。

51. 彭衛、楊振紅：《中國風俗通史》，上海：上海文藝出版社，2002 年。

52. 萬建中、周耀明：《漢族風俗史》，上海：學林出版社，2004 年。

53. 耿世民：《新疆歷史與文化概論》，中央民族大學出版社，2006 年。

54. 陳炎：《中國審美文化史》，濟南：山東畫報出版社，2007 年。

55. 仲高：《西域藝術通論》烏魯木齊：新疆人民出版社，2004 年。

56. 戴爭：《中國古代服飾簡史》，北京：中國輕工業出版社出版，1988 年。

57. 陳茂同：《中國歷代衣冠服飾制》，北京：新華出版社，1993 年。

58. 袁傑英：《中國歷代服飾史》，北京：高等教育出版社.1994 年。

59. 黃能福等：《中國服飾史》，北京：高等教育出版社，1998 年。

60. 繆愛莉，鄺璐：《中西歷代服飾圖典》，廣州：廣東科技出版社，2000 年。

61. 華梅：《服飾與中國文化》，北京：人民出版社，2001 年。

62. 黃能馥：《中國服飾史》，上海：上海人民出版社，2004 年。

63. 沈從文：《中國服飾史》，陝西：陝西師範大學出版社，2004 年。

64. 吳欣：《中國消失的服飾》，濟南：山東畫報出版社，2010 年。

65. 周錫保：《中國古代服飾史》，北京：中央編譯出版社，2011 年。

66. 劉銘忠、鄭宏峰：《中國茶道》，北京：線裝書局，2008 年。

67. 范震威：《閒情小趣》，哈爾濱：黑龍江美術出版社，1995 年。

68. 龔斌：《中國人的休閒》，上海：上海古籍出版社，1998 年。

69. 胡偉希、陳盈盈：《追求生命的超越與融通——儒道禪與休閒》，昆明：雲南人民出版社，2004 年。

70. 趙樹功：《閒意悠長：中國文人閒情審美觀念演生史稿》，河北人民出版社，2005 年。

71. 樓嘉軍：《休閒新論》，上海：立信會計出版社，2005 年。

72. 莫運平：《詩意裏的休閒生活》，長沙：嶽麓書社，2006 年。

73. 張雅靜：《休閒文化生活支持體系研究》，北京：中國社會出版社，2010 年。

74. 孫林葉：《休閒理論與實踐》，北京：知識產權出版社，2010 年。

75. 李仲廣：《休閒學》，北京：中國旅遊出版社，2011 年。

76. 齊清順：《1759～1949 年新疆多民族分佈格局的形成》，烏魯木齊：新疆人民出版社，2010 年。

77. 徐春林，陳士良：《中國休閒文化大觀》，上海：上海文化出版社，2012 年。

78. 秦學：《和諧文明視域下休閒文化與生活風尚建設：理論與實踐》，北京：科學出版社，2013 年。

79. 李紅雨：《一本書讀懂中國古代休閒娛樂》，北京：中華書局出版社，2014 年。

80. 〔日〕羽田亨著，耿世民譯：西域文化史，烏魯木齊：新疆人民出版社，1981 年。

81. 〔俄〕尼‧維‧鮑戈亞夫連斯基著，新疆大學外語系俄語教研室譯：《長城外的中國西部地區》，北京：商務印書館 1982 年。

82. 〔日〕日本東亞同文會編，于維誠，潘喜明譯：《新修中國通志‧新疆卷一》，烏魯木齊：新疆大學出版社，1994 年。

83. 〔日〕羽田亨：《西域文明史概論》，北京：中華書局，2005 年。

84. 〔日〕日野強：《伊犁紀行》，哈爾濱：黑龍江教育出版社，2006 年。

85. 〔葡〕曾德昭著，何高濟譯：《大中國志》，上海：上海古籍出版社，1998 年。

86. 〔英〕吉爾伯特‧威爾士著，劉一君、鄧海平譯：《龍旗下的臣民——近代中國禮俗與社會》上篇，北京：光明日報出版社，2000 年。

87. 〔芬蘭〕馬達漢著，王家驥譯：《1906～1908 年馬達漢西域考察圖片集》，濟南：山東畫報出版社，2001 年。

88. 〔芬蘭〕馬達漢著，王家驥譯：《馬達漢西域考察日記（1906～1908）》，北京：中國民族攝影藝術出版社，2004 年。

89. 〔英〕奧里爾‧斯坦因著，巫新華、伏霄漢譯：《斯坦因中國探險手記》，瀋陽：春風文藝出版社，2004 年。

90. 〔英〕凱瑟琳・馬嘎特尼著，王衛平，崔廷虎譯：《外交官夫人回憶錄》，烏魯木齊：新疆青少年出版社，2008 年。

91. 〔英〕奧里爾・斯坦因著，海濤編譯：斯坦因・《斯坦因西域盜寶記》，北京：西苑出版社，2009 年。

92. 〔意〕利瑪竇、〔比〕金尼閣著，何高濟等譯：《利瑪竇中國箚記》，北京：中華書局，2010 年。

附錄一　移民社會的信仰：清代鎮西的民間信仰之考察

〔摘要〕以鎮西漢移民社區的微觀視角觀照清代新疆的移民社會，考察鎮西漢民族移民社區的形成、分析民間神祇的構成、探討信仰的地域性特徵和多元化功能，重點揭示了鎮西漢移民社區與內地同質、但又有獨特需求與精神創造的民間信仰，其中駝戶供奉「馬祖」與「冰神」信仰帶有鮮明的地域獨創。分析得出清代新疆移民社會對內地民間信仰移植的同時還進行了文化融合與創造，民間信仰作爲主導民間大眾思想的精神文化，是清代邊疆治理移民社會的有效補充方式。

〔關鍵詞〕移民社會、民間信仰、清代鎮西地域特徵

近年來，民間信仰〔註 1〕作爲觀察中國鄉村社會和民間百姓生活的獨特視角再次受到國內外學者的廣泛關注。宗教學、歷史學、文化人類學、民俗學等學科領域的學者紛紛從民間信仰的概念、社會功能、信仰流變等理論性問題及具體的信仰儀式等事項對此展開研究，進一步擴展了民間信仰的研究廣度與深度。針對區域民間信仰問題的研究，則主要集中在東南地區，尤其是閩臺等地。關於新疆地區的民間信仰，學術界多熱衷於少數民族信仰問題，如薩滿教等。對於廣泛存在於漢族民眾之中的民間信仰，僅有較少的關注，且基本傾向於梳理民間信仰的構成。本文從鎮西這一局部現象，考察清代新疆移民社會的民間信仰，重在揭示與內地同質、但又有獨特需求與精神創造的地域性特徵，考察其對新疆村落社會所發揮的影響和作用。

一、清代鎮西漢民族移民社區的形成

鎮西，今爲巴里坤哈薩克自治縣，地處新疆東部，「東接天山，西達奇臺，南通伊吾，北連喀爾喀蒙部，幅員千餘里，枕山帶海，險扼全疆，路通南北」〔註 2〕，其位置得天獨厚，自古爲優良的牧場，亦爲兵家戰略要地。追溯巴里坤的歷史，它曾名列西域三十六國，先後有過蒲類（西漢）、甘露川（唐代）、巴爾庫勒（元代）、巴里坤（清初）、鎮西（清中後期）等稱謂。巴里坤最早見載於《漢書·西域傳》：「蒲類國，王治天山西疏榆谷，去長安八千三百六十里……西南至都護治所千三百八十七里」。漢代，蒲類國屬西域都護府管轄，這裡已有漢族軍民的足跡；唐代，甘露川是唐王朝在西域的屯戍地之一，傳世文獻及出土文物證明唐王朝曾派兵在此地駐紮、屯田；清代，清廷在新疆的駐兵與屯田堪稱規模之最，大量漢族軍民遷入與定居鎮西，促成了鎮西漢民族移民社區的形成。鎮西漢民族移民的來源有以下三種：

〔註 1〕 「『民間信仰』的概念，學術界尚無定論。『民間信仰』一詞是中國內地與臺灣的用法，在西方世界（包括香港），相應的研究領域應該稱爲『民間宗教』(Popular Religion)，可是內地學界共識的『民間宗教』概念對應的卻是民間秘密教門。內地的民間信仰與民間宗教兩個概念大致平行，在西方和臺港學界，民間宗教是一大學科領域，涵攝了內地所稱的民間信仰與民間宗教」（吳真《民間信仰研究三十年》）。鑒於學界對於民間信仰定義的複雜多樣性，本文沿用中國內地的觀點，認爲民間信仰是民間普遍的俗信，信奉的對象較爲龐雜，沒有明確的傳人、嚴格的教義、秘密的組織等，故將民間信仰與民間宗教區分。

〔註 2〕 （清）閻緒昌：《鎮西廳鄉土志》序，吳堅主編，《中國西北文獻叢書》第 1 輯，《西北稀見方志文獻》第 61 卷，蘭州古籍書店，1990 年，第 357 頁。

1. 兵　屯

從清政府在鎮西的幾次屯戍可考察到當時鎮西漢族兵丁人數之眾。清朝未統一新疆前，對準噶爾部的用兵歷經康熙、雍正、乾隆三朝，隨著戰事分合，軍事重鎮鎮西的駐兵與屯田也時興時止。康熙五十五年（1716）爲討伐準噶爾部侵擾哈密，吏部尚書靖逆將軍富寧安率 30000 清軍進駐鎮西（時稱巴爾庫爾），「滿漢官兵，共立二十三營，周圍二百餘里，軍勢雄壯，首尾相應」。〔註 3〕「雍正二年（1724），清軍在巴里坤、哈密和吐魯番三地屯田，遭受天災和戰亂，糧食減產。巴里坤屯區產糧 12290 石，仍是當時新疆最大的兵屯基地」，〔註 4〕由此可知當時鎮西駐紮官兵人數之多。雍正三年（1725），清政府和準噶爾部第一次達成和解，清軍撤回了在鎮西、吐魯番的駐軍。雍正七年（1729），寧遠大將軍岳鍾琪率 26000 餘名清軍討伐準噶爾汗噶爾丹策零。岳鍾琪在鎮西布兵防守並且率軍築城屯墾，「建城於巴爾庫勒，改名巴里坤（清初的名稱）」，〔註 5〕並「撥兵丁五千餘名，無事可耕，有事可戰」。〔註 6〕雍正十三年（1735）準噶爾部第二次要求停戰議和，巴里坤的駐軍撤回哈密。乾隆二十一年（1756），清軍正在平定準噶爾汗阿睦爾撒納叛亂之際，從甘、涼、肅標營中抽調屯兵派往鎮西，「統照駐防例，三年一換」。從乾隆二十七年（1762）起，巴里坤 1500 名換防綠營屯田兵調換爲駐防軍，全都攜帶家眷，可長期駐防。清政府在鎮西的駐兵及家眷的隨遷奠定了鎮西漢移民社區的基礎。

2. 民　屯

民屯也稱戶屯，指由清政府從內地招募及自往塞外耕種者，以及行賈而從事的屯墾。民屯包括從內地自主遷入的農戶和認墾的商人。「招募的主要是河西等地貧苦農戶，應募的民戶由官府提供車輛、口食、衣物及帳篷，委派專人照料起程，護送到屯墾地點」。〔註 7〕巴里坤地處新疆東部，距內地近，實施民屯較新疆其他地區早。據統計，清乾隆二十六年到二十九年，在

〔註 3〕《清聖祖實錄》卷 269，康熙五十五年九月戊寅條。

〔註 4〕蘇奎俊：《清代巴里坤屯田述論》，《新疆社科論壇》，2010（1），第 80 頁。

〔註 5〕（清）趙爾巽等撰，《清史稿·地理志》卷 76，中華書局，1976 年點校本，第 2377 頁。

〔註 6〕（清）高耀南：《鎮西廳鄉土志·戶口》第 362 頁。

〔註 7〕周軒、張岩：《巴里坤移民屯戍與漢文化》，《新疆大學學報》1998 年第 4 期，第 57 頁。

巴里坤落戶的民戶人數和開墾的田畝情況，「巴里坤招募民人王美玉等六十七名，認墾地三千七百畝。二十七年，續招民人三十九戶，認墾地一千四百五十餘畝。二十八年續招吳臣等三十名，認墾地三千四百四十畝。二十九年續報商民三十名，認墾地三千六百九十畝。又續報敦煌等三縣招有情願赴巴里坤種地民一百八十餘戶」。〔註8〕「乾隆四十一年（1776年），鎮西府的宜禾縣有墾民六百九十二戶，二千五百九十六人……乾隆五十四年（1789年），巴里坤、烏魯木齊所屬各地認墾人口數為一十二萬五佰三十七口」。〔註9〕民屯較兵屯更穩定，世代定居鎮西，增加了鎮西漢民族移民社區的人口。

3. 遣　屯

遣屯又叫犯屯，指在內地犯罪被流放到新疆參加的屯墾的人。自乾隆二十四年（1759）統一新疆至宣統三年（1911），清政府每年定例向新疆發遣犯人。據《清高宗實錄》記載「定例以來，每年各省改發不下六七百名」。〔註10〕在這一百五十多年，除同治年間新疆內憂外患，中斷發遣，前後歷時近140年，總數近十萬的遣犯發配新疆。乾隆二十七年（1762），250名遣犯被發至巴里坤，被編入兵屯中服役。乾隆三十一年（1766），清政府令250名遣犯與500名屯兵，「合力耕作，每名額地二十二畝，共種地一萬六千五百畝」。〔註11〕乾隆三十二年（1767），清政府又增加100名遣犯至鎮西。據《西域圖志‧屯政》記載，乾隆四十二年（1777），鎮西府樸城子兵屯區有遣犯350名。鎮西遣屯也是鎮西漢移民社區組成的一部分。

據《巴里坤縣志》記載：「嘉慶十一年（1806）鎮西人口為15298人，自道光初年到末年，從21000增加到30000人。同治年間戰亂，人口劇減。宣統三年（1911年），巴里坤境內的漢、哈薩克、蒙古、維吾爾等族共1817戶，8085人」。〔註12〕《鎮西廳鄉土志》記載了鎮西人口的變化：「鎮西自分治，幾經招徠，幾經籌度。人民之安集，戶口之繁庶，道光間為極盛。迨經兵燹，流離子遺，十只一二。現計戶不過一千五百四十一口，只滿七千五百七十九，

〔註8〕　（清）高宗敕撰：《清朝文獻通考》卷11，商務印書館，中華民國二十五年。
〔註9〕　《清高宗實錄》卷1349，乾隆五十五年二月己酉條。
〔註10〕　《清高宗實錄》卷782，乾隆三十二年四月乙巳條。
〔註11〕　《清高宗實錄》卷775，乾隆三十一年十二月壬戌條。
〔註12〕　張建國主編：《巴里坤哈薩克自治縣志》，新疆大學出版社，1993年。

較之曩昔，大相徑庭」。〔註13〕因戰亂，鎮西人口與規模經歷了由盛至衰的過程，光緒年間人數達到頂峰，這也是漢民族移民社區最繁盛的時期，鎮西的廟宇大多建於嘉慶、光緒年間，民間信仰的構成也是包羅萬象。

二、民間信仰的構成

清代鎮西漢民族民間信仰屬於泛神崇拜，自清康熙五十八年（1719）富寧安修建第一座關帝大廟起，到光緒二十四年（1898）為紀念左宗棠收復新疆修建的左文襄公祠，近兩百年間，漢、滿兩城共有廟宇57座，三鄉有廟33座，共90座。祠廟是民間信仰的主載體，祠廟的數量和所祭祀的神靈是反映民眾信仰結構的重要標識。清代鎮西有「廟宇冠全疆」的美譽，民間信仰的神祇與修建的廟宇概覽如下〔註14〕：

      聖賢類神祇：文廟、關帝廟（9座，其中1座與岳飛合祀）、岳王廟、三公祠、蕭曹廟、孫子廟、蘇武廟、三皇廟（伏羲、神農、黃帝）、嫘祖廟、定湘王方神廟、左公祠、照忠祠

      自然類神祇：土神祠（5座）、海神祠、海祀廟、雷祖廟、風雨神廟、山神廟

      鄉土類神祇：城隍廟（5座）、娘娘廟（3座）、龍王廟（2座）、三官廟、鍾馗廟、龍君娘娘廟、文昌宮、真武大帝廟、贊化帝君閣、廄神廟、蟲王廟、無量廟、魁星閣、仙姑廟、玉皇閣

      行業類神祇：馬王廟（3座）、老君廟（2座）、藥王廟（2座）、魯班廟、財神廟、牛王宮、牛芒宮、羊會、駝會

      地源雜類神祇：五涼廟、涼州廟、秦州廟、山西會館、甘州廟、魯北廟

      其他尚有僅存地名的三鄉廟宇：南山廟、南園子廟、花莊子廟、奎素廟、大黑溝廟、沙山子廟、三塘湖廟、柳溝廟、頭渠廟等二十餘座。〔註15〕

〔註13〕 （清）高耀南：《鎮西廳鄉土志》序。

〔註14〕 此處民間信仰的分類包含鄉土社會中從道教、佛教衍生而成的零散的、混雜的神靈崇拜是對「神明、鬼魂、祖先、聖賢及天象」的信仰和崇拜，無正規的教派和教徒，有別於佛教、道教、伊斯蘭教、天主教、基督教等五大制度化的宗教信仰。

〔註15〕 資料來源：（清）高耀南：《鎮西廳鄉土志·廟宇》。按：《廟宇》記載中「三

　　《鎮西廳鄉土志》記載了鎮西廟宇的來源與興衰：「夫郡之有廟，所以祈神庥崇祀典也。而士農工商以及街市城鎮，春秋報賽，聊意氣，和神人，莫不各有其所祀之廟，以期永遠弗替。鎮西自道光間，道當衝衢，人民咸集。而四營有四營之廟，三鄉有三鄉之廟。山陝甘肅之商人輻輳已極，除會館而外，各縣之人又重集捐資，分立各縣之會，以親桑梓。維時鳩士庇材，大興土木，廟宇之多，巍巍然誠一郡之壯觀也」。〔註16〕鎮西廟宇的來源主要有四種：1. 四營官兵所建廟宇，「四營有四營之廟」：關聖帝君廟、龍君娘娘廟、蕭曹廟、土神祠、廄神廟、贊花帝君閣、五涼廟、三官廟；2. 三鄉所建的廟宇，「三鄉有三鄉之廟」：南山廟、奎素廟、大黑溝廟、沙山子廟、李家溝廟、二道河廟、三塘湖廟、柳溝廟、頭渠廟、二渠廟、三渠廟、淵泉廟、海城廟等；3. 行會所建廟宇，「除會館而外，各縣之人又重集捐資，分立各縣之會」：關聖帝君廟、文昌宮、馬王廟、牛王宮、羊會、老君廟、財神廟、駝會、魯班廟、山西會館；4. 戶民所建廟宇：南園子廟、花莊子廟、涼州廟、秦州廟。另外有廟宇未指明修建者為何人。鎮西漢民族的民間信仰根植於內地漢人的民間信仰，但由於鎮西特殊的自然環境與社會環境，鎮西漢民族民間信仰又有不同於內地的地域性特徵，甚至地域性的創造。

三、民間信仰的地域性特徵

　　1. 廣泛信仰忠勇的武將，祈求太平的心理已融入邊疆民眾的信仰世界

　　「某地方供祀某種神最多，可以研究各地方的心理；某時代供祀某種神最多，可以研究某個時代的心理，這部分敘述才是宗教史最主要的」。〔註17〕鎮西對武將的信仰反映了時代和地域的特徵，反映了民間信仰中對安定生活的祈求。首先，從時代來看，由官方引導的民間信仰對滿漢屯戍起到的治理的作用，同時也促進了鎮西民間信仰的發展。對武將的信仰與官方引導有關，清代延續了歷代對關羽的尊崇，加封關羽為「武聖」，其地位超過了「文聖」孔子。作為滿族入主中原的清朝，為了鞏固皇權，利用儒家文化加強思想控制，充分肯定了關羽的「忠義」，提倡對「武聖」的信仰崇拜，使得關羽成為

鄉」訛誤為「四鄉」。另光緒三十一年以後及遺漏廟宇根據許學誠《神化鎮西——掀起新疆漢文化神秘蓋頭》一書補充。

〔註16〕　（清）高耀南：《鎮西廳鄉土志·廟宇》序。

〔註17〕　（清）梁啟超：《文化專史及其做法》，《中國歷史研究法補編》，上海古籍出版社，2000年，第287頁。

全國上下頂禮膜拜的主要神靈。「清代較大的關帝廟皆由最高統治者皇帝御書
題寫匾額，清代關羽受到了極高的榮譽，其祭祀典禮甚至作為國家祭神祭天
的重要典禮之一」。〔註18〕在國家、地方官府的支持之下，關羽崇拜廣泛而普
及，邊疆也不例外，嘉慶初年洪亮吉嫡戍伊犁，在北疆所經路途看到「塞外
雖三兩家，村必有一廟，廟皆祀關神武，香火之盛蓋接於西海雲」。〔註19〕鎮
西的關羽廟有 9 座之多，是所有神祀中被供奉最普遍的。除關帝廟外，由官
方賦予的精神意旨的廟宇，如蕭曹廟、孫臏廟、蘇武廟、岳王廟、定湘王方
神廟，這些神祇都宣揚著忠君愛國的思想，激勵了鎮西滿漢軍民的士氣。其
次，從地域來看，西域是多民族雜居之地，歷經兵家角逐，常年戰亂。岳鍾
琪鎮守西域，左宗棠收復新疆，為百姓帶來和平、安定的生活，民眾對他們
由感激到崇拜，這種敬仰附會了神異的色彩，上升為信仰。「漢族民眾日常生
活中多廣泛祭祀開疆戍邊的名宦武將，祈求對自己生活與生產的庇祐，表明
邊疆社會的特殊性已深深浸透於普遍民眾信仰世界」〔註20〕鎮西民間信仰中
祭祀名臣武將的廟宇除了關帝廟還有岳王廟、三公祠、定湘王方神廟、照忠
祠，鎮西對武將的信仰體現了邊疆地區信仰的地域特殊性。

2. 對民間信仰的創造體現鎮西民眾對特殊地域環境的認識與適應

與內地眾多鄉村社會一樣，漢族移民出於認識的局限，因對自然力量的
畏懼而形成了較濃厚的宗教心理。鎮西的氣候比較特殊，「其地在雪山之陰。
五六月間，西北風起，即雨雪，為塞外極寒之地」。〔註21〕清光緒間隨軍幕僚
蕭雄也在詩中吟詠鎮西氣候：「山北孤城寒更多，海城蒲類雪成窠。笑他五月
披裘客，不識人間有葛羅」。注釋云：「巴里坤在大谷中，為新疆極寒處。冬
不待言，即夏日晴明，猶宜春服，若陰霾輒至飛雪，著裘者有之」。〔註22〕體
陵縣令金德榮遣戍新疆期間，曾作詩《巴里坤冰燈歌》「清瑩照坐肌生粟，熱
客都變冰心腸」，「羌餘遷謫萬無狀，興酣欲以寒威抗」，〔註23〕都印證了巴里
坤的確處於極寒之地。在鎮西特殊的自然氣候條件下，民間自然崇拜的內容

〔註18〕 皇甫中行：《文化關羽》，中國華僑出版社，2013 年，第 207 頁。
〔註19〕 （清）洪亮吉撰：《洪北江全集》，《天山客話》，授經堂家藏本。
〔註20〕 張世明：《另類社會空間：中國邊疆移民社會主要特殊性透視》，《中國邊疆史
地研究》，2006 年，第 1 期。
〔註21〕 （清）高耀南：《鎮西廳鄉土志‧廟宇》序。
〔註22〕 吳藹宸輯：《歷代西域詩鈔‧蕭雄‧氣候》，新疆人民出版社，1982 年，第 301
頁。
〔註23〕 （清）龍顧山人纂：《十朝詩乘》卷十二《巴里坤冰燈》詩前序。

有所增加。鎮西漢族移民的自然崇拜，不僅有風雨雷電、山川土地諸神的信仰，還有對季節的崇拜與祭祀。〔註24〕清代鎮西漢民族將冬至的歲時節氣紀念與蘊含的原始崇拜思想的冬神、冰神祭祀結合起來，以立冰碑的創造性方式來祭奠冬神。

冬至作爲一個節氣，作爲一個節日，在巴里坤是深受重視的。重視它表現在兩方面，一方面是祭奠，一方面是生活化的警示。其中，祭奠的方式是立冰碑。在冬至的前一兩天開始冰碑的製作，用斧子從結冰的河冰上鑿出一塊寬尺許，高三尺許的長方形冰塊，修整成碑形，豎立在院門前的廄肥堆中央，其方向是背北面南。冰碑立好後的第一次祭奠方式就是往碑上頭澆水，據說早年還要給冰碑磕頭。冬至日的一早，要在冰碑前上香，磕頭，祭品自然是杏皮飯（當地冬至日特製的麵食，許多地方叫「貓耳朵」），講究是要將杏皮飯澆一些在冰碑上。自打交九之日起，每交一九就要往冰碑上澆一次水，一直到九盡冰消雪化方止。〔註25〕

鎮西漢人對冬神的自然崇拜，在冬至日立冰碑祭祀，這一現象古籍和當代文獻並無記載，很可能是鎮西人因本地酷寒，在適應自然的過程中創造的民間信仰形式。鎮西冬至的祭祀是敬冰神，鎮西的冰神就是指冬神。早在周代，冬至就有國家祀典。《周禮・春官》提及：「以冬至日，致天神人鬼」。冬至節則是在漢代開始成爲通行節日，並在此後衍生出越來越多節俗，排場與風光也漸甚。甚至會有不少文人因此大獻頌詩，例如漢代蔡邕《獨斷》提到：「冬至，陽氣起，君道長，故賀」。關於冬神的信仰最早的記載，見於《呂氏春秋・十二紀》與《禮記・月令》，記顓頊是冬神，「春，其神太昊，其神勾芒。治東方……其帝顓頊，其神玄冥。治北方」。《淮南子・天文訓》記載「昔者共工與顓頊爭爲帝，怒而觸不周之山，天柱折，地維絕，天傾西北，故日月星辰移焉。地不滿東南，故水潦塵埃歸焉」。這是先民的季節更替的原始認識與想像，共工與顓頊爭帝，最後顓頊取得勝利，說明冬天取代了秋天。祭奠冰神從冬至交九之日起，每交一九就要往冰碑上澆一次水，一直到九九冰消雪化方止。冰碑立在廄肥之上，冰融爲水浸潤了廄肥，爲開春的耕種準備

〔註24〕黃達遠：《清代鎮西廟宇冠全疆的社會史考察》〔J〕新疆社會科學，2008（6）
〔註25〕許學誠：《神化鎮西——掀起新疆漢文化神秘蓋頭》，光明日報出版社，2006年，第280～281頁。

了肥料。同時，鎮西祭奠冬神並非向冰神祈求溫暖，而是在期望順冬之意。所謂「順冬」，就是天氣該冷就冷，該熱就熱。民諺說：「不冷不熱，五穀不結。冬津不冷，夏津不熱。暖冬沒有好年景」。從這些方面看，鎮西對冬神的自然崇拜在地域創造中也蘊含著科學的成份，有對自然規律的認識與適應。

3. 鎮西的民間信仰寄託了移民背井離鄉的精神訴求

首先，民間信仰寄託了移民對故鄉與宗族的思念。鎮西漢族移民遠離家鄉，難免在環境適應過程中思念親人，感到孤獨，於是，他們通過民間信仰取得心理慰藉。茅盾在《新疆風土雜憶》中寫到：

> 凡（新疆）漢人較多的各城市中都有「定湘王廟」，皆為左宗棠平定新疆以後，「湖湘子弟」所建……每年中元節，各省人士追祭其遠在原籍之祖先，「定湘廟」中，羅天大醮，連臺對開，可互一周間。尤為奇特者，此時之「定湘王」府又開辦郵局，收受寄給各省籍鬼魂之包裹與信札；有特製之「郵票」，定湘王府發售，廟中道士即充「郵務員」，包裹信札寄遞取費等差，亦模擬陽間之郵局；迷信者以為必如此。然後憑所焚化之包裹與信札可穩度萬里關山，毫無留難。又或焚化冥鍰，則又須「定湘王府」匯兌。〔註26〕

俄國人尼·維·鮑戈亞夫連斯基對漢族人認祖歸宗的秉性做了精闢的描述：「漢人的秉性，十分難於改變。他們雖遷居異地，與異族相處，但他們仍然絲毫無異於居住在中原地區的漢人。他們把原有的信仰習俗全部帶到異鄉，甚至好像把在內地家鄉所習以為常的生活擺設也都搬來了」。〔註27〕鎮西漢族移民通過這種信仰方式，祭奠自己的祖先，以此得到心理的慰藉。

其次，民間信仰中寄託了移民對土地的歸屬感和家園的意識。鎮西的土地祠有5座，在田野阡陌間供奉神仙牌位的小型土地廟更是不計其數。可見，鎮西漢族移民對土地的信仰是很普及的。熱愛土地，依戀土地，甚至尊崇土地，是農耕民族的共同特點。鎮西漢族移民遷徙到此地，在這塊土地上繁衍生息，對土地產生了深厚感情。土地，不僅是稼穡的衣食父母，還是清代鎮西人主要的建築材料。鎮西的土質有很好的黏性，遷居來的漢族移民利用土蓋房、壘灶、修炕（西北人用泥土特製的床），有了棲身之所和基本生活設

〔註26〕茅盾：《新疆風土雜記》，《旅行雜誌》，1942年，第10期。
〔註27〕（俄）尼·維·鮑戈亞夫連斯基著、新疆大學外語系俄語教研室譯：《長城外的中國西部地區》，商務印書館1980年，第32～33頁。

施。無力蓋房造屋,還可以找個高坡,打一個「地窖子」(地洞),雖然簡陋,但也可當作遮風擋雨的居所。鎮西漢族移民在這片土地定居、耕種,建造家園,找到了歸屬感。在鎮西民間信仰中,對土地的普遍信仰傳遞著漢族移民對土地的感恩與依賴。

4. 鎮西的民間信仰反映了農牧交叉區移民的經濟渴求

鎮西民間信仰觀照了各方面的需求,反映了清代鎮西漢族民間信仰的普遍性和複雜性。鎮西自古為牧業國,《後漢書·西域傳》記載「蒲類國東南去長史所居千二百九十里,去洛陽萬四百九十里。戶八百餘,口二千餘,勝兵七百餘人。盧帳而居,逐水草,頗知田作。有牛、馬、駱駝、羊畜。能作弓矢。國出好馬」。清初,鎮西為準葛爾部游牧地,在漢民族大量遷移到鎮西之後,鎮西改變了游牧社會的結構,從民間信仰可看出鎮西農耕與游牧交叉的經濟特徵。鎮西東關馬王廟由「鎮侯五廠孳生馬及本郡四鄉養馬之家所敬」,西街牛王宮為「養牛之戶所建」,西街養會為「養羊之戶所建」,北關駝會為「養駝之家聚議公所」。鎮西是萬駝之鄉,雍正元年(1723),鎮西挑選精壯駱駝 2000 峰,支持撫遠大將軍年羹堯平定青海羅布藏丹津的叛亂。出於農牧交叉移民區的經濟訴求,駝戶們需要尋求神靈庇祐。內地不蓄養駱駝,故內地的民間信仰中沒有掌管駝的俗神。馬和駝都是用來運輸的牲畜,於是,鎮西養駝之家在駝會供奉了掌管馬匹的馬祖,希望借馬祖的神力來保護駝隊。駝戶們在廟宇中供奉了馬王廟的馬祖這一特殊現象,說明鎮西漢民族的民間信仰基本從內地移植而來。除了保護土地豐收,牲畜豐產之外,不同行業的漢人敬奉的神靈也各有不同,例如商人敬財神,財神廟為「北街生意鋪戶建」;鐵匠敬老君,北街老君廟由「鐵匠待敬」;木匠敬魯班,在東街建魯班廟;藥店、郎中敬藥王孫思邈,養牛之戶建牛王宮,養羊之戶建羊會,燒坊敬龍王,廚房敬老君,出外敬山神、土地神等等。不同行業的商人、小手工者、農民等漢族移民,根據各自的經濟需求,供奉各自的行業保護神,這使得新疆漢族移民本來就已很多元化的民間信仰更加多元化了。多元化的民間信仰不能籠統視為封建迷信,它的存在也產生了一些積極的意義。

四、民間信仰的功能

1. 濃鬱的信仰氛圍薰染了鎮西人對教育的信仰

在鎮西有孔廟、文昌廟和魁星閣三座祭祀文教神靈的廟宇。鎮西府所在

地的人口最多時不逾三萬，卻有三座崇尚教育的廟宇，可見，對教育的崇敬
已成爲鎮西民間信仰的重要部分。鎮西人不但虔誠地祭拜文教神靈，甚至對
紙張也非常珍視，認爲書籍和字紙是神聖之物，不得損壞或污染。萬一損毀
不能再使用，要正式地去燒毀，以保其在烈火中永生的高潔。魁星閣臨近的
四街各處有一個專供焚字紙的火爐，其形狀側看呈六角形的椎體，連帶著細
高的煙囪，宛似寶塔。秀才、舉子拜會魁星時，專門在字紙爐燒毀污損的字
書，此亦爲敬魁的一項內容。後來，隨著廢除科舉，摒棄儒教，加之造紙和
印刷的普及，書籍字紙失卻了神聖，失卻了被敬惜的金貴，於是書頁和字紙
被暴棄街頭的現象時有發生。鎮西漢族移民在四城門附近建起更多的字紙
爐，以供方便焚化，也爲提醒世人，敬惜字紙。有行善積德的老者手提籮筐，
沿街收集字紙，還代居民焚化。「這一切全是發自內心的自願行動，不索取任
何報酬的。爲行善積德，以企善始終老」。〔註28〕家有學子的鎮西人對魁星的
信仰虔誠到迷信的地步，祭拜魁星時從神斗中摸字拓，並將摸到的字拓焚成
紙灰讓孩子用開水沖服，認爲這是魁星爺賜予的智慧和靈氣，不喝完都是對
神明的不敬。迷信故不可取，從另一方面看，正是因爲鎮西人對民間信仰的
篤信，傳承了鎮西人淳樸的民風。鎮西人對教育懷有信仰般的尊崇，「耕可富
家，讀可榮身」的祖訓代代相傳，使得此地文教之風興盛。在這種重視文化
教育的社會氛圍薰陶下，確實也有不少應試者考取功名：「乾隆至嘉慶年間考
取文舉者 1 人，貢生 5 人，考中武舉者 11 人，宜禾縣貢生 4 人，武舉 11 名，
奇臺縣貢生 6 人，武舉 7 人」，〔註29〕「道光年間考取文舉者 4 人，貢生 11
人，考中武舉者 29 人」。〔註30〕以上資料不是鎮西二百來年科舉考試的全部
統計，卻也充分地證明在區區不過三萬人的鎮西，居然有不菲的功名成就。
鎮西「廟宇冠全疆」的美譽，帶來了「文教甲全疆」的盛名。

2. 鄉土的廟宇建築發揮了多元的實用功能

民間信仰修建了很多廟宇，這些廟宇對當地漢民族的生活有著特殊的功
用。(1) 很多廟宇兼有會館和廟宇的雙重作用。鎮西同鄉會館與廟宇同設一
處，東街的關聖帝君廟「大會館附於內，係八大商聚議公所」，北關駝會是「養

〔註28〕 許學城：《神化鎮西——掀起新疆漢文化神秘蓋頭》，光明日報出版社，2006
　　　　年，第 62 頁。
〔註29〕 北京圖書館編，《三州輯略》，《地方志人物傳記資料叢刊》，北京圖書館出版
　　　　社，第 534 頁。
〔註30〕 《鎮西廳鄉土志》學校，西北稀見方志叢書第 61 卷，第 372 頁。

駝之家聚義公所」。商人們在會館供奉萬能的關帝或行業神，以此作爲祭祀之地。此外，這裡也是商人們聚集議事，商戶們存放貨物和中轉休憩之地，廟宇兼有倉庫和旅館的功用。（2）鎮西廟宇爲民間休閒娛樂生活提供了場所。鎮西的會館人神駁雜，山西會館內建有關帝廟，駝會內供奉有馬祖。會館定期舉行廟會，是民間酬神祭祀，也是民間的休閒集會。會館是當地人們享受娛樂生活的公共空間，逢年過節時會有戲曲歌舞、放焰火、鬧社火的娛樂形式。新年期間甚至連日演出，長達十幾天。清代邊疆會館的休閒生活可窺一斑。（3）廟宇還有輔助文教和經濟的功用。清同治年間，松峰書院設在文昌宮內，是鎮西最高學府。鎮西的宮觀廟宇除供作書院，還有供作私塾和義學的。光緒年間，鎮西較有名的義學有康公的三官廟義學、田種德的陝西會館義學、趙伯田的無量廟義學和王秀才的馬王廟義學，有學生近百人。另外，舉行廟會時，廟會實際上爲城鄉提供了物資交流的場所，也爲與外埠的商品交換提供了空間，便利了當地人民的生活。

3. 鎮西的民間信仰形成因地緣而凝聚的移民社區

「在中國這樣一個極爲強調宗親鄉土觀念的國度裏，農民是安土重遷的」，〔註31〕因此，漢民族無論遷徙何處，總會銘記自己的來源地與祖籍。紀昀有詩「萬里攜家出塞行，男婚女嫁總邊城。多年無復懷鄉夢，官府猶題舊里名」，〔註32〕詩下自注「戶名入籍已久，然自某州來者，官府仍謂之某州戶，相稱亦然」，描述了這種根深蒂固的宗親鄉土觀念。鎮西的漢族移民大多並非家族的整體遷居，所以這裡缺少以血緣爲紐帶的宗族勢力，「因此，以廟宇爲中心，就成爲一個以地緣爲紐帶的同鄉組織，替代了宗族的功能」。〔註33〕從鎮西漢民族民間信仰來看，很多廟宇是以同一地緣的移民捐資修建的。根據《鎮西廳鄉土志》記載，「涼州廟乾隆間修，涼永鎮古平客民建」，「秦州廟係秦鞏之客民所建」，另有「武威戶廟、玉門縣廟、甘州廟、東西敦煌廟」，未注明捐資修建者，但從名稱可推斷，這也是遷來的民戶以地緣命名修建的廟宇。法國社會學家迪爾凱姆認爲，一切宗教儀式的最突出的功能，就是加強

〔註31〕閆天靈：《漢族移民與近代內蒙古社會變遷研究》，民族出版社，2004 年，第5 頁。

〔註32〕李忠智：《紀曉嵐烏魯木齊雜詩詳注》詩 51，現代教育出版社 2010 年，第 160 頁。

〔註33〕黃達遠：《清代新疆北部漢人移民社區的民間信仰考察》，《宗教學研究》，2009 年，第 2 期。

集體的團結。鎮西漢民族離開了血緣宗族的團體，因地緣凝結組成新的團體，並且通過民間信仰增強了移民社區的凝聚力。

結　語

「人口在空間的流動，實質上就是他們所負載的文化在空間的流動。所以說，移民運動在本質上是一種文化的遷移」。〔註34〕從某種意義上說，新疆移民社會的信仰是內地漢文化的再現和複製。清代新疆廟宇供奉的神靈與移民源地民間信仰結構基本相一致，但是，這種再現和複製只是基本的，以鎮西移民社區的微觀視角去觀照清代新疆的移民社會，不難發現：移民對內地民間信仰移植的同時，在地域環境的適應過程中，還進行了信仰的文化融合與創造，駝戶供奉「馬祖」與「冰神」信仰，帶有鮮明的地域特色。其次，移民社會的民間信仰蘊含著「祈福納祥、消災解厄、祈求平安、倫理教化」的精神內涵。民間信仰作為主導的民間大眾思想的精神文化，是治理清代新疆漢民族移民社會的有效補充方式。研究清代鎮西漢民族的民間信仰，對於深入瞭解清代移民社會底層民眾的精神生活及全面理解多民族地區的漢文化傳承都具有非常重要的意義。

〔註34〕葛劍雄：《中國移民史》，福建人民出版社，1997年，第162頁。

附錄二　清代新疆流放文人的
　　　　精神特質探析

〔摘要〕近年來，學界對清代新疆流人群體的關注側重於流放管理、流人個案、流人文學以及流人在新疆的貢獻，而對更深入研究流人文學及流人文化都有積極意義的流放文人群體的內心世界未曾涉及。鑒於此，對此命題進行探析，勾稽史料，總結得出清代新疆流放文人的主體精神特質：謹微慎行，箴言自守，期盼回歸與起用；堅韌豁達，自強不息，成就了另一種人生；包容博愛，融入邊塞，與各族人民和諧相處。

〔關鍵詞〕流放文人、謹言慎行、堅韌豁達、包容博愛

　　清代是封建王朝流放制度最完備，流放人數最多的朝代。自乾隆二十四年（1759 年）清政府平定了天山以南的大小和卓之亂，重新統一了西域，改稱新疆，此後，地處版圖西極的新疆成爲流放犯人的主要集中地。清代新疆流人按照社會地位可分爲犯罪平民和獲罪官員。前者被稱爲遣犯，後者一般稱之爲遣員或廢員、戍員。

　　在清代新疆流人中，以獲罪官員爲主的流放文人是開發新疆的重要力量。近年來，學界對此流放文人群體的研究主要有以下方向：一、遣員對開發新疆的貢獻研究。齊清順的《清代「廢員」在新疆的效力贖罪》一文彌補了新疆史研究中的缺憾，堪稱清代新疆流人研究的開篇之作。二、流放名人傳記考釋，周軒的專著《清代新疆流放名人》以人物傳記的形式集中介紹了被流放到新疆的 15 位名人。三、流人文學研究，星漢的專著《清代西域詩研究》用專門的章節分析了新疆流放文人的創作。四、流人個案研究，諸如紀昀、林則徐、載瀾、李亨特、鐵保等人的個體研究。以上研究取得的成績是應該充分肯定的，但要指出的是，這些成果對於清代新疆流放文人群體的內心世界鮮有論及，而流放文人主體的精神特質與流人文化的內涵有著密切的關係，同時對流人文學及新疆的開發建設都有深遠影響。所以本文試圖還原清代新疆流放文人的內心世界，探析清代流放文人共有的精神特質。

　　粗略統計清代新疆的流放文人，乾隆、嘉慶兩朝流放到烏魯木齊的文人主要有紀昀、蔣業晉、曹麟開、邱德生、成林、顏檢、李鑾宣、史善長；在道光至宣統五朝，先後到達烏魯木齊的流放文人有：袁潔、金德榮、黃濬、楊炳堃、朱鯤、張蔭桓、裴景福、鍾廣生；乾隆、嘉慶兩期發往伊犁的流放文人有徐步雲、莊肇奎、陳庭學、趙鈞彤、王大樞、舒敏、舒其紹、楊廷理、洪亮吉、徐松、韋佩金、方受疇、秦承恩、陳寅、汪廷楷、祁韻士、劉鶚；清代後期伊犁流放文人有方士淦、鄧廷楨、林則徐、錢江、雷以諴。新疆流放文人群體大多具有較高身份和良好的文化修養，這批流人在流放期間寫了大量記述戍邊的生活與西域風土的詩文。雖流放背景各有不同，但「同是天涯淪落人」的人生際遇，讓這些流放文人的情感世界與精神特質各具特點的同時也存在共有的特徵。

一、謹言愼行，箴言自守，期盼回歸與起用

　　作爲戴罪之身，忌憚稍有不愼，罪上加罪，罪加一等。清代《大清律例·

名例律》沿用隋唐以來的笞、杖、徒、流、死五刑制度。五刑之圖中解說：「流者謂人犯重罪，不忍刑殺，流去遠方」。〔註1〕這說明：「流刑」屬於清代刑法中的重罪。對流放之人因惻隱之心，寬大處理，故免去死罪。被處流刑流放到新疆的文化流人，不乏碩學之儒、將相名臣，因過失甚至枉屈被治罪，雖免除死罪但流放邊塞，吉凶未卜，生死難料。風雲莫測的宦海沉浮讓這些文人感到政治的嚴酷性，更感到伴君如伴虎，隨時招來殺生之禍的危險性。清朝入關以後，爲了維護君主專制統治，在加強軍事力量的同時，從思想、文化、輿論。嚴厲控制漢族知識分子，推行重刑高壓政策。許多文人因文字獄慘遭殺頭、戮屍甚至被株連九族之罪，這種思想的桎梏不免讓流放文人心有餘悸。「清制，廢員至戍所，由當地官府嚴加監督、管束。廢員在戍所若能奮勉行走，切實效力，就有可能赦回或起用。若在戍所怨望不滿，賦閒吟詠，怠於公事，一經地方官員奏聞，則罪上加罪，不僅回籍無望，且要嚴加責懲。」〔註2〕在思想文化高壓的政治環境之下，流放文人因是戴罪之身，更是謹小慎微，但求避禍自保。

紀昀新疆流放期間，在詩集《烏魯木齊雜詩》中自序云：「余謫烏魯木齊，凡二載，鞅掌簿書，未遑吟詠。庚寅十二月，恩命賜環。辛卯二月，治裝東歸，時雪消泥濘，必夜深地凍而後行。旅館孤居，晝長多暇，乃追述風土，兼敘舊遊，自巴里坤至哈密，得詩一百六十首，意到輒書，無復詮次，因命曰《烏魯木齊雜詩》。」這篇自序存在三個疑問：其一，作詩時間不符實情。紀昀在篇首序言說「鞅掌簿書，未遑吟詠」，意在說明在遣戍烏魯木齊兩年間，公務繁忙，無暇賦詩，強調詩集是在東歸途中追憶之作。巴里坤到哈密約三百里，僅4天行程。這麼短的時間裏作者寫出160首詩，平均每天寫幾十首，不合乎作詩的實際。其二，部分詩作內容與回歸心情不符。「飛飛乾鵲似多情，晚到深林曉人城。也解巡簷頻送喜，聽來只恨是秦聲。」這首詩表達了盼望喜訊卻又落空的失望之情。另一首「春鴻秋燕候無差，寒暖分明紀歲華。何處飛來何處去，難將蹤跡問天涯。」借鴻雁春來秋去，寫年華流逝，流露出不知何時能回歸故土的苦悶。這兩首詩從主題看，與赦歸途中的欣慰、愉悅心情不符，更像是謫戍期間，未知歸期的孤寂落寞之作。第三，《雜詩》不止「百六十首」。《雜詩》序言中，紀昀稱爲詩「百六十首」，

〔註1〕 田濤、鄭秦點校：《大清律例》，北京：法律出版社，1999年版，第80頁。
〔註2〕 王希隆：《紀昀關於新疆的詩作筆記及其識史價值》，《中國邊疆史地研究》，1995年，第2期。

傳世刊印本也的確是此數量，實際上原詩作並不止此數。《閱微草堂筆記》中載有紀昀在烏魯木齊時的詩作 4 首，而其中的 3 首紀昀自稱都屬《烏魯木齊雜詩》。可知正式印行時這幾首並未出現。筆者細查這四首詩，除《閱微草堂筆記》卷 12 所載詩屬奇聞雜談意義不大，其餘三首詩句堪稱精美，風格沉鬱悲涼〔註 3〕。這幾首沒有選入《烏魯木齊雜詩》的原因，大抵詩集爲特意呈乾隆御覽，故對於詩中流露出個人情懷的詩篇迴避不選，唯恐龍顏不悅。筆者認爲，這三個問題並非紀昀恍惚失誤而是有意爲之，其實有其苦衷和用意。三個問題歸結於一點，說明紀昀是爲了刻意表明自己在烏市謫戍期間忙於公文，不曾賦閒吟詠，可見他在謫戍期間謹遵聖意，小心謹愼，如履薄冰的流人心態。

翰林院編修洪亮吉，因輾轉向嘉慶皇帝進諫針砭時政被定罪「大不敬」。嘉慶四年八月二十七日（1799 年 9 月 26 日）諭內閣：「洪亮吉著從寬免死，發往伊犁，交與將軍保寧嚴行管束。」〔註 4〕洪亮吉學識宏博，在新疆期間，雖有《伊犁日記》、《萬里荷戈集》、《天山客話》、《百日賜還集》四部著作，但記錄的僅是新疆的物產、自然風光及見聞，詩文中未曾涉及個人情感，更不敢言及國事。洪亮吉在《天山客話·遣戍伊犁日記》附有《出塞紀聞》中自言：「至保定甫知有廷寄與伊犁將軍，有不許作詩、不許飲酒之諭。是以自國門及嘉峪關，凡四匝月，不敢涉筆。及出關後，獨行千里，不見一人，經天山，涉瀚海，聞見恢奇，爲平生所未有，遂偶一舉筆，然要皆描摹山水，決不敢及余事也。」又曰：「余抵伊犁後，連得竹初居士及虛庵刺史書，詞極懇摯，皆以語言文字爲戒，虛庵並引前人贈東坡二語相比例云：『北客若來休問訊，西湖雖好莫題詩。』不知余自經憂患後，夙有戒心，斷除筆墨已久。終日危坐，惟效陸忠州檢校經驗良方，及偶觀一二說部而已。」即爲明證。〔註 5〕洪亮吉的幾本著作並沒有被追究並得以流傳，大抵也是因詩文記

〔註 3〕《閱微草堂筆記》卷 5 載「余《烏魯木齊雜詩》有曰：『鴛鴦畢竟不雙飛，天上人間舊願違。白草蕭蕭埋旅櫬，一生腸斷華山畿。』」卷 12 載：「余作是地《雜詩》。有曰：『石破天驚事有無，從來好色勝登徒。何郎甘爲風情死，才信劉郎愛媚豬。』」卷 13 載：「余《烏魯木齊雜詩》曰：『一筆揮鞭馬似飛，夢中馳去夢中歸。人生事事無痕過，蕉鹿何須問事非。』」卷 16 載：「雄心老去漸頹唐，醉臥將軍古戰場。半夜醒來吹鐵笛，滿天明月滿林霜。」（上海：上海古籍出版社，2010 年，第 68、197、241、307 頁）。

〔註 4〕《清仁宗睿皇帝實錄》卷 50，北京：中華書局影印，2008 年，第 29739 頁。

〔註 5〕《洪北江全集》《出塞紀聞》卷三。

述風土地貌，未曾抒發個人情感，更未談論時政的緣故。

在清代西域流人詩歌中處處可見這種惶恐自守的心態。汪廷楷被貶赴戍途中寫詩「休嗟僕僕走風塵，檢點行裝趁早春。他日莫驚顏色改，出關原是白頭人」，「休嗟」一詞可見對謫戍邊疆之事諱莫如深，不敢表露半分言辭的不滿；雲南按察使李鑾宣吟出「閉門宜省過，不敢更思鄉」，足見戰戰兢兢、避禍自保的心態。濟南知府邱德生在寫給妻子《輪臺寄內十四首》中發出「當時苦勸休官好，悔不相從誤到今」的感歎。因父連坐的舒敏則曰「莫提當日事，歸去一身閒」，流露出置身事外、不惹塵埃的謹慎。

流放文人們素有「讀書治世」的思想，雖遭受貶謫，仍存報國之志，期盼被赦免回歸故土的同時，內心還有一絲期望，能被統治階層重新重用，繼續為國效力。文人對政治的關懷永遠是與其從政做官的遠大理想緊密地聯繫在一起的。正統的儒家思想使「修身、齊家、治國、平天下」的思想深入文人的骨髓。面對遠大政治理想與被流放的現實處境，流放文人們失意駐足過，但「士志於道」的價值取向，讓他們仍然對朝廷給予希望，誓死效忠。雲南按察使李鑾宣有詩「金雞詔下眾開顏，聖澤如天已賜環。此後應沾新雨露，何時得返舊家山。椎心未泣三年血，搔首空嗟兩鬢斑。子職有虧臣罪免，受恩深處淚潸潸」。徐步雲因查鹽案向恩師盧見曾送信通報被戍往新疆，歸釋於乾隆三十八年（1773）獻組詩《新疆紀勝詩》36首，這組詩題下自注：「癸巳春，聖駕巡幸天津，獻冊行在。」這組「新疆風物志」詩實為歌功頌德之作，目的在於揣測聖意，投其所好，借歌頌聖武功德，得到統治者的嘉許。因此流人們無論在戍地還是賜環東歸，始終是謹微慎行，並積極為自己爭取再受重用的機會，從而繼續實施人生的抱負。

二、堅韌豁達，自強不息，成就了另一種人生

文化流人被「遣戍新疆，效力贖罪」，遭遇人生的重大變故，經歷了種種艱難。首先，不少流放文人已經年過半百甚至已是垂暮之年，劉鶚流放時52歲，洪亮吉流放時53時，莊肇奎流放時54歲，林則徐流放時55歲，鐵保流放時57歲，汪廷楷流放時58歲，黃濬流放時61歲，延廷楨流放時65歲，楊炳堃流放時67歲。年老體衰卻遭受此等人生變故，背井離鄉，妻離子散，飽受孤寂淒涼之苦。其次，流放者「自備資斧」，即自己承擔流放期間的全部生活費用。對於流放當差者，雖支給少量鹽菜口糧，僅夠勉強保證基本生活。

再次，中原距新疆漫漫幾千里，路途遙遠，交通工具一般是馬車。遇崎嶇山路就要步行，沿途荒無人煙時只能夜宿荒郊野外。由於路途遙遠，流人趕赴戍地，行路要歷時數月。新疆的氣候與中原內地迥異，流人的征程往往跨越兩個季節，有人從狂風呼嘯、飛沙走石的春天走到酷熱乾旱的夏天，也有人從寒涼蕭瑟的秋天走到冰天雪地的冬天。洪亮吉在赴戍途中經受雨雪風霜，在《自白山至噶順》中寫道：「車箱縮項凍欲死，誰復料理征人行。」他在寒冬艱難跋涉了五個多月才趕到戍地，其地在今伊犁霍城縣惠遠鄉。莊肇奎《出嘉峪關紀行二十首》詩前序文：「過羌戎而投荒戍，當暮齒而別中原。戈壁灘邊，秋陽尤烈；纏頭城外，苦水俱膻。」描述了行程中炎熱曝曬乾渴之苦。祁韻士《風穴行》：「砂石錯雜迷道路，晝夜狂號風不止。風不止，路難通，人人雌伏大王雄。皆言飛石慣碎首，若被攫去類轉蓬。千金重載銜尾至，一一翻撲為之空。須臾車亦騰空去，只輪不反人無蹤。余始聞言疑過甚，親歷乃絕非無憑藉。」記述了經歷狂風呼號、飛沙走石之難。

沿途幾經險阻，戍地生活的艱難困苦，「漫漫戍途，萬里荷戈」，「卻歎衰病身，何日歸去來」，是每一個流人謫戍生活的真實寫照。政治的高壓，環境的差異，經濟的困頓，情感的苦悶，沒有使流人們沉淪下去，他們調適心態，振作精神，以豁達的心胸面對挫折。洪亮吉「好奇狂客忽至此，大笑一呼忘九死」；林則徐「出門一笑莫心哀，浩蕩襟懷到處開」；黃濬「此生久已占无妄，來日何須畏大難」；「平生壯志憑揮灑，塞外風雲亦大觀」；楊炳堃「試問封侯班定遠，可曾愁說路漫漫」等，都表現出一種不以得失為念的曠達胸懷。流放文人將才華投入西域，紛紛在新疆著書立說：紀昀作《烏魯木齊雜詩》和《閱微草堂筆記》，向我們描述了清代新疆的文化特徵，對我們瞭解和研究當時的新疆很有價值；洪亮吉作為清代一名頗有聲望與成就的學者，流放伊犁期間四部著作《伊犁日記》、《天山客話》、《萬里荷戈集》、《百日賜環集》，以自身赴戍、在戍、赦歸的經歷更為詳細地記錄了清代新疆流人的生活；祁韻士的《西陲總統事略》、《萬里行程記》、《蒙池行稿》、《西陲竹枝詞》、《西域釋地》，為研究清代乾嘉時期的新疆，特別是伊犁地區歷史、地理、政治、經濟，提供了詳實的數據，堪稱為西域史地學的開拓者和奠基人；徐松流放新疆期間，查閱新疆史地方面的記載，並實地考察，寫出學術價值很高的《西域水道記》，詳實記載了新疆河道流向、地理地勢、歷史概況、名勝古蹟、駐軍屯墾、風物礦產；林則徐在伊犁和南疆諸城大力發展屯

墾事業，丈量土地、興辦水利、招民安戶，爲開發新疆做出了卓著貢獻。

正如司馬遷《報任安書》中的感慨：「西伯拘，而演《周易》；仲尼厄，而作《春秋》；屈原放逐，乃賦《離騷》；左秋失明，厥有《國語》；孫子臏腳，《兵法》修列；不韋遷蜀，世傳《呂覽》；韓非囚秦，《說難》、《孤憤》。《詩》三百篇，大抵聖賢發憤之所爲作也。」〔註6〕同樣，雖身處逆境，但流放文人們努力去適應新疆的生存環境，最終在邊疆堅強地生存下去，並融入多民族文化的地域中，成爲開發新疆的重要力量，爲新疆的政治、經濟、文化做出卓越貢獻。可以說被流放的特殊經歷，爲其創作提供了特殊的素材和獨特的生命體驗，流人的特殊經歷最終成就了他們另一種人生，也體現了他們自強不息、百折不撓的民族氣節。

三、包容博愛，融入邊塞，與各族人民和諧相處

流放新疆效力當差，甚至同遭犯一般當苦差，使得文人們有機會接觸到新疆底層民眾，寫下不少詩作讚美各民族風情的詩篇。裴景福「更與偎郎彈一曲，不辭爛醉住伊吾」，伊吾是哈密的古稱，偎郎指維吾爾歌舞。此詩記錄了觀看漢族表演維吾爾族歌舞宴飲的場面，映像出清代新疆維漢融合的歡樂場景。祁韻士《阿拉占》「香醪甘液泛瑤觴，美釀憑誰起杜康。淡裏藏儂風趣別，非逢嘉客莫輕嘗。」詩下自注「馬乳爲酒，謂之阿拉占」。「杜康」此處爲美酒的代稱。從「淡裏藏儂風趣別」來看，作者是作爲「嘉賓」品嘗了戍地的蒙古酒，贊爲佳釀，可見他已融入邊疆少數民族飲食習慣與生活習俗之中。張蔭恒路過哈密時受到哈密王沙木胡索特熱情款待，「春宵剖啖味殊薄，冬日食瓜美無度」（《哈密沙木胡索特饋哈密瓜》）。鐵保在南疆期間與維吾爾族結下深厚友情，作詩多首歌詠維吾爾族的生活「七日日中市，欣從把紮來。中原貨爭積，重譯客無猜。貿易聯西藏，舟車洞八垓。回疆眞富庶，煙戶萃荒萊。」「把紮兒」是維吾爾語集市的意思。道光二十五年（1845年），林則徐在南疆勘察地畝期間，學習維吾爾族語言，掌握了大量維吾爾詞語，並且在詩歌中融入維吾爾語詞，作《回疆竹枝詞三十首》。全詩文筆輕快、通俗詼諧、妙趣橫生，富有濃鬱的生活氣息。詩中運用大量維吾爾語，形象反映了維吾爾族習俗風情和邊塞風光。如描寫維吾爾族節日肉孜節：「把齋須待見星餐，經卷同翻普魯乾。新月始鉤才入則，愛依諦會萬人歡。」詩中

〔註6〕鍾基等注：《古文觀止》，北京：中華書局出版社，2011年版，第363～364頁。

使用了幾個維吾爾詞匯，「普魯乾」即《古蘭經》，「入則」即肉孜節，「愛依諦」是節日。

四、關心百姓生活，體恤民生疾苦

　　流放文人在新疆效力贖罪，接觸到熱情淳樸而又貧窮的各族人民，對民生多艱給予了深深地同情。鐵保在喀什葛爾任參贊大臣時奉旨查辦葉爾羌商民交租一事，途中寫《葉爾羌道中》詩：「深喜回民嫻禮數，不應官吏昧心機。此行無事推敲苦，久矣無心辯是非。」詩中讚揚了回人（維吾爾人）懂禮節，詩人不帶民族偏見，提出爲官「不應昧心機」。「推敲苦」可看出鐵保秉辦事的態度。調查之後，鐵保據實上奏，維護了維吾爾族民眾的利益。葉爾羌幫辦大臣三成等人「巧取病商」，受到了應有的懲罰。嘉慶十六年（1811），阿克蘇洪水暴發，鐵保奔赴災地。《阿克蘇被水馳往勾當紀事》有記載：「阿克蘇城被水浸，哀哉回戶家無椽。城垣倉庫盡圮倒，遊商戍卒愁顛連。我聞郵報束裝去，銅鉦火傘相煎熬——」鐵保及時發送銀兩撫恤災民；市場免稅，修建房屋，修築堤岸。在鐵保指揮下，哈克蘇的維漢百姓度過了難關。〔註7〕

　　林則徐在新疆戍邊期間，領旨赴南疆測量田地，考察途中，他用詩「桑甚才肥杏又黃，甜瓜沙棗亦餱糧。村村絕少炊煙起，冷餅盈懷喚作饢」，記錄了南疆偏遠村落百姓生產落後和生活的困苦。他在進關後寫給道光帝的奏摺中說：「臣與全慶奉命周歷各城，查勘地畝，復經布彥泰隨時函囑密查各處回情，臣與全慶有所見聞，即俱不敢緘默。查南路八城回子生計多屬艱難，沿途未見炊煙，僅以冷餅兩三枚便度一日。遇有桑甚瓜果成熟，即取以充饑，其衣服襤褸者多，無論寒暑，率皆赤足奔走。訪聞此等窮回，尚被該管伯克追比應差各項普兒錢。」〔註8〕林則徐給道光皇帝的奏摺，字裏行間流露出對南疆維吾爾族受伯克盤剝生活艱辛的同情。《南疆竹枝詞三十首》十四云：「村落齊開白子塘，泉清樹密好尋涼。奈他頭上仍氈氄，一任淋漓汗似漿。」「百子塘」即南疆村落裏蓄水的池塘「澇壩」。詩中提到維吾爾族百姓習俗帶帽，由於貧窮，無錢更換，炎熱的夏天仍然帶著冬天的氈帽。記述百姓生

〔註7〕　〔清〕鐵保：《阿克蘇被水馳往勾當紀事》，《惟清齋全集·梅庵文鈔》，道光二年石經堂刻本。

〔註8〕　林則徐：《商議新疆南路八城回民生計片》，《林則徐全集》第三冊奏摺卷，第511頁。

活困苦的同時，也可看出作者仁慈博愛的胸懷。

　　誠然新疆流放文人中也有頹廢憤懣、寄情酒色之流，但為數甚少，總體來看，謹言慎行，避禍自守，堅韌豁達，自強不息，包容博愛是新疆流放文人群體的主體精神，這種精神在當時無疑是有進步意義的。

附錄三　關於鎭西文化內涵外化的思考——以松峰書院爲例

〔摘要〕巴里坤因保留清代遺跡眾多、文教之風興盛、漢民族風俗習尚濃鬱，形成了具有鮮明地域特色的新疆漢文化之「鎭西文化」奇觀。松峰書院曾是鎭西的最高學府，更是鎭西文化的縮影。本文以松峰書院旅遊開發爲例，對鎭西文化內涵的外化進行了思考。

〔關鍵詞〕松峰書院、深度開發、鎭西文化、彰顯內涵

　　巴里坤地處新疆東部，北枕天山，南望草原，自古是優良的牧場，也是「絲綢之路」的咽喉要地。追溯巴里坤的歷史，它曾名列西域三十六國，先後有過蒲類（西漢）、甘露川（唐代）、巴爾庫爾（元代）、巴里坤（清初）、鎮西（清中後期）等稱謂，一直是中央王朝經營西域的政治、經濟、文化、軍事中心。從漢代到清代，巴里坤歷史悠遠、積澱醇厚，尤其清代「鎮西文化」可謂新疆文化史上濃墨重彩的一筆。巴里坤因清代鎮西遺址保存最完整、文教之風興盛和漢民族風俗習慣濃鬱，形成具有鮮明地域特色的語言文化、飲食文化、廟宇文化、城池文化、書院文化，匯聚成為「鎮西文化」奇觀。新疆史地學家認為鎮西是新疆漢文化的「母源地」。

　　「雖然鎮西文化豐厚，但隨著時間的流逝，清代鎮西遺留的豐富的非物質文化由於生產方式以及生活行為的急劇改變正在人們的不經意中以時日為單位日漸消散，極有可能完全消亡。」〔註1〕巴里坤縣已經重視到對鎮西文化遺產的保護，2007 年，巴里坤社火腦閣與抬閣、民間故事、巴里坤小曲子、漢族節日習俗被列入自治區級第一批非物質文化遺產保護項目。7 項漢民族非物質文化遺產中，巴里坤佔了 4 項，鎮西作為新疆漢文化歷史重鎮的地位可窺見一斑。鎮西文化的兩大特色在於「廟宇冠全疆」和「文風甲全疆」，而松峰書院是集文化傳承、思想教化、學術交流於一體的鎮西文化的標識。介於松峰書院的在鎮西文化中的重要地位，為重現歷史文化遺韻、培育旅遊產業、打造地方文化，巴里坤縣已對松峰書院進行了重點復修。

一、鎮西松峰書院旅遊開發的現狀

　　書院是中國古代的文化教育組織和學術研究機構，兼有傳播知識、學術研討、藏書、祭祀等功能。清咸豐年間，鎮西（巴里坤）在漢城東街文昌宮設「松峰書院」。松峰書院是當時鎮西的最高學府，也是新疆漢文化的學術中心和源頭，為科舉培養了人才，也為當時鎮西義學和私塾培養了師資，後毀於社會動盪和戰亂。自 2011 年起，巴里坤縣投入 1200 萬元在漢城南街榆樹巷重修松峰書院，文廟、魁星閣也被納入其中，異地重建。復修後的松峰書院總佔地面積 9000 平方米，由 14 座單體建築組成，布局完整，氣勢宏大，中軸線上由東向西分別為欞星門、影壁、泮池、狀元橋、大成殿、魁星閣，

〔註1〕 駱春明、李學明、許學誠主編，巴里坤詩文集〔M〕，烏魯木齊：新疆大學出版社，2004：1。

兩側對稱的建有廂房、配殿，體現出儒家「中和爲美」的審美標準。山門佔地面積 60 平方米，爲單簷歇山式仿古建築。影壁長 12 米，高 5 米，正面圖案爲銅雕孔子周遊六國圖。魁星閣爲兩層三簷歇山式仿古建築，高度爲 17 米。〔註 2〕大成殿陳列孔子塑像，大殿四周牆壁上繪畫著孔子周遊列國講學的故事。

重修後的松峰書院是巴里坤人文旅遊開發的文化亮點：（一）書院選址位於清代民宅的曲徑通幽處，毗鄰地藏寺和清代糧倉，景點銜接形成了鎭西文化旅遊區。（二）書院的規劃從多方面考慮，書院具備多重功效。書院可作爲當地青少年學習琴棋書畫，瞭解國學的教育基地，同時也是本地文人墨客文化交流的重要場所，更是古樸幽靜的休閒旅遊景區。（三）松峰書院作爲鎭西文化的標識，成爲外界瞭解巴里坤文化的窗口，擴大了巴里坤文化的影響力，也繁榮了巴里坤的旅遊業。與此同時，由於松峰書院文化旅遊景點正在逐步建設之中，難免存在一些問題和缺失。

結合鎭西文化內涵來審視，松峰書院的旅遊開發存在以下不足：（一）書院布景設計的特色不夠鮮明，缺少文化意蘊。（二）關於松峰書院歷史的介紹不夠細緻和準確。（三）對書院文化體驗與空間規劃的設計不足。（四）書院文化宣傳以及配套設施有待加強。松峰書院的復修是新疆境內文化旅遊事業的創舉。面對松峰書院開發中存在經驗不足、層次尚淺、內涵缺失的問題，本文嘗試以下探究：

二、凸顯「鎭西文化」內涵，深度開發松峰書院的策略

鎭西文化旅遊的優勢在於自然景觀與人文景觀的緊密結合，既有悠久的歷史文化積澱，又有群山環繞，水草豐美的巴里坤草原，更有終年積雪松杉蔥鬱的松樹塘。得天獨厚的地理位置與歷史背景，造就了巴里坤旅遊業的發展潛力。「隨著世界旅遊業的發展，旅遊者對旅遊活動內容的文化性需求不斷提高，旅遊資源的文化內涵已經被看作旅遊資源開發中決定旅遊產品的品位、級別及其生命力的首要因素。」〔註 3〕許多來巴里坤的遊歷者，除了想

〔註 2〕 陳琪、周峰，巴里坤投資 1200 餘萬元修復松峰書院，人民網〔J／OL〕，2012-5-21。

〔註 3〕 張曉慧，旅遊資源文化內涵的外化研究〔J〕，桂林旅遊高等專科學校學報 2000（3）：10。

遊覽美麗的巴里坤草原，更希望參觀鎮西文化的遺跡、感受鎮西文化的遺韻。文化是旅遊的靈魂，只有將自然風光賦予文化的神韻，自然才能靈動、才有靈氣，才有吸引力，才能持久。目前，松峰書院已初具「規模」，但缺乏文化內涵的「神韻」。

（一）從書院景觀的設計去體現「松峰」的文化意蘊

　　清代新疆書院較多，據統計，乾隆年間，烏魯木齊的書院有：桐華書院、虎峰書院、綏來（今瑪納斯縣）的碧峰書院、奇臺的平山書院；咸豐年間僅建了鎮西的松峰書院；光緒年間烏魯木齊書院有博達書院、智珠書院。清代新疆先後有 13 所書院，除了以上書院，其餘的書院無名稱，只是簡用地名區分，如昌吉書院、呼圖壁書院……這些書院中以「松峰書院」的命名立意最美，代表了鎮西文化。巴里坤松樹塘終年蒼山翠柏、鬱鬱蔥蔥。「松」與「峰」即是巴里坤代表性的景物，又體現了鎮西文化中「獨傲風雪、堅韌挺拔、不屈不撓、不畏嚴寒」的松峰精神。清代文士名人途經松樹塘，曾紛紛留下了詩篇，洪亮吉《松樹塘萬松歌》描述東部天山的奇景：「千峰萬峰同一峰，峰盡削立無蒙茸。千松萬松同一松，干悉直上無回容。一峰雲青一峰白，青尚籠煙白凝雪……好奇狂客忽至此，大笑一呼忘九死。看峰前行馬蹄駛，欲到青松盡頭止。」韋佩金作七古《松樹塘萬松歌》歌詠：「天山尾，萬柳紅；天山根，萬本蔥；天山之口萬樹松……我撫松身得石理，結交結心有始終，雪消雪滿自年年，鑿盡天山松不死。」祁韻士作詩《巴里坤》：「西北由來古戰場，即今式廓靖岩疆。陰山剩有窮碑在，猶帶松峰臥夕陽。」文人雅士常常因巴里坤「松峰」景致的壯觀抒發讚歎，賦詩留念，並在松柏蒼翠的意境中受到鼓舞，振奮精神。復修後的松峰書院門前也栽種了松樹，但四棵松樹僅有一米高且枝葉乾枯。院內只開闢了幾塊草坪，樹木也比較稀疏。松峰書院的亭臺樓閣已具規模，但由於園林設計還比較薄弱，使得書院整體景觀略顯單調缺乏生命力。倘若書院松樹林立，遊客駐足聆聽古箏清音，遠眺天山眉黛，便能更深刻地感受書院的莊嚴、幽靜、古遠與大氣。松峰書院的景觀設計應該有別於中國四大書院的秀美風格，以松樹體現出鎮西人豪爽、堅毅之美。松峰書院為旅遊者展示的書院氛圍是對書院文化氣息的一種烘托和渲染，是旅遊者對旅遊景點從心理上和感官上所認知的第一步，所以書院氛圍和書院意境應該緊密圍繞書院文化的人文精神。

（二）松峰書院的歷史需要更細緻、嚴謹的考證

松峰書院是鎮西最高學府，是鎮西文化教育的縮影。介紹書院的歷史應該以史料記載爲依據，以時間爲序，按照紀年從設立、發展、成就、毀滅、復修的歷程，有條理地爲遊者呈現書院的歷史沿革。在松峰書院的配殿，筆者看到關於松峰書院的介紹：「據《鎮西庭鄉土志》記載……光緒一年（1875年），在蘭州參加鄉試的鎮西生員中，考中文舉的 4 人，貢生 9 人，考中武舉的 10 人。歷年來在陝西和甘肅共考中文舉的 5 人，貢生 19 人，武舉的 47人」。然而正對配殿大門的屛風則記錄：「光緒元年（1875 年），陝西總督左宗棠在蘭州設貢院，鎮西生員考中文舉五人，貢生一十九人，武舉四十七人，這些人都成爲晚清到建國後的有用人才。」書院的介紹出現幾處錯誤：（1）《鎮西庭鄉土志》的「庭」應爲「廳」。清代巴里坤建置沿革記載，乾隆三十八（1773 年）設「鎮西府」，咸豐五年（1853 年）裁府爲「鎮西廳」。這部鄉土志是咸豐年間所修，故命名爲《鎮西廳鄉土志》。《鎮西廳鄉土志》是被譽爲清代新疆鄉土志中最優秀的地方志，記錄了清代鎮西珍貴的資料。無論是清代鎮西的建置還是這部鄉土志都在鎮西歷史上有著重大意義，出現此處錯誤實不應該。（2）展板與屛風的介紹前後出入。展板表明「鎮西歷年來考中文舉的 5 人，貢生 19 人，武舉的 47 人」，而屛風卻書寫：「光緒元年，左宗棠設在蘭州設貢院，鎮西考中文舉 5 人，貢生 19 人，武舉 47 人。」無論是表達的歧義還是書寫的錯誤，松峰書院作爲清代鎮西高等的教育機構，書院歷史文化的知識性介紹務求準確、無誤，不可產生誤導。

2、關於翰林院大學士紀曉嵐的展板除簡略介紹了他的生平外，還應該對紀昀與巴里坤的歷史淵源做一說明。紀昀詩集《烏魯木齊雜詩》的自序言：流放新疆兩年，賜歸途中，從巴里坤至哈密作雜詩 160 首。此處有專門解說並且引用紀昀《烏魯木齊雜詩》自序輔以說明，將會讓遊者更清楚地瞭解到巴里坤曾是紀昀詩集的創作地。關於松峰書院的旅遊文化「要將開發建設建立在學術理論研究的基礎上，這樣才能使開發建設和宣傳有學術的支撐，做到有理有據，以避免開發建設中的盲目性。」〔註 4〕松峰書院歷史文化資源開發需要嚴謹的學術態度，可以利用松峰書院召開高層次的鎮西文化學術研討會，邀請國內外學者對松峰書院的史料進行搜集、梳理、考證，使書院的

〔註 4〕 霍彥儒，關於西鎮吳山文化內涵和旅遊開發的思考〔J〕，寶雞社會科學，2010（4）：38。

歷史更準確、清晰、明瞭，同時也進一步提高巴里坤的知名度，擴大巴里坤在全國的影響。

（三）書院應結合各類群體的需要，注重文化體驗與空間規劃

「文化體驗旅遊是遊客通過自身的旅遊經歷，對人類改造社會所積澱下來的物質文明和精神文明的文化的理解、感悟，並實現對傳統文化的學習、整合和傳承，從中領悟傳統文化深邃」。〔註5〕復修後的書院作為傳統文化教育基地空間充足，佔地近 9000 平米。現有的兒童教育學堂可以分別設為兒童琴室、棋室、書室、畫室。學堂內設置了古香古色的桌椅，但四壁空空，缺少文化滲透。如懸掛《二十四孝》或《三字經》的條幅，圖文並茂，即能美化教室也能適時對兒童品德的培養進行啓蒙教育。針對成年人設書畫展覽室，專門展覽反映巴里坤山水、人文、歷史、風俗等內容的書畫、攝影作品。目前這些作品均收藏在會客廳，但出於保護的目的沒有對外開放，這些文化資源沒有被充分利用。院內圍牆內側有二十多幅「成語故事」的水泥浮雕，利用圍牆進行書院文化的滲入是細緻巧妙的構思，但成語故事過於淺顯，放入兒童學堂區更合適。書院的圍牆可以懸掛《論語》語錄，附有白話的註解，更能提升書院文化的品位。書院文化不只是一個景點，供大眾參看賞玩，更應該融入大眾生活成為一個文化體驗中心。將松峰書院作為教育基地，祭孔儀式、國學講堂、各類比賽都可以利用這個場所，即能體現了書院的應用價值，也會擴大書院的影響。

（四）遊客旅遊中心應該充分發揮遊客旅遊的指引、諮詢、解說功能

作為國家 AAAA 級旅遊城市，巴里坤縣一直注重對外宣傳，但宣傳力度不夠並且配套設施還不夠完善。進入縣城的必經之路應該設有大幅文化宣傳牌並注明旅遊中心諮詢熱線，沿途路標要將遊客指引到遊客中心。遊客旅遊中心應配備專職導遊和民俗特色的觀光車，專職導遊的解說能讓遊客瞭解到更多的鎮西文化，鎮西民俗特色的觀光車能讓遊客感受到鎮西民俗。遊客可以在導遊帶領下乘觀光車環線遊覽地藏寺、清代民居、松峰書院、清代糧倉、哈薩克風情園、美食街。其次，要利用現代化傳媒做好宣傳。除了目前巴里

〔註5〕 霍彥儒，關於西鎮吳山文化內涵和旅遊開發的思考〔J〕，寶雞社會科學，2010（4）：38。

坤旅遊宣傳網頁外，還可以在松峰書院內可以設「鎮西文化」多媒體播放廳，放映原生態的鎮西民俗紀錄片。拍攝鎮西民俗紀錄片可以分爲幾個小專題的短片：婚嫁、節慶、喪葬、祭祀……借助松峰書院既是對非物質文化的保存又是對原生態鎮西文化的宣傳，同時，在宣傳效果上又比文字說明更形象、生動，也更容易被大眾所接受。

三、結　語

　　如今，全國各地紛紛借助文化觀光、文化懷古推動本地域文化旅遊經濟的發展。「作爲一種獨特的文化樣式和文化理念，書院文化吸引和感召著無數人，成爲人們後世精神瞻仰的指導性符號」。﹝註6﹞開發書院文化爲鎮西文化旅遊創新提供了文化創意資源，提升了鎮西文化旅遊的文化內涵；借助文化旅遊平臺，彰顯鎮西文化的歷史底蘊，也爲書院文化找到了價值重現的途徑。

﹝註6﹞　萬京民，書院與中國儒家文化的發展﹝J﹞，圖書情報工作，2010，（2）：76。

後　記

（一）本文論旨

挖掘清代新疆漢民族休閒文化與中原休閒文化迥異之處，揭示新疆漢族文人的休閒智慧、休閒思想與休閒境界，正是本文的寫作主旨。清代新疆漢族文人休閒文化的核心思想與境界是「和諧」，「和合生一」濃縮了文人對休閒的體認、心態和踐行。

「和合生一」作爲本篇論文的核心觀點，其中，「和」有「和諧，協調」之意。《周禮・春官・大司樂》：「以樂德教國子：中、和、祇、庸、孝、友。」鄭玄注：「和，剛柔適也。」在鄭玄的語境中，「和」是針對音樂而言。《三禮》中的「和」不僅是「剛與柔」的調和，而是指不同事物的聚合在一起，達到「適」的境界，它泛指萬物的辯證統一。比如：剛與柔、雅與俗、內與外、上與下的調和。「合」是「會集、聚合」之意，指新疆多民族、多宗教、多文化在這裡交匯、聚集，形成多元文化的民族格局。

在新疆多民族聚居的視域下，「和」應該是非常有張力的，它代表了民族之間的文化交流、文化認同、文化借鑒、求同存異。「和合生一」即形成一個和諧的整體，是民族之間彼此融合，和睦共處，和諧統一。這種「和合生一」的休閒觀對當代休閒起到了引領和借鑒作用，有助於新疆建設和諧社會。

（二）創新之處

1. 選題的創新

關於中國傳統休閒文化的斷代研究，以唐代、宋代的研究居多，清代的研究過少，尤其是「清代新疆的休閒文化」方向至今尚未有人研究。有碩士

論文對清代新疆社會生活研究的中涉及娛樂生活章節，但研究的視野沒有上升到休閒學科，不屬於新疆休閒文化的專門性研究。

2. 新資料

論文使用的部分材料在其他論文及專著中未見使用。關於清代新疆的蒲筍、望河樓的始末、茭茭草的用途、遣員在戍地穿兵服等方面的考證為新疆地方文獻的研究提供了補充性的資料。

3. 新觀點

提煉出清代新疆休閒文化的核心觀點——「和合生一」，豐富了休閒哲學中「和諧」理論的研究，也是對中華民族「多元一體」文化理論的豐富和延伸。

（三）撰寫的不足之處

資料零散，吉光片羽，查找難度大。論文引用的地方志和詩文集，多數屬於原始材料，錯訛時有之。引用之時，先做版本校勘工作，耗時較多。雖然竭盡所能地整理資料，但是掌握的材料依然有限，加之本人資質和學術水平所限，疏漏在所難免。關於「清代新疆休閒文化的研究」學界尚未有成熟的研究模式可供借鑒，研究過程如墾荒地，行進艱難。對此問題的研究框架有待進一步完善，在以後的學習和科研中需要對論文繼續深化和拓展研究。